RESEARCH ON INNOVATION AND
DEVELOPMENT OF
FOREIGN HIGHER EDUCATION

外国高等教育
发展创新研究

彭江　陈功等　著

社会科学文献出版社
SOCIAL SCIENCES ACADEMIC PRESS (CHINA)

序　言

  中国学者针对高等教育强国建设的研究已走过二十余年的历程，1995年，教育部副部长周远清提出"把什么样的高等教育带入21世纪"的命题，并于1999年8月在《教材与教学研究》上发表《强化"三个意识"建设高等教育强国》一文，最先提出了"建设高等教育强国"的倡议，自此拉开了我国高等教育强国建设研究的帷幕。高等教育强国研究取得了丰硕的具有开创性、基础性和前瞻性的研究成果，涌现出一批专注于该领域的学者，为我国高等教育强国建设奠定了理论基础。2015年国务院印发的《统筹推进世界一流大学和一流学科建设总体方案》提出：到本世纪中叶，基本建成高等教育强国。党的十九大报告指出：建设教育强国是中华民族伟大复兴的基础工程，必须把教育事业放在优先位置，深化教育改革，加快教育现代化，办好人民满意的教育。这标志着高等教育强国建设已进入了从学术话语、局部政策全面上升为国家意志、国家战略的新阶段。放眼世界，各国无不把办好大学、提高人才培养质量作为实现国家富强的战略举措。总结发达国家高等教育发展的经验教训，在借鉴他国高等教育理念的基础上，探讨我国建设高等教育强国的实现路径，对我国建设高等教育强国的实践具有启发意义。

  有学者认为，高等教育强国在国际上没有公认的、统一的概念，但在近年来的研究中，我国学者对高等教育强国这一概念达成了一定共识：高等教育强国是一个综合性的概念体系，在这一体系中，既可以将高等教育作为独立的系统来理解，指一个国家的高等教育达到较高水平；也可以将高等教育作为国家社会中的一个子系统来理解，指高等教育系统通过与其他系统互动来促进本国综合实力的提升。据此，课题组在全球选取了七个高等教育水平较高的国家进行研究，分别为美国、英国、德国、法国、澳

1

大利亚、加拿大和瑞士。选定好国家后，写作内容的选定成为下一步工作的核心。本书从选定国家的高等教育概况、高等教育的发展历程、高等教育发展创新的主要措施、高等教育发展创新的基本经验这四个方面展开论述。其中，各国高等教育发展创新的主要措施将从法律制度、管理体制、教学模式、科研模式、社会服务、国际化、教师队伍建设、经费配置、质量保障等九个维度进行分析研究。

纵览上述各国高等教育发展的历程和现状，吸收它们的经验为我所用，在借鉴中构建我国高等教育强国建设路径，将有助于中国高等教育由世界大国向强国迈进。重庆国际战略研究院的资助，让我们有机会细致地对世界上高等教育水平较高的国家展开研究，其中有很多经验值得我们借鉴，他国高等教育发展中出现的问题也值得我们重视。本书经过较长时间的钻研和打磨得以面世，竭力为"如何建设高等教育强国"提供答案，也期望能为教育部门的决策和高校发展提供参考。

目 录

Contents

第一章　美国高等教育

一　美国高等教育概述

美国的高等教育是一个比较复杂的体系。美国高校的分类方法也很多样，按其性质可分为公立高校和私立高校，但这种划分并不是仅依据经费来源，因为现在有很多私立高校也会接受联邦政府的拨款，而公立大学也会接受私人或基金会的捐赠；按学制划分可将其分为两年制学院、四年制学院；按培养目标的不同可将其分为研究型大学和教学型大学及综合性大学。随着高等教育体系的发展和完善，目前美国高校普遍趋于采用教学和科研相结合的发展模式。从 2019 年 QS 世界大学排名来看，前 100 所大学的名单中美国高校有 33 所，仍然占据绝对优势；位列 2019 年 QS 排行榜前十的就有 5 所美国大学，且前 4 所都是美国名校。美国的高等教育为世界各界培养了众多的顶尖人才。

美国发展成为世界高等教育领域的佼佼者得益于多方面因素，总的来说可以从政府、学校、社会三个层面进行概括。

首先，联邦政府的"放管服"给美国高校创造了足够的自主发展空间，也给高校发展提供了多方面的支持。联邦政府对高等教育的服务是全国性的，虽然联邦政府没有设立联邦高等教育管理机构政府通过立法手段、财政手段和签订合同等渠道对高等教育施加影响。政府对高校的管理权下放到州一级，手握实权的州政府在高校管理方面具有很强的灵活性，各州可结合本地特色办学，因此也形成了各不相同的办学传统。

其次，美国高校的办学模式多样，殖民地时期的学院主要是移植了"老东家"英国的模式，美国第一所高校哈佛学院就是效仿英国剑桥大学伊曼纽尔学院的办学模式。独立战争之后，英美关系恶化，英国模式的主导地位在美国高校中渐渐弱化。美国独立之后，法国是最早承认美国独立共和国地位的国家，因此法国的启蒙运动思潮也顺理成章地传入美国，其民主、平等、自由的观念深受美国人青睐，并对建国初期的美国的高等教育产生了深远影响。19世纪中叶，随着工业革命进程的加快，美国急需发展教育以满足国家的发展需求。几经筛选之后，德国柏林的洪堡模式成为美国高等教育的借鉴对象，之后便掀起了长达几十年的德国留学热潮。留德学生带回德国大学的学术自由思想、教学和科研相统一的原则，为美国高等教育的创新发展助力。虽然美国的高等教育借鉴了英、法、德模式，但美国人是"拿来主义"的高手，他们不会将别国模式生硬地嫁接到本国教育当中，而是进行再创新，使拿来的东西更适合本国的情况。美国高校有自身独具特色的运行体系，灵活的管理模式、丰富的教学模式、高度的国际化、优秀的生源和师资队伍等都是成就美国高等教育世界领先地位的重要因素。

再次，从社会层面来看，美国人自身非常重视教育。在美国，上大学被看作底层阶级向上流动的快车道，因为高学历就意味着高薪资、高的社会地位。美国虽然是一个相对年轻的国家，其大学的历史也不是最为久远的，但美国大学的国际化程度很高。美国高校每年接收的留学生大约占全球留学生总量的1/3。优美的校园环境、独特的制度结构、浓厚的学术氛围、一流的师资、丰厚的待遇都在不断吸引着世界各地的优秀人才涌入美国。

成就美国高等教育发展的另一个非常重要的因素就是大量的私人、企业和基金会的捐赠，美国的高校尤其是私立高校非常依赖社会捐赠，甚至有些大学校长肩负着依靠私人关系为学校引资的任务。随着美国社会财富的积累，社会上出现了很多的基金会，其中一部分为美国的高等教育发展提供了物质保障，其中最著名的有卡耐基基金会（由钢铁大王卡耐基创办）和洛克菲勒基金会（由石油大王洛克菲勒创办）等。

二 美国高等教育的发展历程

美国的兴盛和崛起之路伴随着高等教育的发展，高校源源不断地培养高质量的毕业生，推动科技研发，促进社会进步。回顾美国高等教育300多年的发展历程，从学生总数不足千人的九所小型文理学院，发展成为在校生2000多万人，拥有各类社区学院、四年制学校、文理学院、研究型大学等 4000 多所高校的复杂系统①，美国的高等教育发展历经了五个阶段：殖民时期的美国移植了英国的高等教育模式；建国初期小型学院激增，专业扩张；南北战争至二战时期美国高校向"实用"转型；20 世纪末完成高等教育大众化；21 世纪则是致力于探索更高质量、更具创新性和生命力的高等教育。

（一）殖民地时期学院英国模式的移植（1636～1789 年）

美国高等教育是伴随着新大陆的开辟和移民的出现而产生的。来到新大陆的移民对于教育十分重视，1636 年他们在马萨诸塞的查尔斯河畔建立了美国历史上第一所高等院校——哈佛学院，美国高等教育从这里发端。参照欧洲高等教育传统模式，美洲大陆上建立了九所学院：哈佛学院（现哈佛大学）、威廉玛丽学院、耶鲁学院（现耶鲁大学）、新泽西学院（现普林斯顿大学）、费城学院（现宾夕法尼亚大学）、国王学院（现哥伦比亚大学）、布朗学院（现布朗大学）、皇后学院（现罗格斯大学）、达特茅斯学院。这一时期，学院注册的学生不超过总人数的 1%，毕业人数也屈指可数。到独立战争前期，哈佛的毕业生仅为 40 人，耶鲁仅为 35 人。②

（二）建国时期小型学院的急速扩张（1790～1861 年）

18 世纪 90 年代，美国开始西部开发，在新开辟的版图上，建立了数百所小型学院。美国建国后约 3/4 个世纪里，就成立了成百上千所新学院。仅在最初的 20 年里，开办的新学院数量就相当于殖民地时期学院数量的两倍。到 19 世纪 60 年代时，新创办的院校就有 500 多所，修建中的新学院有 200 多所。在这期间，学院类型以农业、工业、军事等专业院校居多。同时，1817 年达特茅斯学院诉讼案的判决结果保证了私立院校的自治权，公、私院校开始分离，办学主体也开始多样化。

（三）南北战争至"二战"时期大学的转型（1862～1944 年）

南北战争至第二次世界大战是美国高等教育的发展和转型时期。1862

---

①　卓奕源、许士荣：《试论美国高等教育的发展历程、基本特征与经验启示》，《黑龙江高教研究》2015 年第 11 期。
②　林晓：《美国中北部协会院校认证标准与程序研究》，浙江大学出版社，2010，第 33 页。

年美国国会通过《莫里尔法案》，该法规定：在美国，各州至少一所高校会获得联邦政府的资助，按照州议员人数规定了一定面积的公用土地和土地期票。公用土地出售或出租的资金用于高校农业和机械专业的建设。这笔资金有其使用限制，90% 用于设立"捐赠基金"，5 年内需使用完毕，剩余10% 用于购买学校建设用地。根据该法，美国半数以上的州都建立了以农业和机械为特色的学院，即"赠地学院"。《莫里尔法案》对美国高等教育发展有着深远的影响，它使传统"学术型"高校向"实用型"高校转化，成为美国社会经济发展的推动器。同时，它为建立公立高等教育体系奠定了基础，也为联邦政府介入和资助高等教育奠定了基础。

（四）"二战"至 20 世纪末高等教育大众化（1945～1999 年）

第二次世界大战之后，在教育民主化浪潮的影响下，高等教育的入学规模和入学人数急速增长，迎来了发展的大繁荣。1944 年美国国会通过《退伍军人权利法案》，标志着高等教育大众化时期拉开了帷幕。公立高校接纳了 80% 左右的学生，规模大，专业多；私立高校实行严格的住校制与精英式管理，美国高等教育面貌焕然一新。它帮助各种年龄、性别、种族、宗教、家庭的人享受其该有的受教育权，使高等教育实现了社会学意义上的大众化。1947 年，高等教育委员会提出"社区学院"概念，1963 年的《高等教育设施法》和 1965 年的《高等教育法》都鼓励社区学院发展，致使 60 年代社区学院数量及进入社区学院的学生迅速增加，进一步推动了高等教育大众化的进程。同时，《高等教育法》的出台，标志着资助接受高等教育的贫困学生的立法宗旨的提出，也标志着联邦政府介入高等教育领域迈出实质性的一步。总之，这一时期美国高等教育的学校数量和学生规模越来越庞大，使美国迅速成为高等教育最发达的国家之一。

（五）21 世纪以来适应形势新变化的探索

21 世纪以来，美国高等教育进入发展调整期，出现了教师专业发展停滞、忽视学生教育结果和质量、学费昂贵、毕业率低等问题，美国高等教育在保持世界领先地位的同时，其地位和影响力受到挑战。2015 年 12 月奥巴马总统签署了《每一个学生成功法》。奥巴马将教育视为重建美国经济和改善民生的基石，增加了联邦政府对高等教育的研发拨款，增加了大学生贷款制度，启动了一些高等教育改革项目，不断探索大学的创新能力及教育质量的提高。

三　美国高等教育发展创新的主要措施

（一）法律制度

从法律制度方面看，美国高等教育快速发展的过程中教育方面的法律法规也在不断完善，且其中一些法律制度对高等教育的发展贡献了巨大力量。

1. 《莫里尔法案》（1862）

联邦政府在 1862 年颁布《莫里尔法案》（亦称"赠地学院法"），这是美国史上第一部与高等教育相关的法案。西进运动时期美国的领土不断向西扩大，人员大量涌向西部地区，为美国西部的开发提供了人力资源。随着西部地区耕种面积的不断扩大，对农业技术人才的需求也日益增长。当时的美国教育还侧重在中上阶层中传授经典学术科目和宗教课程，实用技术并未受到重视，也因此造成了农业、工业、商业等实际生活技能和技术型人才的短缺。《莫里尔法案》规定，联邦政府依照每个州参加国会的议员人数每人拨给 3 万英亩土地，并将这些赠地所得的收益在每州至少资助开办一所农工学院（亦称"赠地学院"）。1890 年，对《莫里尔法案》进行了修订，并且规定"已建立或即将建立的农工学院，政府每年增加拨款"。[①] 修订法案中有一条与当时的历史背景密不可分，即该法要求农工学院要对黑人开放，或单独为黑人建立农工学院。1865 年南北战争结束，黑人得到解放，修订法案从法律层面保障了黑人和白人享有同等的受教育权。

2. 《退伍军人权利法案》（1944）

《退伍军人权利法案》（正式名称为《1944 年军人再调整法》）的颁布正值"二战"期间，其初衷并不是为了发展美国的高等教育，而是为了培养更多战时所需的各种人才——因为那时还无人预知"二战"即将结束，同时也为了给退伍军人提供更多福利保障。"《退伍军人权利法案》成功地

---

① 都昌满：《从走近到走进：美国高等教育纵览》，上海交通大学出版社，2017，第 60 页。

避免了"二战"后可能会出现的高失业率和一些社会不稳定因素的出现"①，也间接促进了高校在招生条件、教学模式、课程设置等方面的创新，还在很大程度上改变了美国人的受教育观念。由于入学不受性别、种族、年龄、贫富、宗教信仰的限制，美国掀起了退伍军人入学潮，这一时期美国的高校迅速扩张，培养出来的一批批知识广博、技能娴熟的大学生为国家和社会带来更大的希望。《退伍军人权利法案》在 1956 年废止，因为个这法案，美国社会"增添了 45 万名训练有素的工程师、24 万名会计师、23.8 万名教师、9.1 万名科学家、6.7 万名医生、2.2 万名牙医，以及其他领域的 100 多万名受过大学教育的人"②，这为美国后来几十年的迅猛发展打下坚实基础。

3.《国防教育法》（1958）

"二战"后的美国迅速发展成为世界上经济和军事最强的国家，教育在国家政治经济发展和国防安全中的地位日趋重要，联邦政府也进一步扩大了对教育的干预。1957 年苏联的第一颗人造卫星成功发射，这一事件成为美国《国防教育法》诞生的催化剂。该法全文共有十编，第一编就明确指出，"本法的目的是加强国防并鼓励和援助教育方案的扩充和改进，以满足国家的迫切需要……国家的安全需要充分地开发全国男女青年的脑力资源和技术技能……国会重申这一原则并声明，州和地方社区要控制并必须控制公立教育，并对其负有主要职责。然而，国家利益要求联邦政府对那些于国防是十分重要的教育方案给予援助"③。该法对高等教育发展的贡献主要体现在大力资助本科以及研究生教育，明确了学生贷款的周期为四年，"贷款总量从第一个财政年度（1959 年）的 4750 万美元增加到第四年（1962 年）的 9000 万美元"④。同时还明确了贷款的分配方式及偿还的年限和利率。该法促进了自然科学的发展，此外，法案还提倡在教学中使用信息技术和多媒体软件，有效促进了教学媒介的多元化。

---

① 张晟：《美国社会的公共政策》，西南财经大学出版社，2015。
② 《历史学家谈美国：美国退伍军人权利法——改变美国的社会和经济风貌》，美国驻华大使馆官方微博，http://blog.sina.com.cn/s/blog_67f297b00102ds7h.html，最后访问日期：2019年 6 月 29 日。
③ 瞿葆奎：《美国教育改革》，人民教育出版社，1989，第 118 页。
④ 陈露茜：《联邦管控、自由市场与新中产阶级：对 1958 年美国〈国防教育法〉的再审视》，《教育学报》2018 年第 3 期。

4. 《经济机会法》（1964）

《经济机会法》是约翰逊政府开展的"向贫穷开战"计划的组成部分，于1964年通过，该法旨在向少数民族和贫穷者提供就业和教育机会，以缓和社会矛盾。该法规定，美国建立职业队及为美国服务志愿队；设立就业培训计划和贫穷青少年教育计划，并且向出身于低收入家庭的大学生提供校园内的勤工俭学机会。该法还规定由联邦政府设立联邦基金，拨款到州政府用以给困难学生提供经济支持，也就是贫困学生在学校内从事兼职工作，由学校支付酬金，其中80%由政府拨款支付，20%由学校支付。该法提高了美国高等教育的入学率，也保障了更多的贫困学生能够顺利完成学业，美国的高等教育逐渐从精英教育向大众教育转变。

5. 《高等教育法》（1965）

该法最早于1965年通过，最初制定该法的目的在于解决由贫困、种族歧视、少数民族歧视等原因造成的受教育机会不均等的问题。后经过10次修订，高等教育相关的各方面都得到了不断完善（详情见表1－1）。

表1－1　《高等教育法》历年修订版本主要内容变化

名称及修订时间	主要内容及变化事项
《高等教育法》（HEA）（1965/08/11）	授权设立"联邦担保学生贷款"（GSL）；授权对少数民族地区高等教育机构、院校、家庭经济困难的学生等提供联邦教育资助
《高等教育法修正案》（1968/10/16）	续展HEA的有效期至1971年；取消还款贴息；资助范围扩展到职业学校的学生；预先社保基金成为GSL的借出人
《高等教育法修正案》（1972/06/23）	续展HEA的有效期至1975年；提高每年借款金额至2500美元；要求学生签署声明只将GLS用于学习；建立"需求分析"系统；设立面向贫困生的"佩尔奖学金"和"国家直接学生贷款"（NDLS）；实行助学贷款债权流通
《高等教育法修正案》（1976/10/12）	续展HEA的有效期至1981年；调高佩尔奖学金；放宽贴息贷款的收入水平限制，多方面向公众公布高校信息
《高等教育法修正案》（1980/10/23）	调高佩尔奖学金上限至2000美元；贷款上限调至3000美元；服务于公共卫生事业、免税机构、医院等的可获得延期减免；设立在校生双亲（PLUS）贷款和合并贷款
《高等教育法修正案》（1986/10/17）	续展HEA的有效期至1991年；将国家直接贷款更名为帕金斯贷款，将学生辅助贷款分解为双亲贷款和学生贷款（SLS）

名称及修订时间	主要内容及变化事项
《高等教育法修正案》（1992/07/23）	续展 HEA 的有效期至 1998 年；佩尔助学金调至 3700～4500 美元；设立"不贴息联邦斯坦福贷款"（USL）；本科生贷款上限增至前两年 35000 美元、后两年 5500 美元；提出接受资助的"合格学生"的定义；全面修订并重新授权各种资助项目
《高等教育法修正案》（1998/10/07）	续展 HEA 的有效期至 2003 年；贷款低利率期锁定至 30 年，极大增加了联邦预算贴息负担
《2005 年高等教育协调法案》（2006/01/08）	续展 HEA 的有效期至 2014 财政年度；佩尔助学金上限增至 6000 美元；本科生贷款限额调至前两年 4500 美元、后两年 7000 美元；增加了学生锁定利率的成本，兼顾了学生与纳税人的利益
《高等教育法修正案》（2008/07/31）	大学学费的信息披露制度；教科书的信息提供和成本控制制度；州高等教育信息系统试验项目；州对可负担高等教育的承诺义务；改进联邦学生资助的申请程序；为经济最困难的学生增加助学金资助；对学生贷款项目的规范；改进大学准备（College Preparation）项目
《高等教育法修正案》（2017）	通过《教育改革促进机会、成功与繁荣法案》（PROSPER），更新了 2008 年修订的联邦高校管理法

资料来源：冯骊：《美国联邦〈高等教育法〉立法 40 年回顾》，《河南大学学报》（社会科学版）2007 年第 3 期，表格略有增减。

美国《高等教育法》是一部全面针对高等教育的法案，其宗旨是强化美国的学院和大学的办学条件，对接受高等教育的贫困学生提供经济资助。联邦政府主要是通过拨款的手段对高等教育实施调控，对《高等教育法》进行不断的修订和完善，也是因为联邦政府要加强对高等教育的管控。高等教育相关设施设备的建设以及师资力量的培养等，都是通过授权拨款来实现的。高等教育还有一系列配套的法案，如 2007 年通过的《大学成本降低与机会法》和 2008 年上半年通过的《确保持续学生贷款机会法》等。

6. 《国际教育法》（1966）

随着美国打着国际主义的旗帜，开始向第三世界输出本国的政治、经济、文化理念，教育也成为美国达成文化输出的有效途径之一。国际教育成为美国教育重视的部分。政府为了加强对国际教育的管理，1966 年国会通过了美国历史上第一部以"国际教育"命名的教育法——《国际教育法》（International Education Act）

该法允许将"联邦担保学生贷款"扩展到留学生，授权国内大学建立高级国际研究中心，对相关的国际研究计划提供资助，规定了国际教育的实施途径、政府资助、咨询机构，将国际教育与其他教育区分开来，明确联邦政府是国际教育的管理主导。

7.《中等收入家庭学生资助法》（1978）

联邦政府以往的资助政策主要针对贫困大学生。《中等收入家庭学生资助法》对资助政策进行了调整，随着贷款限制条件的逐步放开，联邦政府给学生担保贷款的申请程序得以简化，联邦政府资助大学生的范围也逐步由贫困家庭扩大到中产阶级家庭。将中等收入家庭的学生纳入资助范围从整体上提高了全国中低等收入人群的教育经费支付能力。该法一方面让更多美国人能够接受高等教育，从客观上促进了美国高等教育的发展；另一方面，资助范围的急速扩张也给联邦财政带来了很大的压力，该法通过之后，联邦学生资助项目的开支从 1978 年的 4.8 亿美元增至 1980 年的 16 亿美元；此外，联邦政府的资助方式也逐渐由助学金转移到贷款，客观上提高了贷款在联邦大学资助领域的影响力。

8.《高等教育机会法》（2008）

2008 年受金融危机的影响通货膨胀严重，教育成本也随之高涨，为了缓解社会矛盾，布什政府出台了《高等教育机会法》。该法是《高等教育法》的修正法案，一方面提高了资助金额，另一方面也扩大了资助范围，同时还进一步规范了资助的流程，进一步完善了美国的学生资助体系。

（二）管理体制

美国高校管理体制最突出的特点就是高度分权。美国宪法中没有具体关于高等教育的相关规定，1791 年，美国宪法第 10 条修正案中指出："本宪法所未授予合众国或未禁止各州行使的权利，皆由各州和人民保留之"①，也就是说联邦政府将高校办学的自主权下放到了州政府和人民自己的手中。美国高校在特殊的政治经济背景下发展壮大，具有美国特色。

1. 各州政府办学高度自治

美国的高等教育在管理方面具有明显的地方性特色，管理的权限主要

---

① 马立武：《美国高等教育发展与宪法权利保障》，辽宁人民出版社，2013，第 11 页。

集中在州政府手中，尽管美国在 1867 年就成立了联邦教育部，但是它仅作为一般性的咨询机构和指导机构存在，并没有实质性的权力去对高校进行管控。州政府在教育范围内的权限远远大于联邦政府，一方面，"州政府拥有是否让学校办学、要求学校规范办学的权力"①，高校从申请办学到资格审核、划地、筹款、建设等都需要获得州政府的同意才能实现，另一方面，尽管联邦政府每年会有大量的财政支出用于支持高等教育发展，但高校办学经费的主要来源仍然是州政府；此外，各州辖区内高校的立法权也归州议会所有。所以，美国的州政府在高校办学方面享有高度自治的权力。

2. 多方参与高校管理

（1）联邦政府对高等教育的管理

联邦政府并没有直接管理高校的权力，主要通过立法手段来保障公民受高等教育的机会公平，规划高等教育发展的方向，用经济手段如提供助学金、贷款贴息、科研项目资金等来为高等教育提供资金支持，从而发挥其管理高等教育的作用。

（2）州政府对高等教育的管理

州政府的管理贯穿高等教育的始终。州政府不仅要通过制定和完善法律对本州高校进行管理，还要协调联邦财政教育经费在本州各高校的分配。此外，州政府财政拨款也是高校办学的重要经济来源，州政府直接给予高校经费支持，高校培养人才发展本州经济，因此美国高校与各州政府的关系相当密切。尽管如此，州政府也并没有设立高等教育主管部门对高校直接进行管理。

（3）高校内部的管理

美国高校的董事会是高校内部的领导机构，董事会的成员主要包括政府官员、企业首脑、社会名流和校友，这些人对高等教育感兴趣，并且具有较高的社会地位和威望。虽非富有经验的教育管理者，但他们代表着社会各界的利益。一般公立院校的董事会成员为 5 到 25 人，私立院校为广开财源，董事会成员可能达到 50 到 60 人。董事会是高校内部管理系统中的最高决策机构和最高权力机构。董事会的首要职责是校长的选拔和监督，以

---

① 马颖、范秋芳：《美国高等教育管理体制对中国高等教育改革的启示》，《中国石油大学学报》（社会科学版）2014 年第 4 期。

及确保高校的财务水平能满足高质量教学和学术研究的经费需求。此外董事会还是"致力于维护高校与外部利益相关者（如公民、捐赠者、股东等）以及内部管理层之间关系的治理结构的保护机制，也是一种内在的监督机制"。①

校长由董事会选拔和任命，是美国高校行政管理的"一把手"。校长要负责学校方方面面行政工作的领导，确保高校各环节正常运作。在学校内部，校长要在学术团体和董事会之间起桥梁作用，负责学术团体和董事会之间的双向沟通。在对外工作方面，校长要充当学校"外交官"的角色，维护学校的关系网络，要负责与外界沟通，表达学校的诉求以及为学校获取相应的外部支持；要负责与优秀校友保持联系并加以宣传，从而扩大学校的知名度；要负责与社区保持良好的关系，以确保学校系统运营的外部环境良好。此外，有些校长还需要具备很好的经费筹措能力，能为学校引入办学资金。在大多数学校，校长主要负责协调外部关系，内部事务由学校的"二把手"教务长和各分管副校长负责。

院长和系主任是学院一级管理的主要领导人。"强有力的中层管理是美国大学管理的重要特点之一。"② 美国大学的校、院两级在权责划分上十分清晰，校级主要负责学校宏观管理，院级管理的权限主要集中在院长和系主任手中，分别负责院、系的运营和管理。美国大学的院长的工作除了学院管理外，有些院长也要花费相当一部分精力去筹款，少数院长也会给学生上课。系主任要承担教学任务，要组织研究和制定院系管理的规章制度，要负责教师管理工作，要在院长、教务长之间充当联络官，负责各项事务的协调、安排和汇报，工作十分烦琐。

教授会（评议会）和学生评议会主要代表学术人员和学生在高校管理事务中行使权力。评议会成员一般在教职人员中选举产生，主席由民主投票决定。评议会可以代表学术人员发声，但在许多学术议题上并没有决策权，最终决策权还是在董事会。学生评议会在大学治理中的权限越来越大，代表学生群体表达自身诉求，参与学校事务管理，协调学生与管理者和教学工作者之间的关系。学生评议会代表学生行使权力是大学中学生主体地位的重要体现，同时它也肩负了人才培养的使命，引导学生身心健康发展，

---

① 王定蕊：《美国高校董事会制度：结构、功能与效率研究》，高等教育出版社，2010，第34页。
② 都昌满：《从走近到走进：美国高等教育纵览》，上海交通大学出版社，2017，第144页。

培养学生正确的世界观、人生观和价值观。

（三）教学模式

美国大学的教学模式主要遵循促进学生全面发展的原则，从培养目标、教学计划、教学大纲的制定到具体的课堂教学实践，都贯彻了以学生为中心的理念。

1. 美国大学的培养目标

美国大学的培养目标总的来说是希望培养的学生有广博的文学、艺术、历史、哲学和社会科学知识，具备某些操作技能和价值判断的能力，能够独立地思考，具有分析问题和解决问题的能力。有些学校，如加州大学伯克利分校更注重对学生思维能力的培养，特别重视对原理的探讨，尤其是对思考过程的重视，远远重于对标准答案的追求。也有些学校的培养目标趋向实用主义，如麻省理工学院的培养目标是培养出来的学生具有掌握知识和应用基本原理的能力及解决多方面问题的才智，只有这样的学生才能顺应科技迅猛发展的变化。有些"学校的培养目标则聚焦到某一领域，如斯坦福大学经济学本科人才的目标定位：一是熟知现代社会各类经济现象；二是掌握分析经济问题的能力；三是具有评估公共政策的实际才能"。[①]

2. 美国大学的教学计划

美国大学课程体系由核心课程、分布式课程、任意选修课程（也称开放式自由课程）构成，其中核心课程是不同专业的学生都要参加的某些指定课程，每个学校在数量上的规定各不相同。分布式课程是由学生"点菜式"选择课程，学校针对不同专业的学生规定选课的学科领域，但不指定课程或课程组合。该方式最大的优点就是灵活性强，学生可选择的范围更大了。开放式自由课程与核心课程截然不同，学生有很大的自由度，可在某一学科领域内进行选课，也可以跨学科选课，学生自由安排学习计划，有助于培养学生独立学习的能力、学习跨学科的技能和跨学科思维能力。

大学生所修的每门课程都有对应的学分，学生需修满规定学分才能毕业。一般而言获得学分的年限与相应学制对应。每学段所修学分有最高分和最低分的要求，学生若想要提前修完所有学分，需要向学校提出申请，

---

① 丁忠民、王建刚：《财经类院校人才培养模式改革创新》，南京大学出版社，2011。

并且提供资料以证明自己能够负载相应的学习量并达标。

3. 美国大学的教学大纲

教学大纲是以纲要的形式编写的有关教学内容的指导性文件，是组织教学、进行教学质量评价和教学管理的重要依据。在美国高校中，每一门课都有详细的教学大纲，其内容主要包括教学目标、教学方法、教材、参考资料、考核要求、每一次课的具体教学时间、教学内容与教学要求等。编写一份科学的教学大纲是教师和学生高效协作的重要前提，教师按照教学大纲授课，学生也要按照教学大纲预习和复习相应课程。美国的教学大纲是经常变换的，教师每一轮授课所使用的教学大纲都不一样。

4. 美国大学的课堂教学

大学的课堂教学模式是教育理念落到实处的重要一环。在美国大学课堂中，"以学生为中心"的教育理念主要体现在以下几方面。

（1）学生的参与度高

美国大学生在课堂上的参与度很高，这与教师采用的教学方法有很大关系，也与学生扎实的课前预习密不可分。一方面随着教育技术的改进和教学媒介的更新，广大教师纷纷摒弃了"填鸭式"教学方法转而采用以学生为主的引导式教学方法，给学生充分的课堂展示空间；另一方面，在美国高校教学中课前阅读十分重要，在新学期开始之前教师会给学生提供详尽的教学大纲，告知学生下学期的课程进度安排及相关材料，学生必须在开学之前下大功夫去阅读大量教辅资料来提升知识储备，以便在新学期的课堂上能有的放矢，如此一来就在很大程度上提高了学生的课堂参与度。此外，小班教学也让教师在教学过程中更容易尽可能地照顾到每一名学生。

（2）注重小组合作

美国课堂十分注重学生的小组合作，在小组合作中，学生可以自由平等地沟通交流、各抒己见，相互吸收不同的观点也可以使学生扩展知识面，在合作中打开自己的视野。小组合作能够提高学生的语言表达能力、团队合作能力、协同创新能力、逻辑思维能力、与人交往的能力以及强化学生民主意识、自我意识、责任意识、换位思考意识等。

（3）教学环境良好

在美国的课堂中，气氛较为宽松活跃。美国大学中常见的座位布局灵活多样，例如圆桌会议的形式、"T"形、"L"形、"E"形、单排"马蹄形"、双排"马蹄形"等，有些教室中还有沙发、茶几等，并且中小型教室中的桌椅基本都是可以移动的，这样更方便学生自由组合。美国的教室布局不拘泥于形式，有些教育者认为最好的座位安排是让学生能掌控自己的空间，允许他们对自己的空间负责，只要能让学生觉得是有助于自己学习的，哪怕是坐在地上也是被允许的。曾有一位美国教师说道："我的一个学生去年蜷在教室的一张桌子下，在写字板上写出了他最好的文章。虽然那样的姿势在我看来非常不舒服，但他却很喜欢。"总而言之，最佳的座位安排就是让学生能从中获得最大的好处。

由于每个人接收信息的偏好不一样，有的学生以视觉获取信息为主，有的学生更偏好用听觉来获取信息，有的则在实际操作中获取信息更快，为了尽可能照顾到不同学生的学习特性，美国高校中很多课堂都结合了多样的教学媒介，如多媒体投影、现代化实验室，有些特殊课程上还会有机器人等先进的设备作为教辅工具。此外，美国高校会花大价钱去铺草坪、种树、购买雕塑、修建大型体育馆等，为学生打造优美的校园环境。

（四）科研模式

美国大学对科学研究的重视始于 19 世纪，以美国第一所研究型大学约翰·霍普金斯大学的创办为标志。它的第一任校长吉尔曼借鉴了德国柏林大学的办学模式，十分重视科学研究，还创办了研究生院。霍普金斯大学虽参照了德国大学的办学理念，但并没有完全照搬德国模式，而是结合美国国情进行了一些创新。德国大学是把研究引入教学当中，其目的还是为了培养研究型人才，美国则创立了研究生院，将研究作为独立于教学之外的大学的另一职能。

1. 机构设置

美国的科研体系主要由经费提供系统和研发执行系统组成，研发机构包括私营企业、联邦政府、非联邦部门、高校以及其他非营利机构。这些机构可能是研发经费的接受方，也可能是研发经费的提供方。在美国，科研机构的运行和管理相互独立，没有一个全国性的科研领导机构。

美国有一套完善的依托大学的国家实验室制度，高校是国家研发体系的重要组成部分，主要承担基础性研究，数据显示在 2013 年美国高校承担的基础研究在全国基础研究中的占比已过半（51%）。美国高校中的科研工作主要集中在研究型大学，这些研究型大学的科研机构大概可分为四种类型：一是教学和研究相结合的院系实验室，二是以专职研究员为主导的独立研究所，三是政府设立在大学中的研究中心和实验室，四是大学与产业界合作的科研机构。

以上提及的四种类型的科研机构中，其管理工作大多是由机构中的研究人员完成。联邦政府设立在大学内的实验室等机构及其管理模式可分为两种：一类是政府直属科研机构，即政府拥有、政府管理（Government-owned Government-operated，GoGo）；另一类是"联邦资助的研发中心"（Federally Funded Research & Development Centers，FFRDC），即由政府拥有，高校按合同管理（Government-owned，Contractor-operated，GoCo）。FFRDC 一般承担一些"通常不能由政府直属科研机构或承包商有效完成的长期研发工作"。FFRDC 在国防、能源、医疗等领域都发挥着重大作用，美国联邦政府的多个部门都在高校中设立了 FFRDC 科研机构，直接为联邦政府服务。科研机构以 FFRDC 的形式运作有三个方面的优势：其一，联邦政府保障机构有稳定的科研经费来源；其二，灵活的管理保障了科研的自主性和灵活性；其三，科研人员均为大学的雇员，能够在充分利用大学现有资源的同时刺激大学科研人员的自我创新、自我突破和自我完善。

2. 项目管理

美国的公立高校中，一般都会设有科研项目管理机构，全面负责科研项目的管理工作，其内容包括项目申请书的编写、预算编制、报告的编写等。其成员多为专职科研人员，他们熟悉各级科研项目的申报流程，有着比较丰富的科研管理经验。

3. 项目经费

大学中的科研经费来源多样，联邦经费主要来自国家科学基金会、能源部、航空航天局等联邦级部门，在州和地方政府也可以申请科研经费，也有一些是来自工业界或私人基金会的赞助，此外大学自身也会有经费投入。美国在科研经费流向的把控上相当严格，有一套严格的同行评审制度来对科研人员所申请的项目把关。相关机构会设立一个第三方项目评审小组来对科研人员申请的项目进行评估，评审小组的评审只针对项目本身进行，较为客观。不管申请人的身份和级别如何，只要项目有研究价值，就会得到相应的资金支持。

在美国，科研经费主要由三部分组成。一部分是科研经费本身，这部分经费主要用于论文发表、实验器材的采购、人员培训、学术交流等开支，这部分开支实际上只占整个科研经费的一小部分；一部分是附加管理费，这部分经费由高校用来支付科研过程中所使用的场所、器械、水电费、通信费、后勤人员的薪水等一些与该项目相关的费用，这部分经费在整笔项目经费中占的比重非常大，如美国国家卫生研究院的附加管理费比例是科研经费本身的57%；还有一部分就是科研人员工资及福利，这笔经费大约占整个项目经费的50%，美国的大学教授每年的时间分配是9个月用于教学，3个月用于搞科研，这3个月的薪资就来自他们申请的项目经费。项目经费的使用明细在项目申请的时候就需要有相关的预算，最终的实际开支允许有15%的浮动。

美国大学里的科研经费监管也十分严格。每个系都有专门人员对大学的科研经费进行监管，他们会与科研人员直接沟通每项经费的支出，有哪些支出不合理、哪些支出存在问题；然后，学校的基金管理机构也会对科研经费进行监督和管理；此外，相关的拨款机构也会对科研经费进行抽查审计，一旦发现问题，受资助方必须纠正或退款，情节严重的还会暂停项目并提请司法处理。因此美国的那些触碰到经费腐败"红线"的科研人员都饱尝苦果。

4. 成果转化

美国1980年通过的《拜杜法案》明确规定，联邦资助的科研项目所取得的专利、著作、科研成果等均归受资助单位所有。该法案引起了高校科研成果转化制度的变革，此后相继出现了技术许可办公室模式（OTL）、科学园模式、孵化器模式等，同时，政府也鼓励高校科研人员接受企业的应用型研究项目，并且会予以相应的资金支持作为对高校的补贴，这些努力与举措为美国在全球科技创新领域赢得领先地位贡献了直接力量。

尽管美国的科研成果转化率在全球居于领先，但还是有大量的科研成果没有被转化，其中的缘由涉及多方面因素。美国的研究型大学中的"概念验证中心"（Proof of Concept Centers，PoCCs）试图填补科研成果转化的"死亡之谷"，提高科研成果商业转化率。"概念证明中心"是大学和企业之间沟通的渠道，为高校的研究成果提供商业咨询、寻找市场。第一个"概念证明中心"是2001年在加州大学圣地亚哥分校建立的冯·李比希创业中心

（Von Liebig Entrepreneurism Center），它和 2002 年在麻省理工学院成立的德什潘德科技中心（Deshapanda Technological Center）是概念证明中心的典型代表，也是成立最早的。"概念证明中心"与"孵化器"有所不同：一是"概念证明中心"是在高校内部运行，而"孵化器"通常与高校隔开；二是"孵化器"通常是为已成型的成果提供发展的空间，而"概念证明中心"是对项目结果进行预测和商业价值评估。

美国的产学研合作模式是"概念证明中心"之外的又一种科研成果转化模式，该模式在美国已比较完善。美国有很多高新技术工业区都是以大学等智力密集型单位作为核心，大学与企业合作参与研发。该模式一是带动高校四周的高新技术产业发展，二是为高校师生实际操作提供了良好的场所，三是提高了美国高校科研成果的商业转化率。

（五）社会服务

美国高等教育的一大特点就是实用性和学术性相结合。高校社会服务功能的萌芽可以追溯到美国第一所州立大学诞生之时，那时的大学就开始注重学校与区域发展的融合。自《莫里尔法案》提出以后，高校为社会服务的理念逐渐得以确立和发展。《莫里尔法案》颁布后建立起来的一系列赠地学校，就是为了服务经济的发展。在一系列高校服务社会的教育理念当中有两个重要的代表，一个是"康奈尔计划"，另一个是"威斯康星思想"。

"康奈尔计划"最初叫作"大学组织计划"，制订于康奈尔大学建校之初，该计划与康奈尔大学"训练有抱负的青年成为对社会有用的人才"的教育目标紧密结合。这项计划"不仅确立了康奈尔大学的办学理念和目标，而且打破当时大学故步自封的状态，将大学与社会紧密地联系起来，为大学服务社会职能的确立奠定了基础"。[①] 该计划内容在社会服务方面主要体现在：（1）重视实用教育，注重培养实用型人才。康奈尔大学把农业、机械学科作为重点学科，强调这些学科的地位和其他学科地位均等，为美国工农业的发展培养人才，体现了赠地学校重视应用学科、为社会经济服务的办学特色。（2）大学要开展科学研究，主动为社会服务。康奈尔大学将

---

① 朱鹏举：《美国康奈尔计划发展研究——大学服务职能的视角》，河北大学博士学位论文，2014，第 85 页。

教学、科研、服务融为一体的办学特色，为其能够在高等教育发展中引领潮流奠定了基础。（3）强调大学与该地区和政府的联系。该计划中明确指出康奈尔大学不受任何宗教及党派的控制，在这一点上有别于以往的大学。这一规定一方面保障了大学的学术自由和办学独立，同时也强调了大学和政府及社会的关系密切。之所以要维护这样的关系是因为康奈尔大学是一所公私合营的大学，离不开政府的支持，同时也体现了大学为社会培养人才，服务于地方经济和社会的发展的办学理念。"康奈尔计划"冲破了当时美国高等教育的僵化体制，摒弃了迂腐的教学传统，为当时的美国高等教育的"病躯"注入一剂良药，后来经过不断完善，其理念在美国大学中得到了广泛的推广和应用，当今几乎每一所美国大学都将其纳入自己的发展规划当中。

"威斯康星思想"源于全美最顶尖的十所研究型大学之一的威斯康星大学，由查尔斯·范海斯于1904年担任校长期间提出，简言之就是"大学必须为社会发展服务"的教育理念。当时正值威斯康星州由农业向畜牧业转型时期，急需大量技术人员和管理人才为州的发展贡献力量。范海斯认为大学的唯一理念应该是服务，教学、科研和服务是大学的三大职能。在他看来大学的责任之一就是为州的发展负责，为本州经济、社会发展做贡献，大学的使命就是"帮助把知识传授给广大民众"。该思想提出后，威斯康星大学的教学、科研及服务活动都围绕该思想开展。"威斯康星思想"在威斯康星大学的实践主要体现在三方面：（1）大学与社会互派专家。大学派专家直接服务于社会，为政府和相关机构以及公众提供咨询和帮助，如果民众有需要，专家还直接到一线的田间地头、工厂等进行指导，这一做法也得到了民众的普遍认可。威斯康星大学校长范海斯曾说过："鞋子上沾满牛粪的教授是最好的教授。"此外，学校也会邀请社会上的专家到学校，以加强学校的科研和管理。（2）设立大学教育推广部。推广部的服务项目包括函授、学术讲座、公开研讨与辩论、提供相关信息等。凡是社会需要的、能够促进州的经济、社会发展的事情，推广部都会尽力去做，这一做法为民众带来了极大的便利。（3）建立流动图书馆。流动图书馆是广大民众获取知识的重要平台，他们可以在这里学到知识技能的同时也提升自身的文化素养。威斯康星大学的办学理念在全美迅速传开并得到了民众的高度认同，美国前总统罗斯福曾高度称赞威斯康星大学："在美国的其他州里，没有任何大学为社会做过威斯康星大学在威斯康星州所做的同样的工作。"①

　　美国大学为社会服务的功能体现在众多方面，持续针对社会在不同时期的发展需要培养人才及提供技术支持，高校在为社会输送知识和人才的同时也在特殊时期为社会缓解压力，如大批社区学院直接为企业输送人才，如接收大批退伍军人进入学校以缓解社会的就业压力和治安管理压力等。

　　随着信息时代的到来，美国高校与社会和民众的联系变得更为密切，国家的发展也越来越依赖高校，尤其是研究型大学。美国非常重视知识的创新和人才的培养，大学的社会服务功能也被赋予越来越多的责任，美国高校与社会相互促进和发展，高校与政府、企业、科研机构等之间的沟通日益频繁。

　　此外，随着高校对科学的钻研不断深入和对社会发展趋势的认识不断提升，美国高校的"大学智库"服务于社会变得尤为重要。与单纯的学术研究所或研究中心不同，大学智库是专门从事政策研究的与大学有隶属关系的研究所、中心或项目，其通过政策研究与分析影响政策或政策环境。这些智库都以某大学或其中的某个院系为依托，其成员大多来自相关院系和专业。智库由相对独立的顾问委员会进行管理，其资金来源主要是基金会或个人捐赠。一些大学中的智库与美国政府有直接的隶属关系，如美国国防大学的技术与国家安全政策中心、海军战争学院的海战研究中心、陆军战争学院的战略研究所等。美国的大学尤其是研究型大学，在"二战"期间直接服务于战争，进行雷达、核武器等战争装备研究。胡佛研究所是全美顶尖的十大智库之一，也是美国最好的大学智库，在承担科研任务的同时也在美国的政治中发挥着巨大的作用，直接影响到美国的内政和外交。在美国前总统里根的第一任期，"多达50名胡佛研究所学者在联邦政府的立法或行政机构任职，帮助里根总统制定重大国家政策"。② 众多政界首脑、高官都在胡佛研究所担任过正式的高级研究员，例如里根、英国前首相撒切尔夫人、美国前国务卿赖斯等。

（六）国际化

　　美国大学国际化教育的发展历程可分为"二战"前的个人流动期、双

---

① 黄晓敏：《查尔斯·范海斯：把大学送到人民中间》，《教育与职业》2014 年第 19 期。

② 都昌满：《从走近到走进：美国高等教育纵览》，上海交通大学出版社，2017，第 185 页。

边交流期和"二战"后的国际拓展期、竞争合作期四个时期。①

美国政府和社会历来注重引导和支持教育在培养公民处理国际化事务的能力上的作用（"二战"前成立的机构及其使命参见表1-2）。美国政府致力于推动高等教育国际化，鼓励高校参与国际事务，接收国际学生，"二战"结束时，美国已有近3万国际留学生。

表1-2 美国"二战"前国际化教育相关机构及其主要作用

时间	相关机构	主要内容
1900年	美国大学协会（AAU）	强化国际教育事务参与及扩大全球交流合作
1918年	美国教育委员会（ACE）	专门设有国际化与全球参与中心（CIGE），代表大学参与国会有关促进大学教育国际化议题的讨论与决策过程
1919年	美国国际教育协会（IIE）	增进全球高等教育机构之间的密切联系

"二战"后的美国进入与苏联争夺世界霸主地位的阶段，大量复员军人有着接受国际化教育的需求，美国高等教育也在这个当口正式走向"国际拓展期"。通过颁布系列法案，美国奠定了以立法促发展的国际化教育发展基调（具体政策参考表1-3）。

表1-3 美国"二战"后国际拓展期的高等教育国际化政策

时间	相关政策和机构	主要内容
1946年	《富布莱特（基金）法案》	资助本国学生和教师赴海外学习、讲学和开展合作研究，支持海外学生和学者来美国学习和进行合作研究
1948年	外国留学生事务全国委员会	为美国联邦政府制定了一系列关于教育国际交流的战略报告
1958年	《国防教育法》	政府资助设立现代外国语中心和为了了解该语言区需要的学科的高校，促使外语教学、地区研究、国际问题研究快速发展起来
1961年	《双边教育和文化交流法》	外语教育和区域研究被纳入国民教育体系
1965年	《高等教育法》	设立了"本科国际学习和外语项目"，为美国高等教育课程的国际化提供资助
1966年	《国际教育法》	美国政府将国际教育交流合作视为国家的法律；授权建立"高级国际教育中心计划"和"加强本科国际教育计划"（虽因未得到国会拨款而未实行，但它们在政策上体现了课程国际化的发展）
1990年	《教育交流促进法》	支持国际留学生教育

---

① 胡亦武：《中国大学国际化评价及其机制研究》，华南理工大学出版社，2009。

1945 年至 1991 年，美国高校国际化在一系列政策法案的助力下取得了惊人的进步，确立了发展方向，完善了顶层设计，赴美求学的国际学生更是从 26000 人增至 400000 人，四十余年间增长近 15 倍。

冷战结束后，国际金融危机爆发，世界各国高校为了提高收入，开始争夺国际生源。美国为了争取到更多的国际学生，将高等教育国际化作为发展重点，这个时期也是美国教育国际化的"竞争合作时期"。为了达成这一目标，尽管美国大幅削减了高校的办学经费，国际化发展的资助拨款却并未减少（具体政策见表 1-4）。这一时期，有了专项拨款和系列法案的保驾护航，美国高等教育不仅未受金融危机的冲击，还实现了飞跃式发展。

表 1-4　美国"二战"后竞争合作期的高等教育国际化政策

时间	相关政策	主要内容
1991 年	《国家安全教育法》	设立博伦奖助学金；资助关键地区海外学习以及关键地区和国际问题研究；设立国家安全教育信托基金；成立国家安全教育委员会，明确提及高等教育国际合作问题
1992 年	《扩大文化与教育交流法案》	追加 400 万美元的基金用于支持富布莱特项目和国际研究生奖学金；支持国际交流与学习
1992 年	《高等教育法》修订第六款	联邦政府资助高等教育国际化；全面提高外语能力；建立海外事务研究中心、国际公共政策研究院和国际商业项目教育中心
2000 年	《高等教育国际化备忘录》	吸引和培养各国未来领袖；培养公民国际意识与能力；支持学生、学者国际交流学习；提高外语水平；鼓励教育机构实施国际化教育
2000 年	《2000 年国际进修机会法》	拨款 150 万美元用于吉尔曼奖学金项目；推出"国际教育周"
2003 年	《高等教育国际研究法案》	修订《高等教育法》第六款——国际和外语研究；成立国际高等教育顾问委员会实时监控高等教育国际化；提高美国国际事务处理能力

（七）教师队伍建设

美国高等教育法和管理规定在各州有所不同，教师队伍的管理也各不相同。美国高等教育在教师队伍建设方面主要有三大特点，分别是：严格的聘任制度、独特的终身教职制度和多样的考核制度。

1. 严格的聘任制度

美国高校通过公开招聘的形式，自主聘任教师，有严格的聘任制度和程序，为了保障招聘的公平性，有不聘请本校应届毕业生的惯例，聘任程序有以下 6 各环节，分别是：学院上报、成立聘任委员会、公开发布招聘信息、全面考核候选人、校长及教授委员会审核、校董事会审批。应聘者需接受全方位的考察，特别是资格审查和职业能力测试。资格审查涉及严格的学历、学位和个人背景审查，职业能力测试包括试讲、做学术报告、主持学术讨论会等。

美国高校专职教师聘任重点在质量，兼职教师的聘任重点则是有数量限制。虽然聘任一定量的兼职教师可以为学校减轻经济负担，但过多的兼职教师就会影响教师队伍的稳定性，所以美国高校历来遵循兼职教师不得超过全体教职工数量 50% 的原则。

2. 独特的终身教授制度

20 世纪初，终身教授制度起源于美国的威斯康星大学，是指校方无特殊情况不得随意解聘终身教授，除非本人辞职或退休的聘用制度。这一制度从高校的角度来说能稳定高质量的教师队伍，保障学术自由，对教师来说确保了其经济和学术地位。根据 2005 年的数据统计，在美国所有涉及研究生培养与管理的高等院校中，有超过 94% 的学校设立了终身教授制度，在公立大学中实行此制度的比例高达 99%，在私立大学中比例为 87%。[①]

终身教授的获得也有严格的标准，要经过从教年限、教学能力、科研实力、院系服务的考核。首先，助理教授通常需要 6 ~ 7 年的时间，医学院甚至需要 10 ~ 12 年方可申请终身教授的认定。其次，教学能力的考核要点有：工作量、选课学生数、学生评价、观摩课报告、指导学生科研情况等。再者，申请人的学术论文、会议报告、科研经费、独立出版的学术著作等则是科研实力的考核标准。最后，申请人还需要通过院系活动参与情况的审核，即考察申请人的校内外各级委员会参与情况、社会服务的情况等。

3. 多样的考核制度

为了优化教师队伍，推动教师职级晋升，及时淘汰不符合聘任标准的教师，美国高校执行了多样化的考核制度，对教师的考核分为聘期考核和定期考核两种。

终身教授接受定期考核，其余人员接受聘期考核。考核的维度包括学

---

① 陈鹏、陈志鸿、张祖新、弓建国、刘长旭：《美国高校师资管理目标及外化评价指标研究》，《中国高教研究》2009 年第 1 期。

生评价、同行学术评议等。接受考核的时间节点也因职级有区别，教员的聘期为 1 年，助理教授和副教授聘期为 3～7 年，聘期结束时都将接受严格多样的考核。

"非升即走"也是美国高校考核制度的一大特点。以哈佛大学为例，"助理教授、副教第一次受聘期一般为 3 年，以后如果继续聘用，年限总共不得超过 7 年，7 年后不能晋升则自动解除聘用"。①

（八）经费配置

1. 美国高等教育经费政策体系的结构与内容

在建国后长达 200 多年的高等教育发展过程中，美国政府颁布的一系列教育法规或政策都是对高等教育发展的一种政策引导。尤其在财政支持方面，公立高校与私立高校享有同等的待遇。因此，美国高校在精英教育阶段就呈现出多渠道筹措经费的局面，随着经济社会的发展，市场化对高校筹措经费的作用更加明显，各渠道的经费来源更加平衡，高校对政府拨款的依赖不断减弱，发展态势更加健康。美国高校经费筹措具有以下特点（见表 1－5）。

表 1－5　美国高等教育不同发展阶段的高校经费筹措特征

经费来源	精英教育阶段	大众化阶段	普及化阶段	主要法规政策
政府财政拨款	公立高校：主渠道 私立高校：主渠道之一	公立高校：主渠道 私立高校：辅助渠道	公立高校：主渠道 私立高校：辅助渠道	《宪法》第十条修正案（1791 年）；《莫雷尔法案》（1862 年）；《哈奇法案》（1887 年）；《第二莫雷尔法案》（1890 年）；《史密斯·来福法案》（1914 年）；《史密斯·利弗法案》（1914 年）；《史密斯·休斯法案》（1917 年）；《退伍军人权利法案》
学费收入	公立高校：辅助渠道 私立高校：由辅助渠道转为主渠道	公立高校：辅助渠道 私立高校：主渠道	公立高校：由辅助渠道转为主渠道之一 私立高校：主渠道	
科研经费收入	公立高校：辅助渠道 私立高校：辅助渠道	公立高校：辅助渠道 私立高校：主渠道	公立高校：辅助渠道 私立高校：由主渠道转为主渠道之一	
社会捐赠收入	公立高校：辅助渠道 私立高校：主渠道	公立高校：辅助渠道 私立高校：主渠道	公立高校：由辅助渠道转为主渠道之一 私立高校：由主渠道转为主渠道之一	

---

① 陈鹏、陈志鸿、张祖新、弓建国、刘长旭：《美国高校师资管理目标及外化评价指标研究》，《中国高教研究》2009 年第 1 期。

经费来源	精英教育阶段	大众化阶段	普及化阶段	主要法规政策
社会服务收入	公立高校：辅助渠道 私立高校：辅助渠道	公立高校：由辅助渠道转为主渠道之一 私立高校：由辅助渠道转为主渠道之一	公立高校：主渠道之一 私立高校：主渠道之一	（1944 年）；《国防教育法》（1958 年）；《高等教育法》（1965 年）；《高等教育机会法案》（2008 年）

注：1. 主渠道是指在高校经费来源结构中占比最大的经费来源渠道；2. 主渠道之一是指在高校经费来源结构中占比较大的经费来源渠道；3. 辅助渠道是指在高校经费来源结构中占比小的经费来源渠道。

资料来源：根据美国国家教育统计中心统计数据和史料编制而成，转引自陈武元《美日两国高校经费筹措模式及其对我国的启示》，《高等教育研究》2018 年第 7 期，第 101 页。

第一，政府财政拨款不论是在精英教育阶段，还是在大众化阶段乃至普及化阶段，都是公立高校经费来源的主渠道，这是由公立高校的"公立"属性所决定的。但是，随着经济社会的发展和人们对高等教育需求的不断提高，高等教育属性发生了变化，有向私人产品发展的趋势，因而政府财政拨款占公立高校经费总收入的比例下降是必然的。而私立高校由于其"私立"属性，虽然也获得一部分政府财政拨款，但这只能是辅助渠道。

第二，学费收入不论是在精英教育阶段，还是在大众化阶段乃至普及化阶段，都是私立高校经费来源的主渠道，这是由私立高校主要提供私人产品的性质决定的。由于高等教育规模不断扩张，公立高校的公共性程度降低了，因而公立高校学费水平不断提高乃至学费收入占公立高校经费总收入的比例不断攀升也是必然趋势。

四 美国高等教育发展创新的基本经验

（一）依法治教，依法促教

从殖民时期的九所大学发展到当今三千多个高等教育机构，美国高等教育的创新发展离不开法律制度的支撑。1862 年的《莫里尔法案》为美国高等教育快速发展开辟了道路，奠定了基础。联邦政府利用美国地广人稀的优势，通过赠送大量土地来支持地方发展高等教育，陆续建立起来的赠地学院为美国的工农业发展培养了人才。"二战"之后的美国，社会矛盾日益凸显，为了避免"二战"退伍军人为社会增添不安定因素，美国在 1944 年出台了《退伍军人权利法案》，成功解决困扰。此外，联邦政府出资让大批退伍军人进入高校学习和深造，也为社会各个行业培养了很多专业人才。美国虽然在"二战"之后迅速发展成为超级大国，但与其他发达国家在各方面的竞争依然存在。为了进一步稳固自己世界第一的地位，美国在1958年又通过了《国防教育法》以最大限度地将全国上下青年男女的脑力资源利用起来，为国家建设做贡献。美国1964年颁布的《经济机会法》保障了更多的贫困学生完成学业，而1978年的《中等收入家庭学生资助法》把联邦政府的资助范围由贫困学生扩大到中产阶级家庭子女。美国《高等教育法》及其一系列的修正法案一直持续不断地通过扩大资助的范围、提高贷款金额、延长免息的年限等手段支持高等教育的发展。美国建立起一套强大的资助体系以支持高校的教育和科研。

（二）联邦放权，地方增权

在美国，联邦政府虽设有教育部，但教育部只负责咨询和引导工作，没有实质性的教育管理，管理权限充分下放到各个州政府手中。各州政府有权给高校颁发办学许可，也会提供资金支持以保证高校的正常运作，还会派遣各类管理人员协助高校管理者工作。高校内部的最高权力机构和决策机构是董事会，董事会的组成主要是一些社会知名人士，董事会负责选拔校长。校长是学校的行政一把手，主要负责管理学校内部事务，确保高校正常运作，部分校长要利用私人关系网络为学校引进办学资金。教学管理主要由院长和系主任负责，系主任在教学管理之外还要负责院系管理的规章制度落实，协调和沟通院、校两级领导的工作。教授会（评议会）和学生评议会分别代表学术工作者和学生在高校管理中发声。

（三）宽进严出，科目自主

美国大学的教学模式可以概括为"宽进严出"，大学的入学条件较为宽松，但对毕业生的要求相当严格，学生必须修满规定学分才能毕业。美国大学希望学生在毕业之后有广博的学识、高尚的情操，以及能独立地思考和正确地做出价值判断、掌握工作和生活必备的技能。大学的课程设置范围很广，在核心课程之外还设置了众多的选修课程，学生可以根据自己的兴趣和需求选择相应课程以完善自身的知识体系。美国大学生课前需要阅读大量的图书和资料，教师在教学大纲中规定好学生每个时期要学习的课程及相应的图书和资料以便学生提前预习。美国高校课堂学生参与度非常高，小组学习模式有利于学生针对学习中的问题在课中充分发言讨论。

（四）科研兴国，产出丰硕

美国大学的科研主要集中在研究型大学。在高校中设有不同种类的科研机构，依托联邦各直属部门的机构其管理有联邦直接管理、通过合同委托高校管理两种形式，依托企业的科研机构由企业和高校共同管理，也有高校自主创办自主管理的科研机构。高校科研经费来自联邦拨款、企业资助、基金会赞助和高校自身的投入等众多渠道。高校科研成果转化模式也并不单一，各种科学园和孵化器为科研成果转化提供了良好的环境，还有众多的概念证明中心为提高高校科研成果转化率贡献力量。

（五）革新技术，服务社会

美国高等教育的起点和落脚点都是为了服务社会，从1862年的《莫里尔法案》开始，高校服务社会功能的定位上升到了新高度，并从此一路向上攀升。高校不论是在战争年代还是和平时期都以其独特的方式为社会服务，为社会各界发展培养专业人才，各种技术的革新大大提高了人们的生活水平，还有各种高精尖领域的科研成果为美国赢得了各种美誉，特别是美国在巩固国防、发展医疗、开发能源、发展经济等方面更是离不开高等教育的支持。

第二章　英国高等教育

一　英国高等教育概述

长期以来，英国大学一直秉持独立自治的风格，但又因经费的原因与政府有着密切的关系。英国大学的很大一部分收入来自政府的公共资金。除了政府的资助外，大学还通过外国学生和私营部门获得收入。在 20 世纪 60 年代，英国大学数量扩张之后，公共资金在 80 年代开始面临压力，逐渐无法满足对学生的资助，因此政府引入了现行的学生贷款体系，以取代日趋下降的生活费补助，并在英格兰、苏格兰、威尔士和北爱尔兰分别成立了高等教育拨款委员会来协调国家对高等教育的资助。

根据英国高等教育统计局（Higher Education Statistics Agency，HESA）的统计，2017～2018 年英国共有 164 所公立的高等教育机构（不包括白金汉大学）。这一年在校生共有 234 万人。按学历来分，其中本科生 177 万人，研究生 57 万人；按授课时间来分，其中全日制学生（full-time students）184 万人，非全日制学生（part-time students）50 万人；按学生来源地来分，英国本土学生 188 万人，欧盟学生 14 万人，其他地区 32 万人。① 学生必须通过严格的考试才能入学，但是从国际标准来看退学率却是极低的。学生可以申请政府提供的奖学金以支付学费，一般来说学生获得的资助金额与其父母的收入成反比。除此之外，大多数学生还可以申请国家贷款来支付生活费。海外留学生则较难申请到政府的资助。

（一）英国大学分类

英国大学按照其成立的历史时期大致上可以分为以下四类。

---

① "Universities UK：Higher Education in Numbers，" https：//www. universitiesuk. ac. uk/facts – and – stats/Pages/higher – education – data. aspx，最后访问时间：2019 年 10 月 5 日。

第一，古典大学。由于这些学校大都诞生于中世纪和文艺复兴时期，在 17~19 世纪没有新大学成立，所以它们被称作古典大学。又因为这些学校最为突出的特点是实行学院制，所以也被称为学院制大学。这类大学包括英格兰地区的牛津大学（成立于 1167 年以前，具体时间不详）、剑桥大学（成立于 1209 年），以及苏格兰地区的圣安德鲁斯大学（成立于 1413 年）、格拉斯哥大学（成立于 1451 年）、阿伯丁大学（成立于 1495 年）和爱丁堡大学（成立于 1583 年）。这些学校实行学院制，故学校的各个学院在财政和管理上相对自治，学生必须获得学院的录取才能入学成为其学校的学生，同样，学位的授予亦需要得到学院的认可。但是，学院的划分并不代表科系专业的划分。也就是说，来自不同学院的学生可能学习同一个学科和专业，而来自相同学院的学生则可能所学专业不同。

第二，红砖大学。这些大学普遍成立于 19 世纪后半叶至 20 世纪初。当时英国的社会经济快速发展，急需大学输出更多的人才，而此前的古典大学无法满足社会发展的需求，于是新的大学应运而生。这批新大学的特点是大都以理工科为基础和强势学科，以城市的名字命名，所以红砖大学有时又称市立大学。"正宗"的红砖大学有 6 所，它们分别是伯明翰大学、布里斯托大学、利兹大学、利物浦大学、曼彻斯特大学和谢菲尔德大学。还有一些大学因也成立于这一时期，于是自称为红砖大学，如南安普顿大学，其前身是伦敦大学联盟的一个学院。红砖大学以中产阶级的教育为目标，有别于古典大学的"精英"教育，自此英国高等教育开始走向平民化。

第三，平板玻璃大学。在 20 世纪 60 年代，《罗宾斯报告》发布前后，出现了一次大学扩张的浪潮，由此成立了一批新大学，因其大量地使用具有现代风格的玻璃，被称为平板玻璃大学。在建筑风格上，平板玻璃大学与古典大学、红砖大学形成了鲜明的对比。平板玻璃大学共计 20 所，其中英格兰地区有 15 所（如华威大学、约克大学等），此外还有 4 所在苏格兰，1 所在北爱尔兰。这些大学有一部分是新成立的，有一些是由以前的专科学校升级成为大学的。平板玻璃大学的成立标志着英国高等教育向大众化推进的转变更进了一步。

第四，新大学。一般指 1992 年之后出现的大学。1992 年《继续教育与高等教育法》颁布之后，有 34 所多科技术学院根据这一法案升级成为大学，英国大学的数量急剧上升，学生数量也得以极大的上涨，基本完成了高等教育向大众化、平民化转变的历程。

以上四类大学的出现反映了英国高等教育发展的历史进程。而除此之外，英国还有一些联合式或联盟式的大学集团。其中最具代表性的可能要数伦敦大学联盟。伦敦大学根据皇家宪章，于 1836 年成立于伦敦，是一个由多所学院联合组成的大学联邦体。这些学院相对独立，高度自治，不仅独立招生和授课、独立授予学位，甚至在世界大学排名时也是独立分开的，当中不乏有一些是世界级的名校，如伦敦大学学院（UCL）、伦敦国王学院（KCL）、伦敦政治经济学院（LSE）等。伦敦大学联盟的成员学院自成立以来也有一些变化。原成员之一的伦敦帝国理工学院于 2007 年脱离该联盟，而伦敦大学城市学院于 2016 年加入该联盟，原成员之一的伦敦大学海斯罗珀学院已于 2019 年 1 月 31 日正式关闭。该联盟现还有 18 个独立机构。

与伦敦大学联盟类似，威尔士大学也是一个由位于威尔士地区的多个学院组成的联合大学，依照皇家宪章成立于 1893 年。该联合大学在成立之初由三所学院组成，分别是威尔士大学学院（现阿伯里斯特维斯大学）、北威尔士大学学院（现班戈大学）与南威尔士和蒙茅斯郡大学学院（现卡迪夫大学）。2007 年威尔士大学进行了重组，成为一个大学联盟，各成员学校拥有独立的学位授予权。几经历史变革，该联盟最终于 2011 年正式解散。

此外，英国还有两所特殊院校。一是开放大学（Open University），于 1969 年得到皇家宪章批准，是一所远程教育大学。该校专为那些无法进入其他高校的学生实现上大学的理想。学校同时还提供各种培训课程。二是白金汉大学。该校创立于 1976 年，1980 年升级为大学。作为英国唯一一所私立大学，其学制也颇具特色。白金汉大学的本科只有两年，每学年有四个学期，比其他的三年制本科整整少了一年。这两所学校均设置了本科、硕士和博士阶段的教学，并具有相应的学位授予权。

（二）入学资格及学位制度

在 13 世纪牛津大学、剑桥大学兴起的时代，大学是英国贵族阶层才能享有的教育。随着历史的发展、社会需求的变化（后文将会对英国高等教育的发展历程进行详细的梳理），现今的英国高等教育已经是面向全社会的"公平"待遇了，普通老百姓也有权利接受高等教育。这一历史转折的标志性事件是 1963 年的《罗宾斯报告》提出，凡是愿意接受高等教育并且具有一定资格的人都可以享有接受高等教育的权利。一定资格可以理解为学习能力和学习成绩。学生在进入高等教育阶段之前要接受从小学到中学的义务教育。5 岁至 11 岁是小学阶段，11 岁至 19 岁是中学阶段，这期间 16 岁以下（含 16 岁）都是免费的义务教育。16 岁是最低离校年龄，16 岁之后学生一般有两种选择：一是获得证书；二是参加公开考试，入学考试合格之后方能接受高等教育继续学习。

通常进入大学后学生攻读的第一级学位是学士学位，一般需要三年时间。有一些高等教育机构提供本硕连读教育，如 STEM 学科，通常需要四年时间，前三年是本科阶段的教学。获得学士学位后，可继续攻读硕士学位。英国目前的硕士有两种，即授课型和研究型。授课型硕士学制通常为一年，以授课为主，学生通过参加考试和写小论文获得学习成绩，然后通过撰写学术论文等取得学位。研究型硕士一般为两年，除了学习专业知识以外，还需要系统学习研究方法，为之后可能攻读博士学位做准备。有些攻读研究型硕士学位的学生需要先接受一段时间的课程学习，之后再进行硕士阶段的研究，也可在此时转读博士课程。正是由于攻读研究型硕士学位的年限较长，且后面可能继续攻读博士课程，所以很多学生会选择硕博连读。一般来说，攻读一个全日制的博士学位至少需要三年，而实际上往往会超过这个年限。因此博士学位攻读的年限并无确定之数。英国的博士学位大致可分为传统型和专业型两种。与美国不同，一般来说，英国的传统型博士学位没有要求必须完成课程学习。获得传统型博士学位的学生最终会获得 Ph. D 学位。Ph. D 是 Doctor of Philosophy 的简称，直译过来就是"哲学博士"。获得该学位意味着学生具备了一种系统的研究方法和一定的科研能力。也就是说，这种研究方法和科研能力是具有普遍适用性的。与之相对的是近年来兴起的专业型博士学位。比较有代表性的专业型博士学位有专业式企管博士学位（Professional Doctorate in Business Administration，DBA）、专业式教育博士学位（Professional Doctorate in Education，EdD）等。与传统型博士学位最大的不同点在于攻读专业型博士学位的学生在着手正式研究之前，要先进行大量的课程学习。可以这样说，传统型博士学位主要是培养具有科研素质和能力的人才，而专业型博士学位除了要培养科研能力，还要培养学生如何将科研能力运用到实践中的实用能力。因此，专业型博士的培养更具有针对性和实用性，一般要求攻读该学位的学生具有该领域一定年限的工作经验。

二　英国高等教育的发展历程

"英国高等教育有着悠久的历史，在不到 25 万平方公里的国土上，分布着百余所高等学府，除了剑桥、牛津、伦敦大学学院、帝国理工等世界顶级学府外，还有很多排名世界百强的大学。在这些高等学府中不断孕育着著名的文学家、思想家、科学家、艺术家以及诺贝尔奖获得者等，一直以来都是英国人的骄傲。"① 据德国评论家彼得·扎格尔统计，16 ~ 20 世纪全世界共有科学家约 200 位，而国籍为英国的则超过总数的 36%；这些科学家的科学成果涉及社会发展的方方面面，约占当时世界发明成果总数的 40%。②

人们通常把牛津和剑桥两所大学的先后创立，看作英国高等教育的开端。③ "迄今为止，英国的高等教育已走过近 900 年的发展历程。就其发展进程而言，可以粗略地划分为四个历史阶段，即 12 世纪至 18 世纪中后期漫长的古典大学创立与发展时期；从 18 世纪中后期到 20 世纪 60 年代的近代大学创立时期；20 世纪后期近代大学的初步发展与高等教育体系完善时期；进入 21 世纪后高等教育质量提升的改革时期。"④ 之所以对其进行如此粗略的划分，是因为我们试图在每个时期都用一个关键词对英国高等教育的整体特征加以概括。研究发现，就英国高等教育的整体性而言，划分的每个时期都代表了英国大学的一个典型特征，即"古典"、"新"、"规模" 和"质量"。可以说，英国高等教育的发展历程就是在古典走向现代、传统走向创新、精英走向大众、规模走向质量的这条发展道路上前行。

1. **古典大学的创立与发展时期（12 ~ 18 世纪中后期）**

这一时期之所以用"古典"一词予以标识，"是因为此时的英国高等教育发展史就是牛津大学和剑桥大学这两所古典大学的创立和发展史，后世

---

①　沈凌：《英国高等教育理念》，《学习时报》2014 年 8 月 25 日，第 58 页。

②　〔德〕彼得·扎格尔：《牛津——历史和文化》，朱刘华译，"前言"，中信出版社，2005。

③　杨贤金、索玉华、张金钟、李克敏、杨吉een、李翔海、张月琪、钟英华、路福平、张进昌、周桂桐、韦福祥、卢双盈、杨明光、程幼强、史津、王繁珍、宁月茹：《英国高等教育发展史回顾、现状分析与反思》，《天津大学学报》（社会科学版）2006 年第 3 期，第 161 ~ 165 页。

④　许青云：《英国高等教育的特点与启示》，《经济研究导刊》2012 年第 10 期，第 292 页。

称其为'牛桥时代'"。① 在世界上最古老的博洛尼亚大学成立大约 100 年后，旷世文明的牛津大学于 1167 年在英国一个小镇上成立。几十年后，另一所高等教育的丰碑——剑桥大学也于 1209 年在相距不远的地方落成。此后，"在长达 600 多年里，英国几乎始终只有牛津和剑桥这两所大学（苏格兰除外）"。② 这两所名校最初是由师生迁移聚集而形成的。经过几个世纪的发展，牛津和剑桥两所大学势力不断壮大，当之无愧地成为英格兰地区高等教育发展水平的标尺。牛桥时代不仅开创了世界高等教育的先河，而且奠定了"大学"这个新生事物的古典范本。可以说，后世的所有关于高等教育的变革，既是对古典大学传统职能的延展和深化，也是对大学与其发展环境之间关系的演变从理论到实践的验证。从这一角度来说，今天高等教育和高等院校的变革都绕不开牛津、剑桥大学这两个重镇，它们形塑了人类对"大学"概念的理解和记忆的根植，并把这些古典的、传统的基因铭记在人类出于对高深知识探求而催生的大学之上。

因此，我们在梳理英国高等教育这一时期的特点时，主要以牛津和剑桥两所大学为代表。在这个漫长的古典大学的创立和发展时期，又以 17 世纪为界。在这之前，"牛津剑桥两所大学一直维持着古典人文主义教育传统，教学内容几乎都以古典文科和神学为主。其基本特点是与宗教紧密结合，担负为僧俗统治阶级培养人才以及保存和传递文化的任务。这一阶段之于英国高等教育体系而言，属于典型的精英教育。正是在这一时期，牛津和剑桥成为英国民族知识界的'双驾马车'，成为对英国影响最大的私人机构。两所大学作为经院哲学的堡垒，至都铎时代起成为王室最优秀大臣的培养场所"。③ 它们为教会和国家输送牧师、官员和教师，它们在全国传播英国的普通话和文化。它们使得这个时期的高等教育成为一个整齐划一的精英群，只有它们能够自信地超越所肩负的责任感——完成王室和帝国分派的任何任务。

到 16 世纪后期尤其进入 17 世纪之后，一些新式院校兴起，产学结合的

---

① 贺修炎：《走向大学自组织中国政府与大学关系研究》，暨南大学出版社，2015，第 10 页。
② 张云婷、吴雨琼、秦瑞苗：《传统与变革之间延续——英国高等教育改革的启示》，《科教导刊》2013 年第 5 期，第 103 页。
③ 杨贤金等：《英国高等教育发展史回顾、现状分析与反思》，《天津大学学报》（社会科学版）2006 年第 3 期，第 164 页。

新风尚为高等教育的迅速发展开启了新的气象，逐渐突破了两所大学一枝独秀的局面。苏格兰地区的高等教育也开始发展起来，三所新的大学（圣安德鲁斯大学、格拉斯哥大学、阿伯丁大学）在 1410 年到 1500 年之间建立，1582 年第四所苏格兰大学——爱丁堡大学成立。这几所大学长期秉承民间办学、地方自治的传统。直到 18 世纪末期，英国真正被称为大学的高等教育机构有了 6 所。这些有别于传统古典大学的新学院，不仅在办学宗旨、教学内容方面突破了牛津、剑桥两所大学的范围，而且在办学形式、培养目标上也有了一定的创新。但无论如何，这一时期是牛桥时代，即使有新的大学出现也没能改变什么。牛桥时代的高等教育精神一直绵延至今，深深烙印在英国乃至全世界的高等教育发展之中。

2. 近代大学的创立时期（18 世纪中后期~20 世纪 60 年代）

这一时期古典大学的垄断被打破，涌现了适应资本主义国家发展的新型大学，使英国高等教育的体系初步建立起来。这一时期最能概括高等教育发展特征的词就是"新"——新时代、新大学、新办学、新职能、新体系。

从中世纪大学兴起到进入"牛桥时代"之后的很长一段时间内，"英国各高校几乎一直处于自治状态。到工业革命之后尤其进入 19 世纪，英国教育界面临着各种严峻的挑战"。[①] 一方面，从文艺复兴到工业革命，英国的社会与经济得到飞速发展。随着资本主义国家的建立，新兴壮大的资产阶级政权迫切需要高等教育为其提供劳动者和高级人才；另一方面，源自古典大学的传统办学方针却相对保守陈旧，与社会发展严重脱节，不能满足新兴资本主义国家社会发展的需要。对此，英国政府对高等教育的发展开始进行反思，"在 19 世纪中后期逐步开始进行高等教育改革，为本国高等教育事业发展注入新的生命力和活力，以保持英国作为世界教育强国的地位"。[②] 在此发展过程中，英国的大学推广运动可谓功不可没，成为英国高等教育改革的重要助推器。

19 世纪 20 年代，英国掀起了兴办近代大学的"新大学运动"（New University Movement）。运动最初由以牛津和剑桥两所大学为代表的传统古典

---

① 齐绍平、皮程程：《浅析英国政府与大学的复合型关系》，《中国社会科学报》2018 年 7 月 23 日。

② 焦高园：《大学推广运动：英国高等教育改革的助推器》，《河南财政税务高等专科学校学报》2018 年第 3 期，第 72 页。

大学进行的自我改革拉开序幕，它们通过内外部管理方式和办学模式的变革，积极地与当时的经济、政治和文化思潮发生千丝万缕的联系，采取了诸如设立自然科学学科、取消对信仰的限制、建立荣誉学位制度、完善导师制等措施。① 可以说，牛津和剑桥等古典大学既受时代的影响诸如新时代的新生命力，从而掀起英国高等教育变革的大潮，又通过牛桥两大顶尖大学自身的变革促成了英国高等教育发展环境的变化——社会新阶层出现和文化新思潮涌现——变革的动力源源不绝。在大学与环境的交互作用下，受功利主义教育思潮的影响，这些近现代形成的新大学，其办学经费来源于社会捐赠，学校性质也属于私立，办学条件与环境相对自由。新大学在课程上废除了宗教神学，强调了科学技术的重要性。可以说，新大学运动打破了传统的古典大学与社会发展脱节的局限，为英国高等教育发展提供了新的速度。

近现代新大学的建立打破了牛津和剑桥对英国高等教育的垄断，其中伦敦大学的建立则可以算作新大学对既有高等教育体系的一个突破口。伦敦大学作为新大学的特征十分明显：新的高校管理模式、非寄宿制的学生管理机制，以及取消神学的新课程结构对英国高等教育产生了重大影响，并且为后世的高等院校确立了新的学科设置标准。伦敦大学创立之初，为了满足中产阶级的教育需求和社会经济发展，定性为一所世俗的高等教育机构，其废除了学生入学时的宗教限制，增加了职业培训课程。各地中产阶级和社区民众踊跃捐款，设立为当地工商业发展服务及满足居民教育需要的城市学院，如伯明翰的梅森理学院、埃克塞特工学院等，此后这类学校被统称为城市学院（civic college）。城市学院的出现提高了英国高等教育的灵活性，满足了地方社会经济、文化和技术的发展需要，扩大了高等教育的受教育群体，也为高等教育独立发展、自主自办提供了经验。

总的来说，这一时期英国高等教育改革的内容主要包括两个方面：一是开展对传统古典大学的变革，使古典大学与社会发展需求紧密结合；二是兴办适应社会政治经济发展需求的近代城市大学，以期提高大学对社会发展的贡献。② 英国政府用控制财政拨款和资源分配的方式对高校的人才培

---

① 焦高园：《大学推广运动：英国高等教育改革的助推器》，《河南财政税务高等专科学校学报》2018 年第 3 期，第 72 ~ 75 页。

② 齐绍平、皮程程：《浅析英国政府与大学的复合型关系》，《中国社会科学报》2018 年 7 月 23 日。

养进行干预，又在 1919 年成立"大学拨款委员会"，不仅保障了大学的办学自主权，也实现了宏观把控。

"尽管伦敦大学和城市学院这一系列新型高等教育机构广泛设立，但当时英国能接受教育的人口总量占总人口的比例仍然非常低。1861 年，在英格兰大学接受教育的人口占总人口的比例为 0.02%，到 1911 年这个比例只上升到 0.06%。"[1] 新大学运动中设立的新型高校带来了与英国传统高等教育不一样的教育新模式，促进了英国高等教育的发展，也在一定程度上满足了部分民众接受高等教育的诉求。[2] 但是这种需求仍然不能跟上时代发展的步伐，于是，整个 20 世纪成为英国高等教育从规模扩张走向大众化教育的时代。

3. 高等教育体系完善时期（20 世纪中后期~20 世纪末）

这一时期，英国高等教育得到了进一步发展，随着近现代大学的职能越来越多样化，传统办学模式与时代发展之间的冲突带来的弊端也更加凸显。但是，这一时期英国高等教育体系基本得到完善，更重要的是由于政府较之以往更加注重对高等教育的支持和管理，出台了大量的政策文件，从罗宾斯时代到后罗宾斯时代，从"双重制"管理体制到统一的管理体系，英国大学在办学规模和学校职能上得到了极大发展，进入大众化发展阶段。因此，用"规模"作为这一阶段高等教育的主要特征是适宜的。

尽管通过 19 世纪后半叶的改革，英国的高等教育在实业方面有了较大发展；但由于国家自大学产生以来形成的对高等教育采取不干涉政策以及先于国家形成的传统大学势力之强大，相对于欧洲许多老牌资本主义国家而言，英国高等教育近代化的步伐极为缓慢。"到 20 世纪上半叶，英国的高等教育依然保持了'精英教育'的模式，'重质量、轻数量'，使得英国高等教育在规模上远远落后于其他西方发达国家。"[3] 第二次世界大战以后，英国高等教育的弊端更加显露，和其他国家相比明显落后，以致不得不通过政府倡导的改革来解决存在的问题。

进入 20 世纪后，英国高等院校的数量和入学人数逐步得到发展，这得

① 万湘：《英国大学制度演变的研究》，湖南师范大学博士学位论文，2006。
② 焦高园：《大学推广运动：英国高等教育改革的助推器》，《河南财政税务高等专科学校学报》2018 年第 3 期，第 72 页。
③ 王杰：《中外大学史教程》，天津大学出版社，2008，第 5 页。

益于新增大学的出现以及传统城市大学的升级。继"新大学运动"之后20世纪又有一批大学诞生，如伯明翰大学（1900年）、基尔大学（1949年）、艾克斯特大学（1955年）等。同时，在19世纪成立的一批城市学院也先后改为大学，扩大了办学规模，拓宽了招生范围。到20世纪60年代初期，英国大学已经超过了20所。[①]

学校数量上的适度扩张之后，自20世纪60年代开始，由英国政府主导的高等教育系列重大变革开始了。以1963年的《罗宾斯报告》（*Robbins Report*）为肇始，绵延至21世纪今天的教育改革，奠定了英国高等教育跻身世界一流的地位。贯穿整个20世纪的改革进程，则使英国高等教育在20世纪末之际，在诸如办学方针、制度设计、发展策略、管理机制等方面发生了翻天覆地的变化——英国高等教育在变革中完成了从古典教育到现代教育、从贵族教育到平民教育、从精英教育到大众教育的彻底转型。[②]

如表2-1所示的20世纪英国高等教育改革系列政策一览表，可以清楚地看到这一时期法案之多、范围之广、内容之详细，体现了这一时期英国的高等教育，在英国政府的大力支持下，"既致力于规模的大发展又在总体上确保大学质量的高水平。其历程经历了从精英教育走向大众教育、从象牙塔走向世俗社会、从纯粹的学术机构变为国家的支柱性产业、从政府的全额拨款到在资源获取与配置中引入市场机制的现代高等教育管理体制变革的过程。"[③]

表2-1　20世纪英国高等教育改革系列政策一览

时间	名称	主要内容	主要影响
1963年	罗宾斯报告	未来20年的高等教育发展目标； 扩大招生人数，增加经费，创办新大学； 成立全国学位授予委员会； 提出"罗宾斯原则"：谁有资格谁上大学	高等教育进入迅速发展时期，大学数量增加，新大学在专业结构、课程设置及科学研究等方面有所创新； 从精英教育向大众化转变

① 杨贤金等：《英国高等教育发展史回顾、现状分析与反思》，《天津大学学报》（社会科学版）2006年第3期。
② 陈何芳：《战后世界高等教育的发展概况及特点》，《大学（研究与评价）》2008年第4期。
③ 张建新：《我国高等教育质量保障的历程、挑战与展望》，《昆明理工大学学报》（社会科学版）2014年第4期，第75页。

续表

时间	名称	主要内容	主要影响
1966 年	关于多科技术学院与其他学院的计划	提出高等教育"双重制"；政府依据"阶梯原则"设置的双重模式对高等教育分层分级管理	既保留大学的学术性传统，又通过大力发展公共高等教育，扩大适龄青年接受高等教育的机会；从精英体系演变成"精英－大众"的高等教育体系
1985 年	20 世纪 90 年代高等教育发展	放宽入学要求，改革"罗宾斯原则"为"谁能受益谁上大学"；高等教育应为改善国民经济做贡献；发展政府起领导作用的继续教育和终身教育，重视与企业的联系；加强科研评估	标志英国高等教育进入后罗宾斯时代；英国的高等教育大众化浪潮在 20 世纪 80 年代末 90 年代初真正到来
1987 年	高等教育：应对新的挑战	建议成立新的拨款机构"大学基金委员会"取代大学拨款委员会；把多科技术学院及大多数高等教育学院改为中央政府直接管理等	拉开对"双重制"管理体制改革的序幕；政府逐步加大对大学的调控；在引导大学办学方向和监督大学办学行为方面起到重要作用；从精英教育向大众教育的转变已经完成
1988 年	教育改革法	成立"高等教育质量保障署"，评估大学办学质量；鼓励高校拓宽资金来源渠道，加强与企业的联系	（同上格并列内容）从精英教育向大众教育的转变已经完成
1991 年	高等教育——一个新的框架	建立一个大学、多科技术学院和高等教育学院统一的拨款结构；在英格兰、苏格兰和威尔士各设立一个高等教育基金会，负责分配国家提供的教学和科研经费；取消全国学位授予委员会，赋予多科技术学院以学位授予权；结束"双重制"，允许多科技术学院更名为大学，制定标准加强质量控制	总结了教育改革法的实施情况，制定高等教育体制改革计划；逐步实现更多的英国青年接受高等教育这一目标
1992 年	继续教育和高等教育法（简称"教育法"）	废除"双重制"，使"学院成为大学的一个部分"；理顺高等教育管理体制，建立起单一的高等教育框架；符合条件的 34 所多科技术学院升格为大学	是英国高等教育系统结构发展的分水岭，"双重制"终结，高等教育体制更加趋于完善；标志着英国高等教育进入大众化时代，大学数量猛增，学生人数大涨
1997 年	迪尔英报告：学习社会中的高等教育（简称"迪尔英报告"）	扩大教育规模；扩充经费来源；完善管理机制；提高高等教育质量等	自《罗宾斯报告》之后第一个全面回顾与反思英国高等教育并对未来发展做出战略构思的纲领性文件；为英国 21 世纪的高等教育制定了蓝图

20 世纪 60 年代，受到政治、经济、社会等各方面变革的压力，英国政府成立了罗宾斯委员会。委员会考察了美国和苏联在内的十余个国家高等教育的发展情况，最终形成了《罗宾斯报告》。报告提出，未来 20 年英国高等教育的发展重点是从精英教育转大众教育。此后，英国高等教育在数量、规模上激增，进入快速发展阶段。

1965 年，英国教育和科学部长克罗斯兰德（A. Crosland）提议将"双重制"引入英国高等教育体系。1966 年，政府颁布《关于多科技术学院与其他学院的计划》，"双重制"正式确立。"双重制"把高等教育分为大学"自治部分"与学院"公共部分"。该制度实施后，英国高等教育体系进入了从精英教育阶段迈向大众教育阶段的过渡期。"双重制"的确立与实施为高等教育"机会均等"的实现迈出了扎实的一步。政府依据"阶梯原则"设置的双重模式是"将大学置于顶端、其他机构在下的阶层化安排"。①

20 世纪 70 年代，全球经济危机带来社会巨变，英国高等教育进入了调整和收缩时期，传统大学受到来自社会环境变化的更大挑战。英国高等教育的改革在危机过后继续深入进行。

80 年代，英国政府和社会大众开始反思高等教育的发展，同时委托社会组织对英国高等教育进行全面调查，以期为后续高等教育建设提供改革依据。1985 年，议会发表了《20 世纪 90 年代高等教育发展》（*The Development of Higher Education into the 1990s*）绿皮书，这是 1979 年撒切尔政府执政以来发表的第一份重要文件，被媒体认为是"英国高等教育后罗宾斯时代开始的标志"。②

1987 年后，英国高等教育的入学率已经从 20 世纪 60 年代初的 5% 左右稳定地提高到了 15% 以上，③ 这标志着从精英教育向大众教育的转变已经完成。

1992 年 3 月 6 日议会通过了《继续教育和高等教育法》［The Further and Higher Education（苏格兰）Act 1992］（简称《教育法》）。法令进一步理顺了高等教育管理体制，基本解决了大学与多科技术学院之间无序竞争

---

① Tony Becher and Maurice Kogan, *Process and Structure in Higher Education*, London, Heineman Educaionou Books, 1992, p. 30.

② 贺国庆、王保星、朱文富等：《外国高等教育史》，人民教育出版社，2003，第 84 页。

③ United Nations Educational, "Scientific and Cutural Organization", *Statistical Yearbook*, New York, United Nations Educational, Scientific and Cultural Organization, 1998, pp. 17 – 67.

的问题。法令废除了高等教育"双重制",建立起单一的高等教育框架。符合条件的 34 所多科技术学院全部升格为大学,致使英国大学数量猛增,2000 年已经有 166 所大学与学院,学生人数达到 180 万。[1] 英国开放大学校长丹尼尔(J. Danniel)认为,《教育法》的公布标志着英国高等教育进入大众化时代,高等教育领域中一场新的革命悄悄地展开了。[2]

4. 高等教育质量提升时期(进入 21 世纪)

在上一个世纪,"英国政府根据时代的不同要求曾先后出台多部高等教育改革法案,通过不断扩张规模、拓宽就学机会、保障公平等维持了其在世界高等教育舞台上的领先地位。进入 21 世纪,英国高等教育已完全实现了大众化,因此这一阶段的高等教育改革能聚焦到更加具体的问题上,即在实现公平的基础上着手提高高等教育质量"。[3] 面对 21 世纪风起云涌、错综复杂的国际国内形势,英国政府以"质量"为主题,追求卓越,更加注重密切地联系当代社会,继续 20 世纪对高等教育的改革(如表 2-2 所示),英国政府继续通过政府法律法规等规制行为实现这一发展目标。这些政策文件意味着英国高等教育管理体系正在 21 世纪的时代环境影响下变得更加完善,也意味着政府和高校的关系发生了深刻变化。

表 2-2　21 世纪英国高等教育改革系列政策一览

时间	名称	主要内容	主要影响
2003 年	高等教育的未来	创建一流的科学研究,建设更紧密的高校与企业的交流和联系,保证一流的教学水平,扩大高等教育规模以满足经济和学生的需要,创造公平的入学机会,给予高校更多的自由与投入	英国政府进入 21 世纪,面对知识经济社会、经济全球化和教育国际化所制定的国家发展战略的重要组成部分
2011～2015 年	高等教育:学生处于中心	通过公平入学实现社会流动,改革高等教育体系,建立新的高等教育管理框架;确保大学提供最高水平的教学,为潜在的学生提供更多的信息支持,使他们能够做好自己的职业规划	保证英国政府继续支持世界领先的科学与研究,促进高等教育改革的持续成功与稳定

---

[1]　Richard Layard, John King and Claus Moser, *The Impact of Robbins - Expansion in Higher Education*, Harmondsworth, 1969, p. 61.

[2]　John Danniel, "The Challenge of Mass Higher Education," *Studies in Higher Education*, Vol. 18, No. 2, 1993.

[3]　刘强、刘浩:《当前英国高等教育改革的路径与发展方向——基于〈高等教育与科研法案〉的分析》,《比较教育研究》2018 年第 8 期,第 82 页。

续表

时间	名称	主要内容	主要影响
2014 年	研究卓越框架	英国政府资助机构用来评价本国高等院校科学研究项目质量的一个行动计划； 重点评估项目的产出、影响以及环境三个要素	其结果决定英国各高等院校在未来六年所获得的研究经费
2016 年	知识经济的成功：教学卓越、社会流动与学生选择	教学卓越框架是研究卓越框架计划的延续； 从教学和研究两个方面强化现代大学的职能	政府将对现有的教学相关行政管理机构和教学评价做出重大改革，并在未来两年执行教学卓越框架
2017 年	高等教育与科研法	设立学生办公室简化高等教育管理体系，提升运行效率； 支持科研合作与创新，提高产出效益； 放宽对新兴高等教育机构的限制，鼓励竞争保障教育质量； 关注学生特别是处境不利学生的发展，促进教育公平	开启了英国高等教育近25年来最大规模的改革； 试图确保英国高等教育在世界上的领先地位； 其具体实施效果尚待检验

　　自 2003 年教育与技能部出台《高等教育的未来》（The Future of Higher Education）白皮书以来，政府多次明确肯定"高等教育是国家的财富，其对社会和经济发展的贡献无与伦比"的认识。传统古典大学"象牙塔"式的发展，随着英国政府对高等教育的愈加重视而逐渐消失；2003 年的这一法案便是强化政府对高等教育的管理，在高等教育领域一系列改革的延续与深化。这份报告书以充分的自信和高度的危机感，分析了英国高等教育取得的成就与面临的挑战，在保证英国高等教育世界一流水平的战略目标指引下，提出了英国高等教育未来若干年的战略选择目标及措施。这些措施围绕"质量提升"的主题，涵盖了高等教育发展的方方面面，它包括创建一流的科学研究，建设更紧密的高校与企业的交流和联系，保证一流的教学水平，扩大高等教育规模以满足经济和学生的需要，创造公平的入学机会，给予高校更多的自由与投入。[①]

　　为确保经济的持续增长和社会福利权益，英国政府出台了《研究卓越框架》（Research Excellence Framework，REF），用以资助第三方机构评价本国高等院校科学研究项目的质量。该项目大大提升了英国高等院校用于科学研究的经费投入与分配绩效，使高校的科研水平得到大幅度提升。英国政府通过该框架鼓励高等院校为国家和社会做出更多服务，在框架实施进

---

① 吕华：《从教育政策学的视角来看二战后英国高等教育改革》，《邢台职业技术学院学报》2011 年第 4 期。

程中，政府与大学的关系变得更加密切，"不食人间烟火"的传统古典大学也逐渐意识到——要符合政府要求才能获得更多的办学资源——纯粹的象牙塔式大学将彻底不复存在了。与此同时，公众开始关注高校重科研、轻人才培养的不利倾向。而之前曾用于评估科研项目产出、影响及环境三个要素的"研究评估考核方案"（research assessment exercise）更是受到广泛批评，认为教学已经成为英国大学最薄弱的环节。

为进一步巩固高等教育的领先地位，大学的科研也未放松。英国政府于"2017 年 4 月出台了《高等教育与科研法》（*Higher Education and Research Act*）。这是继 1992 年颁布《继续教育和高等教育法》（*Further and Higher Education Act 1992*）以来，英国政府对高等教育领域的又一次重要改革"。[①] 法案开启了英国高等教育 25 年来最大规模的改革，是英国政府为使高等教育满足当前社会发展需要，在先前一系列改革基础上出台的。此次改革涉及英国高等教育的诸多方面，在出台过程中也招致了一些不满与质疑，其具体实施效果尚待检验。

总的来说，"英国高等教育的变革是一个渐进的过程，虽然看似保守缓慢，但是从未停顿，短期看进展虽小，但是长期看发展巨大"。[②] 尽管 21 世纪的改革仍方兴未艾，但进入 21 世纪以来，英国高等教育经过了 20 年的改革，已经确立了其世界领先的声誉。2022 年 QS 世界大学排名，是 QS 发布世界大学排名的第 19 年，也是有史以来规模最大的一年，共罗列了超过 1300 所院校，其中在排名前 100 名的学院中，英国大学整体排名呈上升趋势，共有 17 所大学进入前 100 位，其中牛津大学因为在开发 ChAdOx1 疫苗方面所做出的贡献，在科研和影响力上占据很大分值，自 2006 年后再一次位居世界第二。

三　英国高等教育发展创新的主要措施

（一）管理体制

英国高等教育自诞生后的很长一段时间里是不受封建政权管制的，在

---

① 刘强、刘浩：《当前英国高等教育改革的路径与发展方向——基于〈高等教育与科研法案〉的分析》，《比较教育研究》2018 年第 8 期，第 84 页。
② 张云婷、吴雨琼、秦瑞苗：《传统与变革之间延续——英国高等教育改革的启示》，《科教导刊（上旬刊）》2013 年第 5 期，第 55 页。

其自身发展过程中逐渐形成了鲜明的自治特点。进入 19 世纪，英国资本主义国家性质得以确立，不断壮大的资产阶级要求高等教育培养更多的高级人才和合格劳动者，英国政府开始反思高等教育的发展方向，逐步推出系列政策进行高等教育改革。政府从法律层面确定大学保有较大的办学自主权，同时利用财政拨款和其他资源配置方式对大学进行间接干预。英国高等院校的发展历程以及政府针对高等教育的改革措施使英国高等教育管理体制逐渐形成了由中央政府统筹和大学自治相结合的模式。

1. 改革高等教育双重制，理顺管理体制

19 世纪 20 年代，为适应资本主义国家发展的需要，英国掀起了兴办近代大学的"新大学运动"，产生了一批有别于牛津和剑桥等古典大学的高等院校，这些新兴的院校在入学条件中取消了宗教限制，教育内容中加入了职业课程，一时间城市多科技术学院广泛兴起。随着高等教育体系发生变化，特别是 1963 年发布的《罗宾斯报告》将英国高等教育从精英阶段推向了大众阶段，高校人数剧增，高等教育系统和学生学习方式也发生了变化，为了适应高等教育的根本变化，提高自身管理效率，英国高等教育开始着手改革高校管理体制。1966 年，英国政府颁布的《关于多科技术学院与其他学院的计划》提出实行代表精英教育的传统大学和代表大众教育的多科技术学院以及高等教育学院分开管理的"双重制"。英国政府 1987 年发表了《高等教育：应对新的挑战》白皮书并于 1988 年颁布《教育改革法》对"双重制"进行改革，将多科技术学院和高等教育学院纳入中央政府直接管辖的范围。1992 年英国议会通过《继续教育和高等教育法》废除了高等教育"双重制"，将 34 所多科技术学院升格为大学，建立起单一的高等教育框架，解决了大学和多科技术学院之间无序竞争的问题，高等教育体制更加完善。

2. 英国高等教育管理机构的设置和改革

英国高等教育管理的核心是在政府宏观引导下的高校自治。1899 年英国政府设立的中央教育署，其职责是制定、解释和实施国家在教育方面的政策。1919 年，英国政府成立"大学拨款委员会"，将其作为政府对大学进行干预和管理的中介缓冲器，开创了"政府—中介机构—大学"的高等教育管理模式。1944 年《巴特勒教育法》规定将中央教育署改为教育部，发展公共教育机构和监督地方教育当局贯彻国家教育政策，为各地提供不同的综合性教育设施。1964 年教育部改称为教育和科学部。教育和科学部负责制定具体的教育政策，政策的执行和实施由教育部下设的机构来完成，这些机构主要有：英国高等教育质量保障署（The Quality Assurance Agency，QAA）、英格兰高等教育拨款委员会（Higher Education Funding Council for England，HEFCE）等。这些机构直接面对各个高校，向高校提供资金支持以及各项服务并负责监督和评估高校的政策执行情况，其最终目标是"运用资金支持、外部审核等手段提高教育质量"。[1]

2016 年，英国商业、创新与技能部公布了《知识经济的成功：教学卓越、社会流动与学生选择》白皮书，建议建立一个全新的一体的高等教育管理机构，建立学生办公室和英国创新与研究部，提高高等教育管理效率。学生办公室是一个具有极高权力的机构，是以服务消费者为核心的监管机构，负责监管所有高等教育提供者，同时还向高等教育机构分配教学补贴。[2] 学生办公室也与其他管理机构有着紧密的合作与联系，确保英国高等教育的质量，若是有机构的质量正在下降，学生办公室将有权进行干预。学生办公室既有此前高等教育基金会的职能也具有监管的职能，转变了以往自上而下的资助方式，以维护学生利益的市场化方式呈现。此外，英国政府还建立了英国创新与研究机构，将七个理事会整合成一个单一的正式组织——创新与研究部，主要资助高等教育的创新与研究，促进英国高等教育的发展。新建立的创新与研究部并不能算是一个全新的机构，而是在原有的机构上进行整合并赋予了新的功能。过去的七个研究理事会分别负责人文艺术、生物科技、工程物理、社会经济、医学、自然科学以及科学与技术等七个领域，这七个理事会组成新的且单一的创新与研究机构后仍然保持自身特点，根据自己的领域的发展需求决定研究项目和计划。[3]

由学生办公室统一执行监督、监管高等教育的职能，有利于保持统一的高标准，提高高等教育管理体系的效率；英国创新与研究部在整合了原有的七个研究理事会的基础上重新设立了九个具有自治权和权威性的委员

① The Department for Education and Skills，Education in the United Kingdon，2005.
② 姚荣：《制度性利益的重构：高等教育机构"漂移"、趋同与多元的动力机制——基于英国高等教育机构变革的经验》，《教育发展研究》2015 年第 21 期。
③ 姚荣：《制度性利益的重构：高等教育机构"漂移"、趋同与多元的动力机制——基于英国高等教育机构变革的经验》，《教育发展研究》2015 年第 21 期。

会，加强了具体科学领域内的创新能力和领导力。学生办公室和英国创新部与研究部在以下领域加强合作：共同评估英国高等教育部门的财务状况；保障英国创新与研究部获得有关总体财务状况的信息；在知识交流领域展开合作；合作研究学位授予评估程序；共享高等教育领域相关数据。① 两个机构加强合作有利于提高高等教育的质量，保障学生利益。

3. 英国大学内部管理体制

英国大学内部实行的是委员会决策下的校长负责制，各层级的委员会制定学校的发展战略，学校的管理由校长领导的行政体系负责。《继续教育和高等教育法》规定了大学委员会的规模和人员，理事会负责处理学校所有事务，在此之前，大学委员会根据自身情况决定自己的规模和人员，学校事务基本由学术评议会负责。

英国高校的行政管理体系中的机构设置以学部为单位，学部之下设立学院，学院下面设立相应的系，与学部平级的还有学术中心、设备管理中心、财务中心、信息中心和学生服务中心这五个行政单位。大学校长是学校的最高行政长官，几位副校长分别负责管理学校资源、人事和校园规划、学校企业、教学、质量评估、校企合作等方面的工作。每个学部设学部主任负责行政事务，同时设立学部副主任和行政办公室；学院由院长负责领导并设立行政办公室负责学院事务；各系设立系主任负责系内事务。学校政策和任务由校长分配给各学部，学部分配给下一级学院，学院分配给下一级系，各层级单位向自己的上一级单位汇报工作并对其负责。

（二）改革教学模式，提高教学质量

1. 以"质量"为主题的高等教育政策

进入 21 世纪，英国政府出台了以"质量"为主题的高等教育政策。2003 年，教育与技能部出台《高等教育的未来》白皮书，分析了英国高等教育取得的成就和面临的挑战，并提出了英国高等教育的战略目标和相应措施，保证一流的高等教育教学水平是其重要目标之一。随着知识经济的发展，英国政府对科技和研究的重视程度不断加深，在研究卓越框架推动

---

① 李振兴：《英国研究理事会的治理模式》，《全球科技经济瞭望》2016 年第 11 期，第 52～59 页。

科研成功的同时，公众开始意识到高校已偏离了人才培养的方向，教学已成为英国大学最薄弱的环节。

2. "以学生为中心"的教学模式

20 世纪 70 年代，世界经济危机爆发，英国财政陷入危机。20 世纪 80 年代，撒切尔政府执政期间提出了教育市场化，将高等教育运行推向市场。随着高等教育市场化的不断深入，英国政府奉行"谁受益谁付费"的原则，学生缴纳的学费成为英国高等教育机构资金来源的主要渠道。因此，大学生在学校的地位逐步提升，学生作为大学的利益相关者受到大学的重视，为服务好"消费者"，大学逐渐形成"以学生为中心"的教学模式。

从国家政策层面来说，为确保大学有优质的教学，英国政府将"以学生为中心"的教学理念贯穿国家教育政策以及学校的管理，[①] 体现了国家对优质教学的重视，并以此设立国际优质教学奖，以提升并保障大学的教学质量，到 2016 年，英国高等教育已经在 57 所高校中建立了 74 所优质教学中心。[②] 除此之外，国家还通过高等教育质量保障署严格把控大学教学质量，高等教育质量保障署评估大学的宗旨就是"以学生为中心"[③]，强调学生的主体性和评估作用，并让学生参与到大学的评估中。

英国大学优质教学的关键环节有四个，包括上课前后的阅读与写作、课堂中的讨论、课后的实践以及整个教学的评估。首先，无论上课形式如何，学生在课前课后都需要大量的阅读，提升学生的写作能力和对事物的判断力，大量的阅读工作是学生在课前或课后自主完成的，逐渐培养学生的自主学习能力和自制力。其次，课堂的讨论与交流能提升学生的沟通能力和表达能力，这种模式是师生之间、学生之间围绕问题进行讨论，教师不是单纯传授知识，更多的是互相交流讨论，启蒙学生的心智，培养学生独立思考的能力。再次，英国大学要求学生将学习知识用于现实社会之中，运用知识发现问题、探索知识，将科学研究成果运用于社会、服务于人民，这一环节能使学生的习得满足社会的需求，提高就业率。最后，高等教育质量保障署对大学的评估与反馈能促使大学不断完善并提高教学质量。

① 阳铃：《英国"以学生为中心"的高校教学质量建设研究》，江西师范大学博士学位论文，2013，第 36 页。

② 卫建国：《英国大学以学生为中心的优质教学探析》，《高等教育研究》2016 年第 10 期。

③ 张红峰：《英国宏观高等教育治理模式的思考》，《中国高教研究》2013 年第 3 期。

3. 丰富的课程内容和灵活的教学方式

英国大学课程通常没有指定统编的教材，大学的一门课程往往涉及很多内容和大量的参考文献，因此，学生需要花大量的时间在图书馆查阅资料，图书馆和网络给学生提供了巨大的帮助，为学生提供图书借阅服务，学生还可以向图书馆工作人员申请购买专业数据库的账号，用于查阅最前沿的高水平文献资料。英国大学开设的课程新颖且实用，与就业市场紧密联系，每门课都与所学专业直接相关，教师们准备的课程内容也会及时更新，加入最具前瞻性、对学生就业最有帮助的内容。

英国大学授课形式丰富多样。通常，班级授课占每次上课时间的1/2，主要为教师主讲，学生听课做笔记。此外，英国大学的课程形式还有讨论课，即学生根据教师指定的教材主题或是参考书进行讨论。[①] 小型研讨会也是英国大学常用的授课方式，针对教师选择的某个专题，学生进行分组讨论，然后由每组的代表进行简短的发言，教师的作用在于推进研讨的深入进行。英国大学的授课方式还有辅导课和外部专家讲座两种形式。辅导课是教师每周空出一段时间与个别学生进行讨论或是解答与学习有关的问题，而外部专家讲座是指大学会邀请许多领域的外来专家到学校开设各种形式的讲座，学生可以根据时间自由选择。为了使选择学生的学习内容更符合劳动力市场的需求，英国大学还为学生安排了外出参观活动，一些课程的教师要求学生调查与课程相关的现实问题，针对调查结果写调查报告。

从学生的学习成果评价来说，英国大学有多种考核方式，以小组形式和个人形式考查为主。小组形式是指每个小组可选择不同的题目，小组内部定期讨论，在完成讨论之后以课程设计或是课程论文的形式提交作业，同时小组内推荐一位组员将重要的内容以幻灯片的方式进行汇报演讲，教师和其他小组可针对演示内容进行提问。个人形式是学生根据专业做设计或是撰写课程论文。学生在毕业时需要撰写一份毕业论文，由本校导师和一名校外导师共同评定论文分数，决定是否准予毕业。

（三）追求一流的科学研究水平

面对错综复杂的国际国内形势，英国政府充分认识到高等教育对社会

---

① 卫建国：《英国大学以学生为中心的优质教学探析》，《高等教育研究》2016 年第 10 期。

和经济发展的巨大价值。自 20 世纪末，英国政府就启动了多轮高等院校的科研评估考核以提高高等教育拨款委员会分配经费的绩效，考核结果成为分配高校经费的重要依据。2003 年，英国教育与技能部出台的《高等教育的未来》白皮书提出要创建一流的科学研究，推动高校与企业的交流和联系更密切。2014 年，英国官方发布了研究卓越框架的评估结果，该评估体系更加注重大学对外部环境的影响，其评估指标主要涵盖了项目的产出、影响及环境三个要素。为进一步巩固高等教育与科研的领先地位，英国政府于 2017 年出台了《高等教育与科研法案》，法案强调通过设立学生办公室简化高等教育管理体系，提升运行效率；支持科研合作与创新，提高产出效益。此外，英国政府还加大了对高等教育科学研究的经费投入，英国大学的科研经费中绝大部分来自英国政府。

1. 高质量的科研队伍

教师是英国大学科学研究的主力军，他们在创新活动中不断贡献着自己的力量，他们培养了一代又一代的新生主力军，2020 年，有教授职称的学者占教学科研人员 10% ～ 20%，所有教学科研人员中，资深讲师是主力军，约占总人数 40%。[①]

学生尤其是研究生也是科研的主力军之一。2020 年 5 月 14 日，英国高等教育政策研究所发布了十年一期的《英国研究生教育》，据统计，英国研究生人数为 566555 人，其中一年级人数为 356996 人，比十年前增加 16%。[②] 在新研究生中，10% 在攻读博士学位。他们在学校学习知识和技能的同时还有机会参与科学研究，毕业的硕士或是博士生有的直接走向研究道路。

除了教师和学生外，大学的图书馆和实验室也是科研创新的基石。英国大学的图书馆历史悠久、藏书丰富，使知识的流动和共享更加便利，如牛津大学图书馆藏书总量超 1000 万册。如果说图书馆是理论的基础，那实验室就是实践的基础，英国大学实验室代表了英国最顶尖的科学力量，它是科学创新的源泉之一，英国大学每年会投入大量的资金发展实验室，包

---

① 《英国访学博后须知：英国院校职称体系介绍》，https://www.sohu.com，最后访问日期：2022 年 4 月 12 日。

② Postgraduate Education in the UK，https://www.hepi.ac.uk，accessed April 12，2022.

括新建或是扩建实验室项目，新添设备或是相关图书。①

　　2. 严格高效的科研评估机制

　　英国的科研实力在世界享有很高的声誉，除了得益于政府的投入和教师的贡献之外，还有对科研评估的重视。英国有一套专门针对科研成果的评估体系，用于评估科研成果的价值和水平，以及监管科学研究的诚信。科研诚信体制最初在 1997 年被提出，英国医学研究理事会发布《MRC 关于科研不端行为指控调查的政策与程序》，定义了学术不端并强调所有科研人员监管学术不端行为。② 2004 年，英国科技办公室发布的《科学家通用伦理准则》首次提出对学术不端行为监管应该上升到国家层面。2006 年，4 个高等教育基金会以及大学联合会等多个机构成立科研诚信办公室，监管学术不端行为。2008 年，科研诚信办公室建立了学术不端行为调查手册。2012 年，4 个高等教育基金会、研究理事会等 8 家机构签署了《维护科研诚信协议》，该协议为科研诚信上升至国家层面提供了框架。

　　除了科研诚信办公室之外，英国还建立了研究卓越框架。③ 2008 年，REF 评估体系的标准开始由科研产出导向转向社会价值导向，表明对科研的评估和要求更加注重科研成果对社会的实践价值。当前，科研成果的种类和数量繁多，但数量的增加对社会和科研本身并没有质的变化，有些科研也只局限于理论层面的研究，对社会的实践的转化没有太大的帮助，特别是全球竞争日益激烈，高校的科研成果要适应时代的发展，与国家及社会需求结合起来，以高质量的科研成果服务于国家社会。2014 年，REF 首次将科研影响纳入评估体系，引导科研致力于服务社会发展的方向。与此同时，REF 比之前更加注重跨学科的研究，将原来的 67 个评估小组减少至 36 个并分成四大类学科，包括物理工程、生命医学类、人文艺术以及社科管理，分别有 4 个相应的专家组负责评估，以专家评估为主，评估等级由高到低分别为：世界领先→国际优秀→国际认可→国内认可→未认可。④

---

① 李函颖：《英国大学科研创新力及其原因探究》，《高等教育研究》2013 年第 5 期。
② 刘学、张树良、王立伟、牛艺博：《英国科研诚信体制建设的经验及启示》，《科学管理研究》2017 年第 6 期。
③ 左小娟：《科研卓越框架（REF）：英国高校科研评估改革及其拨款模式研究》，天津理工大学博士学位论文，2017，第 14 页。
④ 吴勇、夏文娟、朱卫东、王丽娜：《英国高校科研评估改革、科研卓越框架及其应用》，《中国科技论坛》2019 年第 2 期。

（四）社会服务职能不断拓展

英国传统的大学一向注重教学和科研，直到 20 世纪 80 年代，撒切尔夫人上台后，对高等教育实施紧缩政策，削减高等教育经费，要求高等教育要加强同科技和经济活动的联系，为英国的社会经济发展服务。传统的大学、城市大学以及新大学，它们参与社会服务的形式有所不同。

传统大学主要通过与政府和企业合作创办新型研究机构或者创建科学园，将科研成果转化为经济增长的动力。比如，2000 年成立的剑桥 - 麻省理工研究院（The Cambridge-MIT Institute，CMI）是由英国政府发起成立的，由两所世界顶尖大学合资创建，其启动资金从贸易与工业部以及私营部门募集。CMI 以增进英国的国家竞争力、提高生产效率和培养企业家精神为目的，开展一系列创新的教育和研究项目。有英国"硅谷"之称的剑桥科学园以剑桥大学为依托，吸引了一大批高科技产业在此落户，形成聚集效应。随后剑桥地区的圣约翰创新中心、High Cross 科研园、剑桥商业园等科学园相继建立，大量的高新技术公司在这些科学园诞生、成长，高科技人才会聚于此。高密度的科技产业加快了英国科研成果转化的效率，推动了剑桥地区的经济增长。

19 世纪英国创办的城市大学以服务当地工业发展为己任，利用自身的知识、文化、技术和环境为地区和国家乃至世界的发展贡献力量。比如，在城市大学中比较著名的谢菲尔德大学，它建立了一个帮助地区部门和个人与大学联系的站点——地区办公室（Regional Office），协调学生在社区的工作，并在科学、医疗和环境等领域搭建了几个商业网络，助力地方发展。

20 世纪 60 年代，为提升高等教育入学人数，英国成立了 10 所"新大学"，这些大学在成立之初便获得与传统大学、城市大学相同的地位，拥有独立的学位授予权。1965 年成立的华威大学在社会服务方面独具特色，该校在成立之初就制定了"赚钱战略"，通过创建科学园、提供终身教育服务、经营艺术中心、成立制造集团等方式为社会服务，学校自身也盈利。比如，华威大学于 1984 年联合当地市议会、郡议会和中西部企业集团建立的大学科学园，旨在培育和孵化高科技企业、连接大学和工商业界、为学生提供创业机会；华威大学的终身教育中心（Center for Lifelong Learning）

为社区成人提供广泛课程；建于 1974 年的艺术中心位于华威大学校园中央，配套设施齐全且对外开放，每年有许多著名团体和艺人在此演出，为社区提供艺术服务；① 华威大学还于 1980 年成立了制造集团（Warwick Manufacturing Group，WMG），该集团是欧洲最大的研究生工程科研与发展中心，作为一个准独立经营的实体，WMG 进行的研究以产品为导向，管理培训以项目工程为背景，与市场需求接轨，实现研究成果和产品间的无缝对接。

20 世纪 80 年代以来，英国的大学越来越注重自身同社会的联系，社会服务职能不断拓展，体现出三个特点：第一，大学社会服务的内容愈加丰富，范围更广，除了建立科学园和研究中心，还与企业合作兴办合资企业；高校内部资源也向社会开放，校园内的图书馆、实验室和艺术中心等设施为社区提供了文化服务场所；同时，服务的范围从本地区拓展到全国甚至全球。第二，大学和社会合作的双向性，二者互相合作，为对方提供发展所需的资源和服务。第三，大学社会服务的实体化，它们利用自身在知识和研发方面的优势同社会有关部门或企业组成联合体，实现高校社会服务的正规化和常态化。

（五）国际化水平不断提升

"国际化"的主题始终贯穿于英国高等教育的发展历程中，中世纪的牛津、剑桥就因其宗教性而在欧洲区域内有频繁的跨国交流。进入 21 世纪，国与国之间的文化交流和教育合作日益密切，英国政府在探索进一步提升高等教育国际化水平的同时，早已将高等教育国际化发展纳入国家战略之中，从政府政策、学校课程和合作交流的层面做了全面部署。

20 世纪 80 年代末，英国政府逐渐将高等教育的政策决策权收归国有，颁布了一系列推动高等教育国际化发展的政策，主要包括：1992 年的《留学生高级学位管理》、1997 年的《迪尔英报告》、1999 年的《首相行动计划Ⅰ》（全称为"首相关于国际教育的行动计划"）以及 2006 年的《首相行动计划Ⅱ》，布莱尔政府在 2004 年提出《置英国于世界一流教育之中》，卡梅伦政府在 2013 年提出《国际教育：全球增长与繁荣战略地图》，特雷莎·

---

① Warwick Arts Center，http://www.warwick.ac.uk/about/profile/arts.html.

梅政府于 2019 年提出《国际教育战略：全球潜力与全球增长》。[①] 在国家政策的大力助推下，英国高等教育国际生人数增加，国际教育增长势头强劲，对外合作办学水平不断提高。

英国大学通过课程国际化推进高等教育国际化。20 世纪 90 年代，英国高校增加了国际化课程的数量和比重，开设了诸如世界经济、国际经济法、国际商务、国际贸易和国际政治等课程以吸引更多的海外学生。英国国际化课程的形式有：在现有课程中加入国际化元素、开设专门的国际教育课程和区域国别研究课程、开发国际网络课程等。[②] 这些课程的目标是将国际视野融入国际化课程中，培养学生的批判性思维能力。在工商管理和设计等课程中，英国高校还同其他国家的大学联合培养相关专业的研究生，比如允许留学生在自己国家完成一年的课程，第二年再转入英国大学学习。此外，英国高校还从师资和教材等方面不断改进，以配合大学国际化课程的改革和实施。

英国高等教育注重通过加强国际合作来加深其国际化程度。首先，英国积极参与欧盟的高等教育交流与合作，比如 1987 年的 "伊拉斯谟计划"（Erasmus Pragramme）、1995 年的 "学分互换制"、1995 年的 "苏格拉底项目"、1999 年的 "博洛尼亚宣言" 等。同时，英国积极开展境外办学，扩大留学生教育规模，英国高等教育境外办学模式主要有三种：一种是英国大学和国外高校共建一所新大学或者分校，共同开展教学和科研活动；一种是英国高校与境外大学联合培养学生，授课方式可以是在境外开展全课程教学或者学生在当地完成大部分课程后再转入英国大学继续深造；还有一种是为海外的大学提供远程在线课程，完成规定课程且成绩合格的海外学生可获得英国大学颁发的学位或资格证书。[③] 此外，英国还非常重视高等教育国际交流，各大学定期举办国际学术会议、邀请国外专家来访或讲学，亦派遣英国学者出国访问交流。

---

① 张永富：《英国高等教育国际化的发展历程、特征与趋势》，《教育评论》2020 年第 6 期，第 165 页。

② 易红郡：《英国高等教育国际化策略：留学生视角》，《湖南师范大学教育科学学报》2012 年第 11 期，第 5 ~ 9，34 页。

③ 易红郡：《英国高等教育国际化策略：留学生视角》，《湖南师范大学教育科学学报》2012 年第 11 期，第 5 ~ 9，34 页。

（六）师资队伍建设

随着经济社会的发展和高等教育规模的扩大，人们对高等教育质量提出更高的要求，大学教师的发展关系着高等教育质量，英国为加强高等院校的师资队伍建设采取了诸多措施。

从国家层面看，20 世纪 90 年代至今对英国大学教师发展最有影响力的法案是 1997 年所发布的《迪尔英报告》和 2003 年颁布的高等教育白皮书《高等教育的未来》。《迪尔英报告》通过强调大学教师为社会服务的职能，提高对大学教师素质的要求。根据 2003 年《高等教育的未来》，英国政府增加科研投入，拨专款用于知识交流中心和教学卓越中心的建设，采取新政策将大学的前途与大学教师的发展联系起来。大学教师的教学和科研质量关系着大学所能获得教学和科研经费的多少。

英国政府设立多层级专门机构对教师进行规范的入职培训和专业发展培训，如设立高等教育学会（Higher Education Academy，HEA）和教学卓越中心（Centers of Excellence in Teaching，CET）负责全国高等教育教师发展。在高等教育学会的协调下，由英国大学教师与教育发展协会（Staff and Educational Development Association，SEDA）和教师教育大学委员会（Universities Council for the Education of Teachers，UCET）共同承担对新教师的培训、认证以及在职教师的专业发展指导。英国各高等院校的教师发展中心也开设了针对学校全体教师的培训课程，比如，剑桥大学的"教师个人与专业发展中心"（Center for Personal and Professional Development，CPPD），通过工作坊、短期汇报、面对面或在线授课以及研讨会等形式，从教学、科研、管理、个人职业生涯发展这四个方面开设了 350 多门课程，提供给各类教职人员。[①]

英国政府还颁布大学教师专业发展标准。自 20 世纪末期，政府和大学便开始关注教师的专业发展问题，《高等教育的未来》提出，从 2006 年开始，所有新入职的教师都要取得教学资格证书。次年，高等教育学会受邀开发一个关于高等教育教师教学的质量标准框架，随后经高等教育界反复

---

① 崔骋骋：《英国高校教师发展的"楷模"——剑桥大学教师个人与专业发展中心的经验与启示》，《比较教育研究》2016 年第 38 期，第 47～52 页。

咨询、多次修订，终于在 2011 年 11 月正式发布实施了《大学教师教学专业标准框架》，该框架就"活动领域、核心知识、专业价值"三个板块分别对高等教育教师教学提出四个层级的标准。①

健全的高校教师招聘制度保证了教师队伍准入标准。英国高等教育招聘流程如下：高校董事会确定新教师招聘方案→组成选聘委员会/交予 HR 部门负责→公开发布招聘信息→对所有应聘者进行筛选→选聘委员会/HR 部门对入选者进行考核→大学董事会批准→校方和被批准者签订聘用合约→理事会对新教师进行任命。具体而言，就是英国各高校根据自身发展情况向校董会上报空缺职位和需要引进的学者和教授数量，经校董会讨论确定空缺的编制名额。随后由校董会成员从资深教授或讲师中提名选聘委员会名单，委员会人数依据招聘规模而定。

（七）高等教育财政资源配置市场化改革

"二战"后，英国政府采取了扩大入学机会、保障入学公平的教育政策，其高等教育迅速进入大众化阶段。在 20 世纪 70 年代世界经济危机和高等教育大众化的双重压力下，英国政府不得不对高等教育财政资源配置进行市场化改革。1979 年，撒切尔政府以"自由竞争、自由市场、私有化"作为其改革的核心理念，将高等教育看作一种投资和消费推向市场，大幅削减政府划拨的高等教育经费。

1985 年，英国政府发布的高等教育绿皮书《20 世纪 90 年代高等教育发展》明确提出了削减高等院校公共开支的政策。1987 年，英国政府发表的白皮书《高等教育：应对新的挑战》（*Higher Education：Meeting the Challenge*）中建议，设立"大学基金委员会"（the University Funding Council，UFC）取代原英国高等教育财政资源配置机构——大学拨款委员会，作为高等教育资源配置的决策机构，同时设立多科技术学院和其他学院基金委员会（Polytechnics and Colleges Funding Council，PCFC）作为高等教育财政拨款的执行机构，高等教育财政资源配置的决策和执行工作被明确分开，形成"二

---

① 戴少娟、许明：《英国大学教师专业发展标准述评》，《福建师范大学学报》（哲学社会科学版）2014 年第 5 期，第 146～153 页。

元制"财政资源体系，提高了配置效率。① 1988 年出台的《教育改革法》（*Education Reform Act*）鼓励高校拓宽资金来源渠道，加强与企业的联系。1991 年，英国政府发布白皮书《高等教育——一个新框架》（*Higher Education：A New Framework*）进一步将高校推向市场，缓解高等教育财政资源不足，该框架提出：大学、多科技术学院和其他学院应继续从工商业、私人捐助和学费收入中获得更多资金，以提高各高等院校的独立性。1992 年，英国议会通过了《继续教育和高等教育法》，该法案撤销了大学基金委员会和其他委员会，设立英国高等教育基金委员会（the Higher Education Funding Council for England，HEFCE），该委员会直接对高等教育机构（大学、多科技术学院和其他高等教育机构）进行财政资源配置，并将教学与科研拨款分开。

1997 年，东南亚金融危机波及欧美国家，英国财政状况受到影响，1997 年《迪尔英报告》提出：自 1998 年起，取消英国各高校对学生免费接受全日制高等教育的政策，向高校学生收取每年 1000 英镑的学费。2004 年英国政府通过了布莱尔首相提出的教育资金改革议案，提出从 2006 年 9 月起，各高校可根据自身情况提高本国学生学费，最高可达每年 3000 英镑。2010 年时值保守党联合执政时期，英国政府发布的《确保未来的高等教育持续发展报告》（*Securing a Sustainable Future for Higher Education*）提出由学生承担高等教育服务的全部费用，高校学生的学费的最高限额被直接提升到 9000 英镑。2015 年，英国政府发布的《高等教育：教学卓越框架》（*Higher Education：Teaching Excellence Framework*）绿皮书，支持一些高水平院校继续提高学费。2016 年，高校学费的限额被提高到每年 9250 英镑。英国政府划拨的高等教育经费的比重从 1980 年的 62.6% 下降到 2015 年的 15.9%。②

不难看出，20 世纪 80 年代以后，英国高等教育市场化改革一直朝着政府减少高等院校财政拨款、鼓励高等院校扩宽经费来源渠道的方向发展，这些改革举措大大减轻了政府的财政压力，拓宽了高校经费来源的渠道，

---

① The Secretary of State for Education and Science, the Secretary of State for Wales, the Secretary of State for Northem Ireland, the Secretary of State for Scotland, "Higher Education：Meeting the Challenge," London：Her Maiesty's Stationerv Office, 1987.

② OECD, Education at a Glance 2016.

增强了大学和社会的联系。但高等教育的发展有其自身的规律和相对独立性，高等教育财政资源的过度市场化带来了诸如教育功利化、社会服务职能下降和高等教育的"马太效应"等弊端。

（八）内外协同的质量保障体系

20世纪90年代以前，英国高等教育受其"学术自治"传统的影响，尚未形成高等教育领域的质量保障体系。20世纪末面临高等教育大众化带来的教育质量危机和世界范围内高等教育质量保障活动的兴起，英国开始有意识地建立高等教育质量保障体系，并成立了高等教育质量保障署，经过十几年的发展和完善，形成了以内部质量保障体系为基础、以外部质量保障体系为动力、内外协同运行的高等教育质量保障机制。

英国各高校内部已形成完善的质量保障机制。内部质量保障体系是由学校为提高教育质量与配合外部质量保障活动而建立的组织与程序系统，它与外部质量保障机构相互合作以完成教育质量保障的任务。[1] 对本校所设专业和所授学位的质量和标准负责是英国大学和学院的自治传统。不过，英国各高校开始着手建立内部质量保障体系是从20世纪90年代才开始的，截至目前，英国高校的内部质量保障机制基本形成，实行经常性的教学监控与周期性的专业审核相结合，学校还会聘请校外检察官和审核员，对学校的办学标准和运行过程进行审核评估。[2] 为保证质量保障标准和决策的贯彻执行，英国各高校内通常会设立教务委员会（Senate 或 Academic Senate），作为学校在质量和标准保证方面的最高管理机构，教务委员会之下一般还会设置咨询或参谋性质的委员会，其中最主要的是教学质量保障委员会或教学质量委员会，此外，还设有其他与之并立的委员会，如本科学习委员会、研究生学习委员会和教学促进委员会等。同时，学校行政管理方面将学术和教学方面的工作交给一个副校长分管，具体包括质量、标准和师资等，这有利于将学校权力机构在学术方面和行政管理方面的政策具体化。这一体系覆盖了院系专业、各行政管理部门和各教学辅助机构，通过经常开展教学过程监控，实行年度质量报告和数年一度的院、系、专业质量评

---

① 陈玉琨：《教育评估学》，人民教育出版社，1998，第217页。
② 唐霞：《英国高等教育质量保证体系》，北京师范大学出版社，2012，第95页。

估和质量保证体系评审，教学执行情况和效果通过评审报告反馈到学校的最高权力组织。

以学生为中心，提升服务意识。英国高等教育奉行以学生为中心的教育理念。2005 年，英国进行了首轮全国学生民意调查，该活动由英格兰高教基金会委托艾普索斯·莫瑞公司（Ipsos MORI）执行，并得到了威尔士高教基金会和北爱尔兰雇佣与学习部的支持。调查方式是由莫瑞公司通过邮件将问卷发送给英格兰、威尔士和北爱尔兰有公立高等院校毕业年级学校的学生，邀请其完成在线调查。调查问卷内容涉及课堂教学、考核与反馈、学术支持、组织与管理、学习资源与个人发展等项目。调查结果公布在教学质量信息网站和英格兰高教基金会网站上，为后来的学生选择适合自己的课程提供参考信息。2006 年 10 月，英格兰高教基金会发布了关于教学质量信息网站和全国学生民意调查行动的改革改进建议和计划：更多地从实际需求出发，为学生和家长提供更便捷和完善的信息服务；提高教学质量信息网的利用率，进一步减轻高校负担。① 英国高等教育基金委员会坚信学生应该在质量保证中发挥重大作用，因此，全国学生民意调查活动被视为英国高等教育外部质量保障框架中的一个重要组成部分，学生意见成为高校评估中的一个重要环节。

建立全国性中介评估机构，制定统一的学术标准和教学质量准则。英国高等教育质量保障署成立于 1997 年，该机构统一了英国高等教育质量保证标准的运作模式，保证了高等教育评估活动在时间安排、材料审核以及人员安排方面的一致性，在保证英国高等教育质量方面起到了重要的作用。高等教育质量保障署以接受英格兰、苏格兰和威尔士高等教育基金委员会委托合同的方式开展英国高等教育质量保证工作，并将评估结果向公众公布。② 从 2002 年开始，英国对高等教育质量保障署外部质量保证体系进行了重大改革，制定了全国统一的学术资格框架、学科基准说明、质量保障实施规范，并构建了高等教育外部质量保障框架，对高等教育进行全方位综合性保障。2012 年高等教育质量保障署发布了英国高等教育质量准则，建立和保障学术标准门槛，包括如何保障学术标准，具体分为国家标准、

---

① 唐霞：《英国高等教育质量保证体系》，北京师范大学出版社，2012，第 151 页。
② 唐霞：《英国高等教育质量保证体系》，北京师范大学出版社，2012，第 52 页。

学科和资格水平、项目水平、审核和批准、外部效应和教学成果评估；保证和提高学术质量，具体分为课程设计和审批、教与学、学术支持、学习资源和职业生涯教育与建议、学生参与度、外部监督、学科监督与审查等。

四　英国高等教育发展创新的基本经验

（一）　充分运用政府宏观调控手段

从教育政策来看，英国政府出台的高等教育改革措施主要是采取宏观调控的方式对高等教育进行方向引导，并不对高等教育运作的细节做过多的干涉。1963 年颁布的《罗宾斯报告》，对高等教育来说是一个重要的转折点，它促使高等教育从精英化走向大众化。进入 20 世纪 80 年代后，英国政府逐渐重视高等教育，为发展高等教育进行立法，以法律的形式规范高等教育的发展，以政府宏观调控手段引导高等教育发展。如英国高等教育从一元制走向二元制最后回到一元制的发展过程；20 世纪 90 年代的三次重大高等教育改革：英国在 1992 年设立高等教育基金委员会；1996 年，诺兰委员会发布了《公共生活标准——地方公共消费机构》报告，提出当学生投诉途径用尽时，所有高等教育机构应做独立审查；2003 年颁布的《大学与工商业合作的兰伯特报告》提出工商业参与高教，强调由工商业决定教学内容，教学工作以及培养方式直接面向就业市场。

从政府同高等教育的关系的层面来看，政府赋予了英国高等教育极大的自治权，政府充当管理者和引导者，但不过于"严厉"。面对全球竞争，各国政府纷纷参与高等教育改革，力求提高本国高等教育在世界的竞争力。高等教育的发展离不开国家的指导和管理，更离不开的是高校内部的活力，只有高校充满了活力，高等教育才能不断自我更新，自我优化，最后提升高等教育质量。英国政府通过设立高等教育基金委员会保障高校经费的合理投入和管理，它是独立于政府和高校的拨款机构，独立管理高等教育的经费，在高校与政府之间起缓冲作用，一方面能减轻政府的管理压力；另一方面也能激发各大高校积极完善本校硬件设施和教学质量，从而获得更多拨款。英国的做法规范了英国政府对高校拨款的制度，同时也起到了监督作用，时刻提醒高校要提高教学和科研质量。

（二）具有时代性和针对性的管理体制改革

英国是一个相对保守的国家，政府对高等教育的管理一直处在宏观调控层面，大学享有极大的自主权。随着全球人才竞争越来越激烈，高等教育国际化飞速发展，英国高等教育从精英阶段走向普及化阶段，接受高等教育的人数急剧增加，为更好地适应时代的新变化和新挑战，英国政府适时调整高等教育内部管理体制，有针对性地改革内部管理结构，简化以往的复杂的管理体系，建立起新的管理机构——学生办公室，以为学生服务为核心，形成以学生利益出发的市场化模式。学生办公室还具有监管功能，评估高等教育质量，并且体现了服务理念，在提升高等教育的竞争力的同时保障高等教育的质量。

英国高等教育管理的市场化进程加快，将市场理念运用到高等教育改革之中，让高校敏感地意识到经济的变化，利用经济的刺激和经济的反馈实现资源再分配。这也意味着英国高校可以从企业、私人手中获取高等教育与研究经费，既减轻了政府的财政压力，又能实现高等教育与研究经费的多元化，还能加强高校与社会的联系，使高校的科研成果能直接在社会中得以运用，高校的培养目标也能更好地适应社会经济的需求。

（三）以学生为中心的教学模式

以学生为中心的理念贯穿于英国大学教学的始终，无论是课堂教学还是教学评估，都围绕学生开展。以学生为中心的教学模式不仅能体现学生的主体性还能提高学生的综合素质和综合能力，其中包括发展学生的阅读能力、写作能力及沟通能力，还要培养学生的实践能力，最后将整个教学的成果予以评估和反馈，高等教育质量保障署重视让学生参与到教学的评估中来，让学生自己提出问题和建议，促进教学各环节的完善。英国高等教育评估的目的是刺激多元化的高等教育市场，为学生提供更多的信息来判断大学的教学质量。教学质量的评估标准主要集中于教学质量、学习环境以及学生习得三个方面。评估的结果直接影响着大学的声誉、学生的选择和政府的拨款，因此，这在很大程度上能激发大学对教学质量的重视，从而促进高等教育质量的发展。

英国大学里的课堂模式多样，有教师主讲、主题研讨、讲座和参观等，不一味地教师讲，学生听，而是让学生自由学习阅读和讨论，培养学生的创新精神、批判性思维以及实践能力。以学生为中心的模式对教师的能力水平有更高的要求，教师需要对所教领域有更深的研究，能把握时代的潮流和对科学更新的敏感性，以及对教学内容和专题讨论主题选择的把控性。

（四）加强科研合作与创新

英国建立的研究卓越框架科研评估体系整合其现有的科研创新机构，不仅简化了评估监管机构，还在已有的科研和创新的核心职能外，增强开展跨学科领域科研工作的能力，促进和开展科学、技术、文化和新思想研究。英国研究卓越框架评估体系因过于重视科研成果的社会价值而受到质疑，但也充分体现了政府要促进科研成果在社会中转化价值的决心。为了获得 REF 更高的评价，争取获得更多的经费，高校越来越重视科研成果在商业中的转化，提高科研成果对社会的服务能力。

政府对科研的重视和投入是英国科研实力强大的重要因素之一。首先，在英国高校科研评估和拨款过程中，英国政府不直接干预，而是由高等教育基金委员会负责实现拨款和监管职能，这种方式促进了高校评估的公正性和透明性，也缓冲了政府和高校之间的关系。其次，英国高校的科研结构和经费的投入较为合理，充足的资金不仅为有能力的教师参与科学研究提供了保障，还鼓励了更多的学生都参与到科学研究中，激发了青年对科研的热情。

（五）清晰的国际化发展布局

英国高等教育国际化发展一直走在世界前列，吸引了大量优秀的外国学生和学者到英国学习、做研究或工作。

首先，英国高等教育国际化以国家为主导。虽然高等教育有其自身运作规律，国际化也有其自身的发展趋势，但这并不意味着政府应该放松对高等教育国际化的引导和干预。20 世纪 90 年代，英国政府制定的一系列政策为 21 世纪英国高等教育国际化的发展进程起到了先导性作用。此外，英国政府还通过改革或新建政府机构确保国际教育战略的顺利实施，2007 年将创新、大学与技术部独立出来，着力推进政府的高等教育国际化政策，促进英国与其他国际上的重要国家在教育上开展合作①；英国政府于 2016 年成立英国国际教育协会（British International Education Association，BIEA），该机构旨在将英式国际教育推广至英国以外的国家和地区，以适应国际教育市场的新需求、新挑战。英国高等教育国际化在政府的宏观指导下取得了巨大成效，高等教育政策研究所称，英国大学的校友在世界许多政府中担任高级职务，超过 50 名受益于英国教育的校友目前担任世界性的领导人。②仅就接收高等教育的学生数量而言，英国在 2017～2018 年接收将近 46 万名国际学生，③英国已成为世界上仅次于美国的最受国际学生欢迎的留学目的国，国际学生对于英国国际教育的满意度居于各教育出口国之首。④

其次，英国高等教育国际化以高校为主体，注重国际化课程的开发和远程教育课程建设。一方面，英国各大学重视国际化课程的开发与设置，注重培养学生在国际化社会的生存能力，提供多层次、多形式的课程；英国高等教育课程国际化不但具有国际化视野，还引入了"欧洲维度"（Europe Dimension），传播英国乃至欧洲的文化和价值观念。另一方面，英国高校意识到信息技术对高等教育国际化巨大的推动作用，把远程教育作为高等教育国际化的重点，积极建立国际网络课程，扩大教育输出，通过互联网将英国高等教育输送到世界各地；英国大学还为国际学生提供各种学位课程。早在 2001 年，英国高等教育基金委员会就启动了一项计划，联合全英国所有大学的力量创建一所网络大学，以吸引更多的海外远程学生。2008年约有 20 万名海外学生从英国高校获得学位证书；在 2016～2017 年，超过70 万名国际学生在英国之外攻读英国大学学位，比 2013～2014 年的数量增

---

① 曾满超、王美欣、蔺乐：《美国、英国、澳大利亚的高等教育国际化》，《北京大学教育评论》2009 年第 2 期，第 75 页。

② 李轶凡、丁欣昀、李军：《英国〈国际教育战略：全球潜力、全球增长〉述评》，《世界教育信息》2019 年第 32 期，第 39～45，53 页。

③ HM Government，*International Education Strategy：Global Potential，Global Growth*，https://www.gov. uk/government/publications/international – education – strategy – global – potential – global – growth/international – education – strategy – global – potential – global – growth，最后访问日期：2020 年 3 月 20 日。

④ "Universities UK International：The UK's Competitive Advantage，" https://www. universitiesuk. ac. uk/policy – and – analysis/reports/Documents/International/UUKi – Competitive – advantage – 2017. pdf，最后访问日期：2020 年 6 月 3 日。

长了 17%。①

最后，英国高等教育以师生为主线，提高高等教育国际化人才培养质量。教师和学生的国际化是高等教育国际化最重要的目标，近年来，英国通过加大宣传力度、设立留学生奖学金和完善留学政策等方式增强对海外留学生的吸引力；在留学生人数不断增加的同时，加强了教育质量监控，英国高等教育质量保障署对英国海外高校合作机构的教学质量进行评估，以保证海外学位授予的标准和质量；从 2001 年起，英国开展的海外合作办学项目也必须接受质量保障署的检查，未通过检查的项目不得付诸实施。此外，英国政府将师资国际化作为大学国际化发展的重要指标，不断修订和完善吸引国际人才的高等教育国际化政策和制度，在世界范围内吸纳优秀的国际教师，提升教育质量，并鼓励国内教师积极参加国际学术活动，促进大学教师的国际化合作与交流。

（六）建立完善的教师专业发展模式

师资队伍质量的高低关乎高校的教学质量和科研水平，建设高水平的师资队伍有赖于教师专业能力的发展。英国诸多高校质量位列世界前列，与其完善的教师专业发展模式密不可分。在英国高校专业发展模式发展演变的过程中，在组织模式、专业标准等方面都积累了丰富的经验。

英国高校教师专业发展体系的成功首先得益于政策层面的指导和支持。英国政府通过采取财政拨款、教育立法、机构设置等方面的措施以推进高校教师专业发展体系的建立和完善。早在 1919 年，英国政府便设立了大学拨款委员会（University Grants Committee, UGC）作为向英国政府提供咨询服务的机构，解决高校在教师专业发展方面资金投入不足的问题。1992 年，政府颁布了《继续教育和英国大学教师发展体系与特色比较研究高等教育法》，苏格兰高等教育基金委员会、英格兰高等教育基金委员会和威尔士高等教育基金委员会取代了先前的大学基金委员会，教学质量评估委员会（Quality Assurance Commission, QAC）隶属于以上三个高等教育拨款委员会

---

① Higher Education Statistics Agency, "Aggregate Offshore Record 2017/18," https://www.hesa.ac.uk/collection/c17052，最后访问日期：2020 年 4 月 18 日。

之中，负责依法评估教育教学质量，拨款额度与评估结果挂钩。[1] 该政策使教学质量作为政府教育战略受到高度关注，与此相关的高校教师发展的项目也得以设计、实施和发展。2003 年，英国政府颁布《高等教育的未来》法案，该法案将建立"教学卓越中心"提上日程，计划连续 5 年每年拨款50 万英镑建设这些中心，这些中心就是英国高校教师专业发展机构的前身。英国政府通过政策、拨款和建立中介机构等方式不断完善英国高校教师的专业发展体系的建立，这些来自政策层面的支持和保障，有利于其可持续发展。

英国高校教师专业发展组织机构职能明确。从国家层面看，英国教育和技能部（Department for Education and Skills）负责制定和颁布高等教育宏观政策，政策的具体执行主要依靠高等教育质量保障署、英格兰高等教育拨款委员会、高等教育学会等机构，它们直接面对高校提供相应的资金和各种服务。高等教育学会和教学卓越中心是负责英国大学教师发展的组织机构，在不同的高校，"教学卓越中心"在名称和隶属关系上有所区别，如格拉斯哥大学，其教学卓越中心为 "Teaching and Learning Service"，而利兹城市大学则为 "Academic Support Area"。在层次设立上，有的作为独立的部门设立，有的则隶属于某个院系或其他部门。[2] 从院校层面看，高校教师专业发展的机构体系主要有：教师专业发展委员会、大学教师专业发展中心、院系层面的教师发展团体。高校教师专业发展委员会负责为大学理事会提供教师专业发展方面的政策与程序建议，同时对相关活动执行情况实施监督；大学教师专业发展中心通过在大学内外的相关专业发展部门之间建立伙伴关系，建立教师发展活动组织中心的形式，联络大学内的教师发展的参与者，督促执行当前教师发展的人力资源战略和学习与教学策略，监督教师专业发展活动的执行情况并对其活动质量进行评价。各院系会为大学教师专业发展设一名协调员，负责收集教师对自身发展需求提出的建议，登记教师的发展需求，确定教师参与培训活动的程度，协调员是大学教师和发展团队的桥梁，其与大学教师专业发展团队合作，为教师专业发展提供咨询和信息服务。[3]

---

[1] 缪苗、许明：《20 世纪 90 年代以来英国高等教育质量保障机制的变迁》，《比较教育研究》2005 年第 12 期，第 62 ~ 67 页。

[2] 李俐：《英国高校教师发展研究》，西南大学博士学位论文，2013，第 100 页。

[3] 李俐：《英国高校教师发展研究》，西南大学博士学位论文，2013，第 99 页。

专业标准作用充分。高校教师的专业发展离不开高校教师专业发展标准的引领，英国高等教育教师专业发展标准为教师专业发展制定了全面、持续的标准。英国高等教育学会制定的高等教育教师发展标准重视教师发展的全面性，为职场中不同阶段的高校教师提供专业的帮助。首先，该专业发展标准中有很多针对教师实践性知识的描述和规定，表明该标准非常重视教师教授实践性知识的能力。其次，专业发展标准突出"以学生为中心"的理念，将高校教师视作服务型人员。教师不但要为学生创设恰当的学习环境、进行课程开发、为学生提供学习支持、发展有效学习、给予学生及时有效的反馈，还要尊重学习者多元化的学习环境，促进学习者的参与和师生间的平等。最后，专业发展标准还针对不同发展阶段的高校教师提出不同的学术探究和社会服务指标，促进高校教师的学术研究和实践能力的提高。

（七）高等教育财政资源的市场化改革

面对 20 世纪 70 年代以来世界经济危机和高等教育大众化的双重压力，英国政府无力独自承担日益增长的高等教育财政投入，20 世纪 80 年代初，撒切尔政府开始对高等教育的财政资源配置进行市场化和大众化改革，大幅削减高等教育经费，并通过设置专门的拨款中介机构在高等教育的财政拨款中引入绩效模式，迫使高等院校加强与外界的联系，拓宽筹资渠道，优化各类财政收入比例，逐渐形成高校财政自主权增强、资金来源多元化、各类资金占比结构日趋合理的局面。

1992 年，英国政府专门设置了高等教育基金委员会对高校拨付经费进行评定和管理，以提高拨款的科学性和利用效率。英国高等教育基金委员会对高校的拨款主要分为教学拨款和科研拨款。

英国高等教育经费除政府基金拨款外，还有学费及合同收入、其他收入、科研补助、捐赠和投资收入。通常，英国高等教育经费中学费及教育合同收入所占比例最大，但因学费来源为零散个体，因此政府仍然是英国高等教育经费的最大提供者。在高等教育总体投入不断增长的基础上，逐渐形成经费来源多元化的趋势。以牛津大学教育经费的来源和比重为例，2015 年其教育经费总投入为 14.293 亿英镑，其中高等教育基金委员会拨款占比 12.84%，学费和支持补助金占比 18.07%，科研补助和合同收入占比

36.58%，其他收入占比 15.69%，遗产捐赠占比 0.70%，研发支出贷款占比 5.95%，牛津大学出版社特殊转让经费占比 8.4%。[①] 从以上数据可以看出，政府虽然是英国高等教育经费的重要提供者，但学费和支持补助金、科研补助和合同收入以及其他收入占比已经超过政府对牛津大学的资助比例，其多元化筹资局面已经形成。

---

① 杨平波、朱雅斯：《英国高等教育经费筹措方式及启示》，《财会月刊》2016 年第 36 期，第 100～104 页。

第三章　德国高等教育

一　德国高等教育概述

德国是现代大学的发源地。在历史上，德国柏林大学的"洪堡模式"，曾一度被美国和欧洲其他国家大学竞相效仿。尤其是在 19 世纪末 20 世纪初，德国大学曾是英美等其他发达国家留学生的梦想之地。当时的德国大学，诺贝尔奖获得者频出。历经两次世界大战后，德国大学的教育质量有所下滑，但目前，多所德国顶尖大学在全世界的总体排名仍然在前五十名，且稳步上升。

本章在大量查阅德语和中文文献的基础上，对德国高等教育事业的发展历程进行梳理、总结，从法律制度、科研和教学模式、师资队伍建设、经费配置和国际化趋势等多个方面分析德国的建设经验；同时，在文献和数据方面，参考了德国教育与研究部、联邦法律公报、德国联邦统计局、德国各联邦州文化部长联席会议、德国教育服务网、德国高校指南、多特蒙德大学德国高等教育研究所等机构的官方网站，尽量采用最新的数据和资料，力图呈现最真实、最新的德国高等教育现状。在此基础上，进一步总结出德国高等教育创新发展的经验。

在此，首先必须明确，德国的高等教育在德国整个教育体制中的位置，国内德语界在这一领域已经有比较详细全面的介绍；本章引用德国汉诺威大学职业与继续教育研究所（Institut für Berufspädagogik und Erwachsenenbildung an der Universität Hannover）斯特芬·罗巴克（Steffi Robak）教授和尤莉娅·吉伦（Julia Gillen）教授的共同研究成果，以形象地说明（见图 3 - 1）。

在图 3 - 1 中，我们可以清晰地看出：除了学前教育（非义务性），德国教育体制整体分为三个阶段：第一阶段为小学教育，为期四年；第二阶

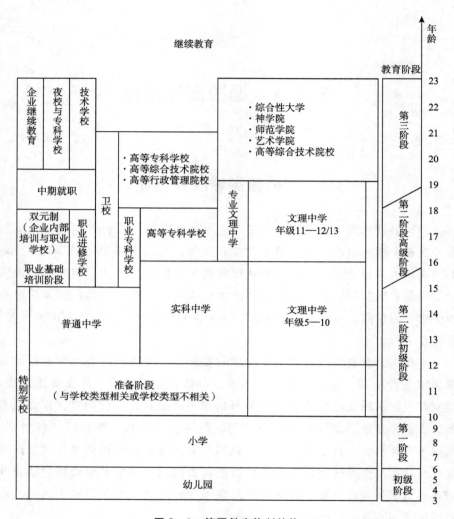

图 3-1 德国教育体制结构

资料来源：斯特芬·罗马克、尤莉娅·吉伦：《职业教育与职业进修：德国的道路和经验》，杨瑞译，陈洪捷校，《北京大学教育评论》2016 年第 14 卷第 3 期，第 22 页。

段为中学教育，分为初级阶段和高级阶段，类似于我国的初中和高中，各个联邦州的情况有所不同，共计八年或九年；第三阶段为高等教育，包含普通高等教育、高等职业教育和成人进修教育。其中，第二阶段的初级阶段有三种学校：普通中学（Hauptschule）、实科中学（Realschule）和文理中学（Gymnasium）。通常，进入文理中学学习的学生，学习能力和成绩都最好，在第二阶段的高级阶段结束后，必须参加德国高等学校入学资格考试（Abitur），考试通过后即可进入综合性大学（Universität）或"高等综合技术院校"（Technische Universität/Technische Hochschule）学习；进入实科中学的学生，学习能力和成绩次之，在第二阶段的高级阶段，可以有机会再次进入专业文理中学（Berufsschule für freie Künste）学习，进而通过高等学校入学考试读大学，或进入高等专科学校（Fachoberschule），进入第三阶段的高等职业学院（Berufsakademie）（图3-1中译为"高等专科学校"）、高等综合技术院校（Technische Universität/Technische Hochschule）或高等行政管理院校（Verwaltungshochschule），接受针对某个行业的高等职业教育（Berufsbildung）或应用科学教育；进入普通中学的学生，学习能力和成绩相对比较普通，所以在第二阶段的高级阶段，基本上只能选择为期三年到三年半的职业教育（Berufsbildung），通过本行业的职业资格考试后，即可获得该行业的从业资格；如有意愿和需要，可以在工作后继续接受继续教育，主要有企业继续教育、夜校与专科学校等。

从上文中不难看出，德国高等院校有多种类型；根据德国联邦统计局2019年公布的最新数据，截至2018至2019冬季学期，德国境内共有高等院校426所（不同类别的高校数量见表3-1）。

表3-1 德国高等院校的类别及数量（截至2018年底）

高校类型	数量（所）
综合性大学（包含理工类大学）	106
神学院	16
师范院校	6
音乐、艺术类院校	52
高等综合技术学院	30
应用技术大学	216
共计	426

资料来源：德国联邦统计局官方网站，https://de.statista.com/statistik/daten/studie/247238/umfrage/hochschulen-in-deutschland-nach-hochschulart/，最后访问日期：2019年10月5日。

由于本章的研究对象为德国的高等教育的创新发展，突出高校的教学和科研职责，所以，本章中的德国"高等教育"不包含职业教育、成人教育和职业进修教育，即仅集中在图3-1右上角方框内的普通高等教育；另外，德国有几十所高等音乐或艺术类院校（Musik-und Kunsthochschulen）和神学院（Theologische Hochschule）。由于音乐、艺术类院校的招生、培养方式具有独特性，与普通高等教育差别巨大，而神学院与天主教或基督新教关系密切，教育方式和目标都与众不同，故而也不属于本章的研究范围。综上所述，本章中的德国"高等院校"，仅限于德国研究型的综合性大学、高等综合技术院校（或称"理工类大学"）、师范院校（Pädagogische Hochschule）和应用技术大学（Fachhochschule）四类院校。

二 德国高等教育的发展历程

（一）从中世纪到德意志神圣罗马帝国时期

德国大学的历史可以追溯到欧洲中世纪时期，比欧洲第一批民族国家的历史更加悠久。中世纪时期，罗马天主教会为了研习圣经，培养教会的管理、传教人才，在修道院中开设课堂，传授拉丁文，讲授基督教的经典文献，这便是大学的雏形。直到现在，授予学位的典礼上，校方和学生都必须穿戴的学位服，也是由中世纪时期天主教会主教和修士的袍服演变而来。随着世俗王权的影响力越来越强，王权和教权的冲突日趋明显，欧洲各邦国的贵族阶层开始培养自己的专业管理和顾问人才，因此，教学活动的中心由修道院转移到了宫廷。于是，便形成了欧洲中世纪时期最早的大学——意大利的博洛尼亚大学（1088年），其次是法国的巴黎大学（1261年）；这两所大学分别以学生和教授为中心，主要从事针对王室和贵族子弟的教学工作。当时德意志神圣罗马帝国境内的第一所大学，是建于1348年的布拉格大学①；而当今德国境内最早的大学，则是建立于1386年的海德堡大学（Ruprecht-Karls-Universität Heidelberg）。14世纪末到15世纪初，德意志土地上存在着上百个邦国、自由市、骑士领地，较大的邦国为了自身发展，纷纷效仿意大利和法国，建立了多所大学（见表3－2）。

表3－2　14~18世纪部分德国大学的建立年份

大学名称	建立年份
海德堡大学	1386
科隆大学	1388

---

① 陈洪捷：《德国古典大学观及其对中国的影响》，北京大学出版社，2015，第13页。

续表

大学名称	建立年份
埃尔福特大学	1392
维尔茨堡大学	1402
莱比锡大学	1409
罗斯托克大学	1419
格赖夫斯瓦尔德大学	1456
弗莱堡大学	1457
慕尼黑大学	1472
图宾根大学	1477
美因茨大学	1477
维滕堡大学	1502
马尔堡大学	1527
耶拿大学	1558
哈勒大学	1694
哥廷根大学	1737
埃尔朗根－纽伦堡大学	1783

资料来源：笔者根据相关资料整理。

中世纪时期的德国大学，有权自主管理大学的内部事务，并授予学位。此时的大学都属于综合性大学，专业设置也深受修道院传统影响，一般都会设有神学院、法学院、哲学院和医学院四个学院，其中，神学院居于最高的统领地位。此时的大学教育，目的在于培养宫廷官员、神职人员、医生、律师和教师，所有课程——包括讲座和研讨课都用拉丁文讲授。学生通常来自王室或贵族阶层，大约从 18 世纪开始，也有来自富裕中产阶层家庭的年轻人。大学生不需要缴纳学费，大学课程分为公共课和私人课两种，公共课对所有人免费开放，而若要参加某个教授开设的私人课程，则需向教授缴纳该课程的听课费。当时的授课形式主要为教授宣讲，德语称为 "Vorlesung"，即按照规定的教材照本宣科地解释、评论，偶尔会有论辩环节，但都是按照教条对某个题目进行公开的阐释和争论。大学生入学年龄在 16 岁至 22 岁，一般只需要教授同意即可入学。直到 1788 年，普鲁士官方才规定，必须先通过文理中学的毕业考试，取得毕业证书才能进入大学学习。[①] 之前的几个

---

① 陈洪捷：《德国古典大学观及其对中国的影响》，北京大学出版社，2015，第 16 页。

世纪中，德国大学都没有严格的入学条件要求。当时还没有专门的学籍管理制度。各个大学相互之间承认对方颁发的学历学位和学习成绩证明。因此，学生和教职人员在不同大学间流动也较为常见。

另外，在 18 世纪，大学还享有独立的司法权，[①] 也就是说，大学生可以不受当地法律的约束，而只需遵守大学本身的规定和要求。学生本身多数都是贵族子弟，许多大学生酗酒斗殴、持剑决斗、无所事事、惹是生非。德国文豪歌德在耶拿大学读法学期间，便经常逃课，出入酒馆和舞会；在他的小说《少年维特之烦恼》和戏剧《浮士德》中，对当时大学生的生活都有所反映。这也是当时德国大学制度饱受诟病的原因之一。

直到中世纪晚期，德国大学的规模都比较小。大学的四个学院中，每个学院有两名或三名教授；每所大学有 100 名至 200 名学生，有时甚至不足100 名。1500 年前后，所有德国大学的学生一共才有约 3000 人。到 1700 年前后，大约 40 所德国大学共有学生约 8000 人。平均每所大学的学生人数始终没有明显增长。从 1500 年至 1800 年，德国各地区创建或重建的大学约有50 所。到 1789 年，德意志神圣罗马帝国境内已经有 38 所大学，是欧洲当时大学数量最多的国家。[②]

德国大学从诞生之初，就是由邦国支持组建，性质上属于公立的传统综合性大学，经费主要依赖邦国的资助；但是，从诞生之初到 1800 年，德国大学的规模始终比较小，教育水平不高，教授和学生全部是男性；邦国之间如发生战争，则学校就会遇到资金短缺、生源不足的情况，而且，多数大学都设立在边远的小城镇上，所以，经常较为"短命"，开办十几年或几十年后便被迫关闭的情况时有发生。只有获得邦国稳定财政支持和保护的大学，才能长久地延续下来。在 1800 年前后，德国大学中有一半学校因为资金短缺或生源不足而停办。[③]

大学内部的管理也较为宽松，学院教授需由邦国的国王或大主教任命，但学院教授在教学内容方面享有充分的自主权；例如，教授开设何种课程，授课形式、授课时间、考试安排等都由教授自己决定。四大学院中，神学院长期占据统治地位；教学上，沿袭传授基督教会的知识，在学术研究方

---

① 陈洪捷：《德国古典大学观及其对中国的影响》，北京大学出版社，2015，第 16 页。
② 张帆：《德国高等学校的兴衰与等级形成》，北京师范大学出版社，2012，第 15 页。
③ 陈洪捷：《德国古典大学观及其对中国的影响》，北京大学出版社，2015，第 17 页。

面乏善可陈。因为，当时大学的主要任务，就是为所在邦国的国君培养管理人才和顾问，而科学研究和探索不被重视，通常只能在私人领域内进行，如在王室宫廷或牧师家中。在基督教形式主义和专制主义的神学权威下，很难自由地进行研究和科学探索。每所大学基本上只在大学所在地区具有较强的影响力。因此，德国大哲学家、数学家、发明家莱布尼茨（1646～1716年）才拒绝担任大学教授。

（二）柏林大学的"洪堡模式"

17、18世纪，启蒙运动在法国和英国已经如火如荼。而在四分五裂的德意志大地上，启蒙思潮才刚刚崭露头角。在德国大学中，最先接受启蒙思想并进行改革的大学当属哈勒大学和哥廷根大学。

哈勒大学（Universität Halle）建于1694年，最初是由一所骑士学院发展而来。原本在骑士学院中，一直都在传授以亚里士多德体系为基础的经院哲学和基督教神学。1691年，骑士学院聘请了虔诚主义（Pietismus）的核心人物奥古斯特·赫尔曼·弗兰克（August Hermann Francke）为东方语言学教授，负责讲授神学。但虔诚主义追求对基督和上帝的虔诚信仰，强调个人特色和内心的皈依，这与正统基督教派产生了些许偏离；弗兰克担任神学教授后，学院中逐渐出现反对基督教的形式主义、反对神学独裁的思想倾向；同时，他还注重实用知识，主张学校教育应当能够指导现实生活。仅一年后，当时的骑士学院迎来了学校改革的另一位重要人物——托马修斯（Christian Thomasius），他是德国理性主义思想的代表人物，被称为"启蒙运动之父"。因为之前在莱比锡大学任教期间，他猛烈抨击大学制度，认为莱比锡大学课堂上"许多知识是无用的、卖弄学问的，并隐伏在过时的教学方法和一种废弃的语言（意指教会拉丁文）之下"，被莱比锡大学校方开除；他的反传统观点与弗兰克多有契合，于是来到哈勒大学担任哲学教授。在普鲁士王国国王和弗兰克为代表的虔诚派支持下，托马修斯以理性主义思想改造骑士学院，两年后，即1694年，骑士学院正式更名为"哈勒大学"。他倡导理性主义，主张"理性在任何时候都是我们的最高裁判和导师"，提倡学习数学和自然科学；他还是德国大学中用德语代替拉丁语授课的第一人。[①]

---

① 张帆：《德国高等学校的兴衰与等级形成》，北京师范大学出版社，2012，第17页。

1706 年，德国启蒙主义思想家莱布尼茨推荐自己的学生沃尔夫（Christian Wolff）到焕发新机的哈勒大学担任数学和自然科学教授。沃尔夫深受莱布尼茨的理性主义思想影响，在思想和授课方法上都严格贯彻理性主义。他主张哲学必须建立在理性的基础上，即在数学和自然科学的基础上，并且，哲学的任务应当是自由探索真理，而不是所谓的"神学的女仆"。

至此，在倡导理性，抨击神学教条，反对神学权威的环境中，"学术自由"和"教学自由"的思想在哈勒大学已经呼之欲出。因此，哈勒大学被称为"德国第一所具有现代意义的大学"；经过一系列改革，到 18 世纪 30 年代，建校仅仅三十多年后，哈勒大学已经成为当时德国最有声望的大学，也是普鲁士王国振兴的基石。1806 年，由于普鲁士在耶拿战役中战败，哈勒地区被法国军队占领，哈勒大学被迫关闭。

哥廷根大学（Universität Göttingen）建校于 1737 年。它的创始人吉尔拉赫·阿道夫·冯·明希豪森（Gerlach Adolph von Münchhausen）就曾在哈勒大学学习，后来担任了汉诺威王国的外交官，并成为王国的枢密院成员。他呼吁汉诺威王国选帝侯，同时也是英国国王的乔治二世建立一所汉诺威王国的大学。在国王的资金支持和他本人的多年不懈努力下，模仿、借鉴他的母校哈勒大学，建立了哥廷根大学。

在专业设置上，哥廷根大学依照传统，同样设立了神学院、法学院、哲学院和医学院四个学院，但是对哲学院和法学院的课程设置作了重大改进。尤其在哲学院，他革除了一些不适合当时青年贵族学生的课程，增设了骑马、射箭等项目。通过他的改革，哲学院不再是"神学院的预备班"，而是真正与其他三大学院并列的第四个学院。为了保障哲学自由，哥廷根大学在办校章程中明确规定：禁止斥责"异端的"观点。这等同于是在大学中取消了基督教神学的权威地位。另外，明希豪森亲自选聘宗教观点中立、名声良好的神学教授，并将神学教授的任命权从基督教会交到邦国政府手中，也就是说，将教授纳入王国公务员的队伍之中，提高了大学教授的社会地位，从而从内外两方面保证了大学内的"哲学自由"。最后，他作为王国枢密大臣，赋予教授"教学的自由和不受检查的权利"，保障了哥廷根大学的教学和学术自由。在基础设施方面，哥廷根大学图书馆藏书量极大，且管理方式高效，是现代意义上的第一所学术图书馆。

明希豪森秉承"我的大学伦理是以声誉和实用为基础"，为学校聘请了一流的学者担任教授，渴望新知识的大学生也慕名而来。基于以上改革措施，哥廷根大学在建校后短短几年中，便获得了广泛好评，并超越哈勒大学，成为当时欧洲的重要学术中心之一。1737～1837 年的百年中，数学天才高斯、哲学家叔本华、普鲁士铁血宰相俾斯麦、哈布斯堡王朝首相克莱门斯·梅特涅、文学家格林兄弟，以及后来柏林大学的奠基人威廉·洪堡（Wilhelm von Humboldt）都曾在哥廷根大学学习。

哈勒大学和哥廷根大学的改革取得了阶段性成功，学术自由、教学自由、注重现代科学等思想已经逐步形成；但遗憾的是，它们的改革影响力受到地域的限制，仅局限于其所在的邦国。其他邦国的德国大学，仍然沿袭中世纪的经院哲学教学方式和内容，神学院仍然在四大学院中占据统治地位。学生在大学学习的知识陈旧迂腐，不能满足时代发展的要求，因此学生人数越来越少，德国大学体制处在日渐衰落的境地。1797 年，当时的普鲁士教育大臣马索夫曾呼吁进行教育改革："大学来源于古代，但是它如今既不能满足未来理论型学者的道德、学术需求或实际教育需求，也不适合培养对个人和社会生活均有用处的国家国民。因此，应当取消大学，仅仅保留人文中学和培养医生、法官等的专业学院。"①

1803 年，拿破仑战争爆发。经历启蒙运动洗礼的法国空前强大，而德意志土地上还是一盘散沙，大大小小的邦国、骑士领地多达三百多个。拿破仑带领法国军队横扫莱茵河东岸，各个邦国建立的大学也先后被关闭。侥幸未被关闭的德国大学，也面临着生源不足、资金匮乏的困境。1806 年10 月 14 日，拿破仑在耶拿击败了普鲁士军队，耶拿大学和临近的哈勒大学被迫关闭。普鲁士王室向东逃往东普鲁士的梅梅尔地区，后来辗转到了柏林。1807 年 8 月，一个来自哈勒的大学教师代表团在法学教授施马尔茨（H. Schmals）的率领下来到柏林，请求普鲁士国王威廉三世（Wilhelm Ⅲ）在柏林重建他们的大学，对失去哈勒大学十分痛心的国王欣然同意了他们的要求。这一任务最终落在了当时刚刚上任的普鲁士内政部文化和教育司司长威廉·洪堡肩上。

洪堡本人曾在哥廷根大学学习法学，对哥廷根大学的改革措施和自由

---

① 贺国庆：《德国和美国大学发达史》，人民教育出版社，1998，第 32 页。此段引文中所说的"人文中学"意指德国传统的文理中学（Gymnasium），其中的学生毕业后绝大多数都可以进入综合性大学学习。

的学风有切身体会。在拿破仑战争中失败后，普鲁士王国自上而下开始了大刀阔斧的改革。洪堡自 1809 年 7 月开始担任文化和教育司司长，负责普鲁士王国在教育领域的改革，其中首要工作便是在柏林建立一所全新的"高等教育机构"。他结合哈勒大学和哥廷根大学的改革经验，在神学家施莱尔马赫和哲学家费希特的辅助下，最终于 1810 年秋，在华丽的王子宫殿上建立起柏林大学，为了感谢国王威廉三世在面临巨额战争赔款的情况下，仍大力支持建立大学，学校被命名为"柏林·弗里德里希·威廉大学"（Friedrich-Wilhelms-Universität zu Berlin），简称"柏林大学"。1810 年秋，柏林大学第一学期开学时，共计有 58 名教员，256 名学生；大学内仍旧设立四大学院，其中，医学院学生 117 人，哲学院 57 人，神学院 29 人，法学院 53 人。开学当天，洪堡由于自己的政治意见未能得到普鲁士国王威廉三世的重视，辞去文化和教育司司长一职，因而未能担任柏林大学的第一任校长；校长和四大学院的院长最初采用任命制，临时校长为法学教授施马尔茨。次年，经学校教授投票，选举哲学家费希特为柏林大学第一任校长。

洪堡在 1810 年写成的论文《论柏林高等学术机构的内在和外在组织》（Über die innere und äußere Organisation der höheren wissenschaftlichen Anstalten in Berlin）① 和 1814 年完成的另一篇文章《论一个民族科学和艺术繁荣的条件》（Über die Bedingungen, unter denen Wissenschaft und Kunst in einem Volk gedeihen）② 中，阐释了自己的新型大学理念，其核心内容可以概括为以下几条原则：

1. 教学与研究的统一原则；
2. 学术自由原则，即对外，学术研究不应受到政治利益或社会利益的影响；对内，教授和学生享有发表与任何学科权威不同的学术观点的自由；
3. 大学内部学科一体性原则；

---

① 中文译本见《洪堡人类学和教育理论文集》，胡嘉荔、崔延强译，重庆大学出版社，2013，第 89 ~ 98 页。
② 中文译本见《洪堡人类学和教育理论文集》，胡嘉荔、崔延强译，重庆大学出版社，2013，第 99 ~ 105 页。

4. 通过科学教育个体和国民的原则；

5. 教授治校原则；国家只负责供养大学，对各个学院的教授享有任免权，但只要不影响学术自由和社会的道德与法律，教授群体享有独立处理本身内部事务和学术事务的自主权。①

洪堡写于 1814 年的文章中还明确强调：大学兼有双重任务，一是对科学的探求，二是对个性与道德修养的追求。其中，洪堡的重点在于强调科学，因为"人的个性与道德修养，只有在探索科学、追求真理的过程中才能实现"。洪堡所说的科学②与现代所理解的"科学"不同，是指建立在深刻的观念之上的纯科学，即哲学，它能够统领一切学科，是关于世上万般现象知识的最终归宿。③ 所以，在柏林大学，哲学院取代神学院，成为四大学院之首。由于哲学院的科学知识和教学方法处于领先地位，神学院、医学院和法学院纷纷效仿，并采纳哲学院自然科学的研究方法和成果。

洪堡认为大学的主要职责不是传授知识，而是追求真理，因此，科学研究应当具有第一位的重要性。在《论柏林高等学术机构的内在和外在组织》一文的开篇，他便写道：

Der Begriff der höheren wissenschaftlichen Anstalten, als des Gipfels, in dem alles, was unmittelbar für die moralische Cultur der Nation geschieht, zusammenkommt, beruht darauf, dass dieselben bestimmt sind, die Wissenschaft im tiefsten und weitesten Sinne des Wortes zu bearbeiten, und als einen nicht absichtlich, aber von selbst zweckmässig vorbereiteten Stoff der geistigen und sittlichen Bildung zu seiner Nutzung hinzugeben.

Ihr Wesen besteht daher darin, innerlich die objective Wissenschaft mit der subjectivenBildung, äusserlich den vollendeten Schulunterricht mit dem beginnenden Studium unter eigener Leistung zu verknüpfen, oder vielmehr

---

① 引自 Barbara M. Kehm, *Deutsche Hochschulen: Entwicklung, Probleme und Perspektiven*, auf der Website der Bundeszentrale für politische Bildung. URL: https://www.bpb.de, 最后访问日期：2019 年 10 月 5 日。

② 德语原词为"Wissenschaft"，意为在某一领域内，各种知识构成的系统性整体。从这一概念出发，历史等基于经验建立的学科也属于科学。

③ 陈洪捷：《德国古典大学观及其对中国的影响》，北京大学出版社，2015，第 36 页。

den Uebergang von dem einem zum anderen zu bewirken. Allein der Haupt-gesichtspunkt bleibt die Wissenschaft. ①

所谓高等学术机构，乃是民族道德文化荟萃之所，其立身之根本在于探究深邃博大之学术，并使之用于精神和道德的教育。学术虽非为此而设，但确为适当之材料。

高等学术机构的作用，由内而观之，在于沟通客观的学术和个人的修养；由外而观之，则是将完成的中学教育与开始的独立的大学学习连接起来，或者说促进前后两者的过渡，但其最为关注的唯有学术。②

从以上引文可以看出，根据洪堡的大学理念，科学研究才是大学的第一使命。在进一步讨论教授与学生的关系时，他认为：教授应当从事研究，并且将自己的研究成果、研究方法以理论化、系统化的方法传授给学生。学生在大学里不仅要学习知识，更重要的是掌握方法，即独立获得知识的方法，同时养成探索的兴趣和习惯。③ 为了培养学生对自主探索的兴趣和习惯，柏林大学开设了一种新型的教学方式——讨论课（Seminar），即学生以小组形式在教授的指导下对某一主题进行分析、探讨；通过这种方式，高年级的学生便可以直接对讨论课的课题进行研究，同时实现追求真理和从事科学研究的理想。这种新型课堂形式后来被推广到全德国，以及欧美其他国家的大学中。

在内部组织上，柏林大学的教授们享有充分的学术自由和自治权。只要不影响学术自由，不违背社会的道德与法律，国家不干涉学校的内部管理事务和学术活动。教师和学生也可以对其他教师的学术观点提出质疑，学生群体在教授私人课程上，也享有较大参与权。

而在学科一体性原则上，洪堡反对启蒙思潮中的实用主义，反对将知识割裂成众多的学科，因为在他看来，大学要培养的是"全面的人"，是追求真理、追求道德和精神全面发展的人，是席勒口中的"哲学之才"，而非

---

① 德语原文引自 Wilhelm von Humboldt, Schriften zur Politik und zum Bildungswesen, in: Werke, Bd. 4, hrsg. v. Andreas Flitner und Klaus Geil, Stuttgart 1984, S. 229。

② 陈洪捷：《德国古典大学观及其对中国的影响》，北京大学出版社，2015，第 222 页。本段译文中，陈洪捷将原文的"Wissenschaft"译为较之"科学"更为宽泛的"学术"。

③ 张帆：《德国高等学校的兴衰与等级形成》，北京师范大学出版社，2012，第 22 页。

"利禄之徒"。[①] 在此意义上，柏林大学的首届教授们堪称全能，为学生树立了典范。例如担任第一任神学院院长的施莱尔马赫（Friedrich Daniel Schleiermacher）开设的课程，除了涉及神学的方方面面以外，还涉及了伦理学、辩证法、阐释学、教育学、心理学等众多领域。所以，柏林大学鼓励学生学习多个不同的专业方向，从此开启了德国大学在人文领域培养多学科综合型人才的传统——在人文社科领域，德国大学生从硕士阶段开始，除了自身的主修专业（Hauptfach）之外，还要选修至少两个辅修专业（Nebenfächer）。这也是德国高等教育含金量高的一个重要原因。

　　威廉·洪堡引领的柏林大学改革无疑是非常成功的。它保障了大学的学术自由，在此前提下，提出了教学和科研相统一的原则，并强调学术研究对大学的重大意义，指出追求真理才是大学的首要职责。从这点上来说，柏林大学是现代大学的开端。此次改革使柏林大学获得了学术自由和国家的稳定支持，为科学研究开启了前所未有的巨大活力。威廉·洪堡在回忆录中写道："我个人此生最大的财产，莫过于在柏林建立了一所全新的大学！"[②]

　　尽管威廉·洪堡本人未担任过柏林大学校长一职，但柏林大学是在他的组织下建立的，并且，柏林大学的新型大学理念也主要出自他的构想，因此，柏林大学的办学理念被称为"洪堡模式"。在建校短短 30 年后，柏林大学已经成为普鲁士王国的学术中心。在 19 世纪，德国大学教授和大学生的数量持续增长，学术中心由哥廷根转移到了柏林。柏林大学师生在许多关键领域都有重大发明，使得德国在工业化浪潮中，虽然起步较晚，但是通过科学技术迅速超越法国、英国等传统强国。在 1871 年普法战争取得胜利时，铁血宰相俾斯麦把战胜法国归功于普鲁士的青年比法国更有文化，掌握的科学知识更多。而这几代青年群体的优秀，与现代大学教育是分不开的。从 1871 年到第一次世界大战前，柏林大学一直是德国创建新大学的

---

① Friedrich Schiller, *Was heißt und zu welchem Ende studiert man Universalgeschichte*, 1789, in: Schiller-Ein Lesebuch für unsere Zeit, Berlin/Weimar, 1984. S. 360 ff. 席勒关于"哲学之才"和"利禄之徒"的划分，首次出现于席勒 1789 年在耶拿大学担任教授时的任职演讲中，这一划分方式被后来的德国哲学家和教育家广泛接受和引用。

② 引自洪堡大学官网，原文为：Etwas, was mir noch eigentümlicher als alles andere persönlich angehört, ist die Errichtung einer neuen Universität hier in Berlin. URL: https://www.hu-berlin.de/de/ueberblick/humboldt-universitaet-zu-berlin/standardseite，最后访问日期：2019 年 10 月 5 日。

模板。此外，"洪堡模式"向外辐射到了中欧、东欧和北欧的许多国家，甚至，美国的研究生培养模式，最初也是借鉴的"洪堡模式"。

柏林大学的"洪堡模式"奠定了现代大学的开端。但是，它也有自身的缺点，比如，过于强调学术研究的作用，不够重视大学作为公立机构的社会服务职能。另外，"洪堡模式"作为理念是非常成功且有吸引力的，但是实践起来却非常困难。就拿大学和国家的关系来说，根据洪堡的理念，国家应当供养大学，但是大学的内部事务和学术研究都应自治。而事实上，一方面，大学由于在资金支持上依赖国家，比如教授属于国家公务员，其工资应当由国家支付，教授的学术研究就不可避免地或多或少会受到国家的影响；另一方面，大学遵循学术自由原则，但是对国家和社会发展的需求又不能置之不理。如何平衡学术自由，处理好国家和大学的关系，一直都是德国历史上教授和官员们面临的重大问题。因此，有个别教育专家批评"洪堡模式"说，无论是洪堡本人，或是其他人，都未曾真正彻底贯彻洪堡的大学理念。[1]

（三）德国大学的黄金时代（1871～1914 年）

1871 年，普鲁士王国宰相俾斯麦在凡尔赛宣布建立统一的德意志帝国。在随后的德国全国学科调整中，帝国官方要求帝国境内的所有大学都必须以"柏林大学模式"为准，形成了由哲学院、法学院、医学院和神学院四大学院组成的"德意志规范化大学学院建制"[2]，而在这种建制中，哲学统领着除医学之外的所有学科，包括自然科学和人文科学。在德意志古典哲学的统领下，德国大学遵照"洪堡模式"开始在科学研究领域狂飙突进，开启了长达四十多年的黄金时代。

在此期间，德国大学的办学规模快速增长，但大学数量明显下降。国家统一后，原来各个邦国的大学仍然归各个地方自主经营管理。原来的小邦国或骑士领地的大学难以为继，被迫关闭；只有较大的邦国如普鲁士、

---

[1] Barbara M. Kehm, *Deutsche Hochschulen：Entwicklung, Probleme und Perspektiven*. Veröffentlicht am 25. April 2015 auf der Website der Bundeszentrale für politische Bildung, URL: https://www.bpb.de/gesellschaft/bildung/zukunft – bildung/205721/hochschulen – in – deutschland? p = 1，最后访问日期：2019 年 10 月 5 日。

[2] 张帆：《德国高等学校的兴衰与等级形成》，北京师范大学出版社，2012，第 22 页。

巴伐利亚、萨克森、符腾堡等邦国，有能力提供稳定的财政支持，这些邦国的大学得以迅速发展。到 1910 年，德国共有 21 所大学，其中，在普鲁士地区的 10 所大学因获得充足的财政支持，发展明显优于其他大学。这 10 所大学是：柏林大学、波恩大学、布雷斯劳大学、哥廷根大学、格赖夫斯瓦尔德大学、基尔大学、哈勒大学、柯尼斯堡大学、马堡大学和明斯特大学（1902 年新建）。

首先，德国大学在办校规模上迎来了一次快速增长。从 1897 年到 1907 年十年间，德国大学中的教职人员数量增长了 1.5 倍，并出现了编外讲师这一特殊群体——他们没有取得教授头衔，不属于国家官员编制，但已经具备所在领域的专业能力和教学能力，通常已经取得博士学位，在大学中负责协助教授教学，指导学生从事研究工作。1872 年，德国大学生人数为 17945 人，每一万名男性中仅有大学生 8.83 人，而到了 1912 年，德国大学生总人数达到了 71720 人，每一万名男性中有大学生 21.77 人。20 世纪初，随着妇女要求权利平等，德国高校从 1908 年开始招收女学生，并以法律形式保障了女性平等的受教育权。到 1914 年，第一次世界大战爆发前，德国已经有 4000 多名女大学生。[1]

其次，在专业设置上，随着工业化和社会经济的发展，不同专业的学生人数比例也发生了变化：神学和法学专业的学生比例逐年下降，而人文和自然科学专业的学生人数到 1914 年，几乎占到了所有大学生人数的一半。[2] 在某些大学，甚至在四大学院之外新增了其他专业，例如法兰克福大学的自然科学、经济学专业。这些都与工业化时代的社会需求直接相关。

另外，这一时期，德国大学之外出现了众多专门从事科学研究，兼顾科学实验和教育的专门研究所和实验室。由于洪堡将追求真理定为德国大学的首要职能，尤其重视纯科学研究，即哲学研究，所以当时的自然科学研究，则处于德国古典哲学的统领下。教授们普遍注重思辨，重视培养哲学能力，但轻视实验，这导致德国在以实验为基础的自然科学领域很难形成严格的科学研究方法。在教学过程中，实验教学更是少之又少，多数科学实验在 19 世纪前几十年的德国，只能在私人实验室中进行。但近代科学

---

① 张帆：《德国高等学校的兴衰与等级形成》，北京师范大学出版社，2012，第 25 页。

② 张帆：《德国高等学校的兴衰与等级形成》，北京师范大学出版社，2012，第 25 页。

兴起已然势不可当，所以，随着近代科学，尤其是化学、物理、生物等学科的发展，专门从事科学研究的机构——大学附属研究所和实验室便应运而生。德国大学和各领域的新型研究所、实验室，相互补充，形成新的学术和科研二元结构。当时德国的许多顶尖科学家不仅仅是大学里的教授，同时也是某个研究所或实验室的所长或主任。

例如，1825 年，李比希（Justus von Liebig）留学法国归来，在吉森大学担任化学教授。次年，他便效仿法国，在吉森大学创立了化学实验室。这是当时世界上第一个能够系统地进行化学训练的教学实验室。他要求学生除了学习讲义之外，必须在实验室做实验，对某些化合物进行定性和定量分析，再学习从天然物质中提取、鉴定新的化合物，再进行合成。最后，学生在老师的指导下，独立进行研究，作为毕业论文项目，鉴定合格后才颁发博士学位。[①] 这一举动开创了现代工科博士毕业设计或毕业项目的先河。

采取新型教学理念的自然科学实验室，为自然科学的教学和研究提供了直观、无可替代的平台，且在科研领域带来的成果显而易见，新发明、新专利层出不穷，李比希实验室模式作为"洪堡模式"的补充和发展，迅速在德国普及开来。其他大学纷纷建立起各类自然科学实验室，如约翰内斯·缪勒在柏林大学建立了解剖生理实验室（1833 年），弗里德里希·维勒在哥廷根大学建立了化学实验室等。[②]

19 世纪 80 年代，在美国、法国、瑞典等国，兴起了一种新的自然科学研究机构——专业研究所。与实验室不同的是，在专业研究所任职的教授或科学家，没有教学任务，可以专心从事科学研究，同时，研究所可以与工业界密切合作，由国家和企业共同出资，研发最新、最符合市场和社会需求的技术和产品。因而，研究所所取得的社会和经济效益，也是大学和教学实验室无法比拟的。从 1890 年开始，在德意志帝国，各类自然科学研究所作为大学的附属机构纷纷建立起来。从 1897 年开始担任普鲁士宗教、教育及医疗部教育司大学事务负责人的弗里德里希·阿尔特霍夫（Friedrich Althoff），坚持为柏林大学选聘超一流的科学家担任教授，其中，如马克斯·普朗克（Max Planck），后来的诺贝尔奖得主保罗·埃利希（Paul Ehrlich）

---

① 张帆：《德国高等学校的兴衰与等级形成》，北京师范大学出版社，2012，第 23 页。
② 张帆：《德国高等学校的兴衰与等级形成》，北京师范大学出版社，2012，第 23 页。

等；他还大力支持柏林大学建立研究所。截至 1907 年，仅柏林大学的附属研究所便达到了 81 所。

提到弗里德里希·阿尔特霍夫，便不得不提他对德国高校体制的大刀阔斧的改革，其主要贡献有三点：确立"各有千秋"的大学重点发展策略，新建大量研究所、专业实验室和新型高校，以及唯才是用、"让天才领导研究所"的委任策略。阿尔特霍夫自 1882 年进入普鲁士文化与教育部，从 1897 年至 1908 年逝世，他一直都是整个普鲁士高等教育的最高负责人。由于大刀阔斧的改革政策和强硬作风，他被称为"德国高等教育事业的俾斯麦"。他也和俾斯麦一样，用一种"器官论"的眼光看待高等教育体制：如果将整个高等教育机制视为一个生命体，各大学和研究机构便是该生命体的不同"器官"，而"躯体中各个器官之间的竞争是有害的"，因此，整个德意志帝国的所有大学，应当在不同的专业领域形成各自的重点学科，突出发展。因此，在他的推动下，柏林大学成为古代科学、艺术和历史，以及医学的研究中心，哈勒大学重点发展神学，而哥廷根大学的优势则是数学和自然科学，诸如此类。直到今天，这种层次分明、重点突出的发展策略仍然是德国大学的一大特色。

阿尔特霍夫还积极扩建新的德国大学，例如 1902 年新建立的明斯特大学、1903 年的波兹南王室学院、1904 年的丹泽理工高校和 1910 年的布雷斯劳理工高校，这些大学在建立之初都有阿尔特霍夫参与其中。

阿尔特霍夫还通过自己的亲身"微服"听课或面谈，全力推举最有能力、最具科学原创性的教授担任大学的学院院长或研究所所长，在选拔人才上，敢于拒绝学院本身的提名建议，为普鲁士乃至德意志帝国的大学和研究所筛选到了世界级的天才学者，如哈纳克、贝宁、马克斯·普朗克、保尔·埃利希、费迪南德·冯·里希特霍芬、罗伯特·科赫等。他的人员选聘方式为普鲁士和整个德国的科学发掘了众多的"千里马"。

鉴于以上多方面的改革措施和深远影响，"一战"前有德国学者将阿尔特霍夫掌控下的德国高等教育体制称作"阿尔特霍夫体制"。从当今时代再回首，阿尔特霍夫的人才委任体制虽然已经不再适用，但他确立的"各有千秋"的大学重点发展策略和"让天才领导研究所"的原则，却成为德国大学和研究机构的基本发展原则。

借助德国第二次工业革命的浪潮，大学教授尤其是新兴的理工科教授不仅享有崇高的社会地位，而且可以通过学术研究，实现巨大的经济收益。例如，物理学教授瓦尔特·尼昂斯特（Walther Nernst）通过改进爱迪生发明的电灯泡，然后将改进后的技术工艺卖给 AEG 公司，便获得了 100 万马克。在化工领域，德国实验室发明的新产品畅销欧洲，一项新专利的价值动辄几万马克到几十万马克。因科研而产生的巨大经济效益又反过来促使当时的科学家建立更多的研究所、实验室和专业学会等研究机构，因此，在 19 世纪末，德国新建的研究机构数目剧增。由于研究所的负责人往往也是德国大学中某个专业领域的教授，因此，多数研究机构直接挂靠在德国大学的名下。例如，当今德国顶尖的柏林夏利特（Charité）医学院，就与当时的柏林大学关系密切。这些自然科学实验室与德国大学相互补充，不仅加速了德国的工业化进程，而且吸引了大量外国留学生来到德国学习。1900 年以前，英国的化学家几乎全部都是在德国获得博士学位，在物理、生物、生理、医学和数学领域也是如此。[1]

1906 年，柏林大学的 7 位教授联名向德意志帝国皇帝威廉二世请愿，建议在柏林市郊区建立多家国立研究所，专门从事基础科学领域的研究工作。1911 年 1 月 11 日，威廉皇家学会（Kaiser – Wilhelm – Gesellschaft zur Förderung der Wissenschaften）正式成立（第一次世界大战后更名，即现在的"马克斯·普朗克研究所"）。与其他的研究所不同，威廉皇家学会不是任何大学的附属机构，而是独立的国立研究所，经费由帝国皇帝威廉二世提供，但更主要的是由企业界捐赠。柏林大学教授、神学家兼历史学家阿道夫·冯·哈纳克（Adolf von Harnack）担任第一任会长，而学会的议事委员会则由代表皇帝的政府官员、科学家和企业界代表共同组成。威廉皇家学会委员会确立了"让天才领导研究所"的理念，每个研究所的领导者都是该领域的世界级天才，例如，领导物理化学和电化学领域的弗里茨·哈勃（Fritz Haber），领导物理研究所的爱因斯坦（Albert Einstein）等。威廉皇家学会各个研究所所长的名字，几乎都闪耀在诺贝尔奖的获奖名单上。

从 1900 年诺贝尔奖设立开始，直到"一战"前夕的十四年中，德国科学家几乎每年都有人榜上有名。[2] 德国在自然科学领域，俨然已经成为当时

---

① 张帆：《德国高等学校的兴衰与等级形成》，北京师范大学出版社，2012，第 23 页。
② https://www.nobelprize.org/.

的世界学术中心，柏林大学、哥廷根大学分别成为自然科学领域和数学、物理领域整个欧洲的学术中心，当时许多国家的人都认为，德国的大学是世界上最好的大学；德语也成为化学、物理、生理等领域的国际学术语言。

（四）德国大学的灾难时期（1914～1945 年）

1914 年，第一次世界大战爆发。当时的德国，充斥着一种对战争的狂热，在汉堡，军人们集结在港口，呼喊着"威廉皇帝万岁，帝国万岁"的口号走向战场。而德国大学里的教授们，也放弃了哲学的思辨反思，为战争奔走呼号。教授和学生都将战争看作国家的一次新生；1914 年 10 月 16 日，德意志帝国的高校教师集体发布声明，支持对外宣战。当时，签名的德国教授有 4000 人之多，只有极少数教授和学者，如爱因斯坦、马克斯·韦伯未曾附议。大学生们也喊着"冲向巴黎，冲向伦敦"的口号上街游行，并且积极应召入伍。1914 年，大学生入学人数几乎减少了一半。然而，战争的残酷超出大学教授和学生们的预料。仅哥廷根大学一所学校在"一战"中就有 762 名学生和 22 名教职人员丧生。

战争的失败给德国带来的打击非常沉重。德意志帝国在战争中丧失了 1/8 的领土和 1/12 的人口，其中主要是青壮年男性；另外，根据《凡尔赛条约》，德国丧失了所有的海外殖民地，并且须向战胜国支付 2690 亿金马克的巨额赔款。而第一次世界大战中，德国的物资损失更无法计算。新建立的魏玛共和国（1918～1933 年）是临时议和建立的政权，新政府的权威和影响力有限，能够在动荡的时代勉强维持已属不易，所以对大学体制的监管力度微乎其微。德国大学面临严重的生源不足问题，入学门槛大幅降低；大学从洪堡理念中的培养精英的场所，变成了大众教育场所。在这一时期，大学生的人数虽然快速增长，但其中包含了不少只为学习求生技能的年轻人。面对经济动荡、政治环境混乱的社会，尽管教授的工资相对美国教授来说依然较高，但部分教授对魏玛政府持怀疑态度，无法专心从事研究；自然科学领域，缺少资金支持和先进的设备导致德国科学家很难取得重大成就。这一时期的诺贝尔奖自然也花落别家。甚至，1918 年的诺贝尔物理学奖得主马克斯·普朗克，年过六十却因无法支付房租而寄人篱下。

德国史学家把 20 世纪 30 年代称作"在炸弹上舞蹈"的时期，整个社会在危机四伏的状态下快速恢复和发展。在大学校园里，则形成一种自由而贫穷的环境。即使面对动荡、困苦的社会环境，德国大学仍然先于德国经济界，恢复了生机。魏玛共和国政府在对中小学进行了大幅度的改革之后，开始对大学体制进行改革。其措施主要体现在三个方面：第一，消除"一战"期间军国主义思想对大学的影响，恢复洪堡的大学理念和办学原则；例如，削减德意志帝国时期重点发展的重工业和军火工业，重点发展科学理论研究。第二，把高等教育向广大公众敞开，增加公民接受高等教育的机会，尤其是女性的受教育机会；战后，男性生源太少，且女性解放运动发展声势越来越高，20世纪初已经有部分贵族或富家女子开始接受教育，所以，多数人文、历史和自然科学类专业开始对女性开放。第三，根据社会发展需求，建立高等师范院校，发展师范教育。由于战争导致人口断层，中小学中急需大量教师，传统的教授培养博士的方式，学习时间太长，无法解决社会问题，所以开始建立以教学为目的，而非学术研究为目的的师范教育，在博士学位以下，增设了类似于工程师学历的国家考试证书学历。

即使在战乱和动荡时期，德国仍然先后建立了两所新的大学——法兰克福大学（建于1914年）和汉堡大学（建于1919年）；另外，1798年被法国人关闭的科隆大学，也于1919年重新开启。德国大学的学术地位和声誉有所恢复，但是，经历了第一次世界大战后，国际学术界对德国学术人士普遍带有某种敌对态度，甚至有些国际学术会议和学术组织禁止德国学者参加，并且要求在科学文献和学术会议上禁止使用德语，这也影响了德国学者与世界其他国家同行的学术交流。所以虽然德国大学的地位仍然较高，但是在魏玛共和国时期并未回到20世纪初的光辉顶点。

这一时期，在学术研究领域唯一值得一提的是哥廷根大学的数学研究。因为，一方面，因为数学研究不需要大量的财政支持；另一方面，哥廷根大学经过大数学家克莱因的改革，修正了"洪堡模式"中过分强调哲学或称"纯科学"的弊端，提出了理论与实践相结合的原则。另外，克莱因大胆选聘人才，即使当时社会上已经有一定的反犹思想，但他仍然敢于聘请犹太裔科学家；在他的改革思想下，数学和自然科学专业从哲学院分离出来，形成了独立的学院。哥廷根大学聚集了20世纪数学史上最伟大的人物，除了菲利克斯·克莱因（Felix Klein），还有大卫·希尔伯特（David Hilbert)、赫尔曼·闵柯夫斯基（Hermann Minkowski）等，他们在函数论、积分方程、几何基础等领域取得了许多新的成果，形成了数学界的"哥廷根学派"。1933年，哥廷根大学被称为"数学界的麦加"，吸引了世界各国的数学人才前来学习。

1933年，纳粹党在议会选举中获胜，希特勒成为德国总理；短短一年后，德国总统保罗·冯·兴登堡（Paul von Hindenburg）病逝，希特勒集总理和总统于一身，成为德国"元首"，"元首领导一切"的原则也渗透进了大学。在哥廷根大学，"国家社会主义学生联盟"在1931年时，已经渗透了大多数大学生。而希特勒的反犹主义观念，在大学中也获得了许多教职人员的支持，因为，他们对犹太裔教授占据过多教席早有不满。1933年，德国议会通过了《职业官员续聘法》，这条法令规定，"以不正当的方式取得魏玛共和国官员地位的人"——此处意指犹太人和左派——"应该被清退"。据此，许多犹太裔或同情犹太人的科学家、教授、学者都被罢免，其中，包括在柏林威廉皇家学会物理研究所任所长的爱因斯坦和社会学教授马克斯·韦伯（Max Weber）等一大批杰出的科学家。在纳粹统治下，他们短暂观望后，无法忍受，多数人选择流亡国外，其中有很多人到了美国，在美国的大学或研究所继续任教。纳粹的独裁统治也使得许多持有不同政见的科学家、文学家无法忍受。大量顶尖学者从德国转移到了美国，在学术研究上，德国最终丧失了20世纪初的顶尖地位，直到现在，历经百年都没能恢复。所以，1933年纳粹统治的开始，大学校园里的焚书事件，是德国大学，乃至德国民族灾难的开端。

（五）德国高等教育的恢复和发展时期

第二次世界大战后，德国被美、英、法、苏四个同盟国分而治之，直到1949年5月，西部的美国占领区、英国占领区和法国占领区合并建立了"德意志联邦共和国"，而东部的苏联占领区也在同年宣布成立"德意志民主共和国"，即所谓"西德"和"东德"。直到1989年11月，柏林墙倒塌，东德宣布并入西德，德国才终于再次实现国家统一。在东西两德分裂的四十年中，双方在不同的政治体制、意识形态影响下各自单独发展，形成了类似但有所不同的发展轨迹。在此对该阶段高等教育的发展特点分别概述如下。

在西部的联邦德国，美英法三国认为，德国 1933 年之前的高等教育体系"核心上来说是健康的"①，因此在战后重建和"去纳粹化"过程中，仍然坚持重建以洪堡大学理念为核心的高等教育体制；因此，总体来说，西德的高等教育体制与 1933 年之前差别不大。1949 年，联邦德国成立之初，仅有 16 所综合性大学和 9 所理工类大学。鉴于当时四分五裂的实际情况，早在 1948 年，为了保证各个联邦州的高等教育协调一致，各州的教育部门发起了"各州文化部长常务会议"（Ständige Konferenz der Kultusminister der Länder），这便是当今德国"各州文化部长联席会议"（缩写为 KMK）的雏形。1955 年，国家权力正式从美英法三国交接到联邦德国政府手中，政府当即成立了"联邦问题部"，后来发展成为如今的德国联邦教育与科学部。1957 年，还建立了旨在为高等教育事业发展建言献策的"学术委员会"（Wissenschaftsrat）。20 世纪 60 年代初期和中期，德国高校经历了一轮大规模扩张，老牌高校扩大了招生规模，同时也有许多新的高校纷纷建立。在 60 年代的十年间，联邦德国大学生人数增长了一倍，教授人数增长了一倍多，而非教授教学人员的数量甚至达到了原来的三倍。伴随着国家的"经济奇迹"，高校也从联邦和民间机构获得了充足的发展资金；女性接受高等教育的机会不断增加，高校中也建立了一套专门的资助机制帮助低收入家庭的学生。60 年代高校的大量扩招在个别领域导致了公共资源的浪费和区域竞争，因此，1969 年，联邦德国通过修改宪法《基本法》，将高校建设、统筹教育规划和支持科学研究工作划定为联邦和各州的共同职责。要协调联邦政府和各州教育部门之间的高等教育工作，就需要一部法律规范各方的行为和责任，《联邦德国高等教育总法》在 1976 年应运而生。它是联邦德国高等教育领域最高、最权威的法律法规，重新规定了联邦政府和各州在高等教育领域的职责和权限，定义了高校的人事结构性质，明确了联邦德国高校的职责、学制设置、招生流程等，以及统筹高等教育发展的各项机制。70 年代，联邦德国高校经历了一轮改革，其突出特点表现为"去权威化"；在此之前，联邦德国高校内部的管理事务，包括学生入学、课程设置、考试方式、学位授予等工作，都由高校内的教授们决定，学生和非教

---

① Barbara M. Kehm, Deutsche Hochschulen: Entwicklung, Probleme und Perspektiven, Website der Bundeszentrale für politische Bildung, URL: https://www. bpb. de, 最后访问日期：2019 年 10 月 5 日。

授教职人员的参与权十分有限；经过改革后，非教授教职人员、高校非学术人员、学生代表都能够参与到高校的管理中来。

　　20世纪70年代末至80年代末，西德地区的高校进入了相对平静的转型期。一方面，学术研究人员的失业率从70年代末期开始逐年升高，因为高校内部无法为新生学术人才提供充足的研究岗位；另一方面，由于50年代的生育潮，各大高校在70年代末至80年代晚期迎来了一波学生人数的剧烈上涨，但是据联邦德国专家当时预测，人口增量后继无力，在80年代后，大学生数量将大幅度回落。这种人口结构的变化，促使联邦德国高等教育从"精英教育"转型为"公共教育"，即凡是通过中学毕业考试（Abitur）的中学生，都有机会进入大学学习。在这十多年中，德国大学的教务人员数量和教育经费基本上保持不变，但是学生人数几乎翻了一倍。而在此之后，大学生数量并未明显回落，反而持续走高，高校教学人员面临的巨大压力一直持续到两德合并前夕。

　　再回顾东部的民主德国，第二次世界大战后，东部地区1945年时仅保留了6所综合性大学和3所理工类大学，且它们在苏联的影响下更早恢复教学活动；民主德国建立后，苏联对东德高校进行了大刀阔斧的改革，东部地区甚至比西部更早一步开始了高校扩张，但建立的主要是学科设置单一的专科类高校，至1970年时，民主德国境内的高等教育机构数量就已经达到了惊人的54所；在社会主义教育原则的指导下，工农子弟接受高等教育的机会空前提高，马列主义成为所有大学专业的必修课。1952年，原本的五个联邦州被解散，继而成立了"国务秘书处"（Staatssekretariat），统摄整个民主德国的高校，高校的自治权被取消，大学生的自主权也被削弱，逐渐划归"自由德意志青年团"管理，任何大学专业都必须包含一段工业或农业实习期，高校管理上引入"民主集中制"，大学的研究工作也围绕国家五年计划而定，应用研究和应用技术研发工作日益重要。

　　1961～1971年，民主德国境内新建立了10所大学，高校数量急剧增加，此外，由于当时经济社会需要，函授学制异军突起，占到了所有学生总人数的1/4。1966年，民主德国率先颁布了自己的《高等教育总法》。1971年至1980年的十年间，受东德新任领导人埃利希·霍尼可（Erich Honecker）的影响，东德大学更加注重意识形态教育，大学入学率明显降低，函授学制也不再流行。[①] 高校与工商业之间建立了体制性合作关系，以确保学生毕业后能够顺利进入职场。东德高校每年大约录取新生 30000 人。1980年至两德合并前的十年中，民主德国的高校呈现出两种不同的发展方向：在综合性大学，专业设置越来越全面；而在专科类高校领域，专业越来越细化。这一方面是当时经济社会发展需要培养大量的专业技工；另一方面，也是苏联社会主义教育政策影响的结果。因此，职业教育在民主德国取得长足发展，而综合性大学的学生反而获得了比"二战"后更多的自主权。

1989 年 11 月柏林墙倒塌。1990 年 8 月 31 日，东西两德正式签订合并协议。此后几年中，原东德地区的高等教育机构基本上都是在移植原西德地区的高等教育机构的基本模式，而在此过程中参考的法律便是西德 1976年颁布的《联邦德国高等教育总法》。原东德高校内部的权力和责任根据联邦制原则重新划分，高校在内部事务上的学术自治权和教学与研究的自由被重新建立。原东德的大学之外的研究机构，尤其是各类学术研究院，由学术委员会（Wissenschaftsrat）统一进行评估。研究成果被评为"消极"的研究机构被解散，成批研究人员被解雇；而被评估为"积极"的研究机构的研究人员，其中一部分被融入改组后的大学中，而大部分则被编入当时已存在的或新建的、大学之外的研究机构中去，形成了所谓的"蓝色清单"；在进入 21 世纪后，这些大学之外的研究机构则和原西德的类似研究所合并构成了德国的"莱布尼茨研究所"。

尽管原东德地区的大学和研究机构原本已亟待改革，但要使它们尽量适应原西德地区高等教育体系的规定和条件，仍要耗费大量的人力和财力。这也导致原西德地区高校原本已经开始的高校改革措施，例如人事改革和学位国际化，被严重拖缓或不得不暂时搁置。但是，原东德地区新建立的研究机构和大学从结构上来说尚未固化，给原西德地区高等教育的改革措施提供了天然试验场；同时，原东德高校中注重实践、重视职业教育、严格限定师生比例的理念也很快融入了原西德地区的高校中去，为原西德地区的高等教育注入了新的活力。例如，"应用技术大学"这一新的高校类型

---

① Barbara M. Kehm, *Deutsche Hochschulen: Entwicklung, Probleme und Perspektiven*, Veröffentlicht am 25. April 2015 auf der Website der Bundeszentrale für politische Bildung, URL: https://www.bpb.de/gesellschaft/bildung/zukunft - bildung/205721/hochschulen - in - deutschland? p = 1，最后访问时间：2019 年 10 月 5 日。

产生于东德，两德合并后也被西德地区所采纳。

两德合并前在原西德地区共有 244 所高等教育机构，详见表 3 - 3。

表 3 - 3　1989 年西德地区高校类型及数量

68 所综合性大学（包含理工类大学、专科类大学和函授制大学）
16 所神学院
8 所师范高校
30 所艺术类高校
1 所高等综合技术学院
121 所应用技术大学（包含行政类应用技术大学）

同年，在原东德地区共有 70 所高等教育机构，详见表 3 - 4。

表 3 - 4　1989 年东德地区高校类型及数量

9 所多学科综合性大学
12 所理工类大学
29 所专科类大学（例如工程师学院，教师职业培训、艺术类、农业类高校）
3 所医学院
17 所政治类院校（例如党派学院、警察学院、工会组织和军事学院）

通过新建、合并和改弦更张等方式，改革后的原东德地区共有 70 所高等教育机构和若干私立高校，详见表 3 - 5。

表 3 - 5　东西德合并后，原东德地区高校改组后的类型及数量

16 所综合性大学
11 所艺术类高校
1 所师范类高校
31 所应用技术大学
11 所神学院
若干私立高校

根据德国官方统计，截至 2000 年，德国共有 350 所高等教育机构，详见表 3 - 6。

表 3 - 6　2000 年全德国高校类型及数量

97 所综合性大学
6 所师范类高校
16 所神学院
49 所艺术类高校
154 所普通应用技术大学
28 所行政类应用技术大学（Verwaltungshoch schulen）

资料来源：Vgl. Bundesministerium für Bildung und Forschung, Grund-und Strukturdaten 2001/2002, Bonn, 2002. S. 17。

2000 年，德国各类高校中的在册大学生人数超过 160 万人，其中有近 120 万人都在综合性大学学习；女大学生比例达到了 46%，在医学、生物学、文化和社会学、语言等专业中，女大学生的比例甚至已经超过了男性。2000 年，在德国的外国留学生比例已经接近 12%。当年从德国高校顺利毕业的大学生人数达到 214500 人，其中更是有 25000 人取得了博士学位，德国也因此成为欧洲授予博士学位最多的国家。

三　德国高等教育发展创新的主要措施（21 世纪初至今）

（一）削弱国家的影响力，引入部分市场机制

从传统上来说，德国高等教育体系一直受国家的严格控制。虽然洪堡模式中，国家应当对高校事务仅保留监督权和高校校长的任命权（仅负责签字任命，实际上由高校内部的各学院院长投票选举产生），但在实践层面，由于高校的经费来自国家或所在联邦州的财政收入，高校教师尤其是教授群体的薪酬由国家发放，因此国家对高校的干预历来都比威廉·洪堡预想的程度要高许多。而"洪堡模式"中研究高于教学的原则，也导致了高校教师轻视教学，教学质量不佳，而德国高质量的研究水准，导致大学学习时间过长，学生辍学率高，教授们"一手遮天"，内部管理效率低下。至 1980 年前后，德国大学在国际上的竞争力已大不如前，"学术和研究理想地"的吸引力也在减退。1995～2000 年，虽然社会上对德国大学的批评之声越来越尖锐，德国高校所获得的资金支持长期不足，且学生人数居高不下，改革措施基本上未能继续推进。

为了提升高校的管理效率和竞争力，德国政府在听取专家意见后，认为应当削弱国家对高校的干预，同时加强高校的自主性。因此，德国政府于 1998 年修订了《德国高等教育总法》，增加了教学质量评估、汇报义务、绩效考核和公共财政支付方式等多项条款。

从内部组织形式来说，改革后的高校体系更加注重教授的个人能力，突出高校本身的形象定位和专业贡献。政府将一部分财政支持以专项基金的形式发放给高校，鼓励高校将本校的优势专业推广到国外，或建立、巩固自身的优势专业。通过缩减财政投入，政府鼓励高校自行挖掘新的财政来源，例如对超出一般学制年限的学生收取学费、开发付费的培训或进修课程、促进研究成果市场化、努力获取社会或校友捐赠等。另外，高校的内部管理方式也增加了更多的市场元素。例如，高校管理不再由校长、院长和教授们投票决定，而是由教授、其他学术人员、非学术管理人员、工会和学生代表共同组成委员会商议决定。高校领导层与院系之间，以及院系和教授之间，甚至高校和所在州文化部之间，都开始越来越多地签订与绩效直接相关的聘任合同或协议。

以上措施在实施的过程中也遇到了许多阻力。例如，征收学费一事，仅在私立高校和个别公立高校的个别专业中能够被接受，但德国绝大多数公立高校仍然不收学费。而教授的合同制聘用，在基础研究或纯理论研究领域也饱受批评，被指可能会增加教授等专业人才的不稳定性，危及学科的长远发展。

（二）2001～2002 年人事和薪资制度改革

在德国大学中，教授属于公务员编制，由所在联邦州的文化部直接任命，终生享有国家公务员待遇，是所在专业的第一负责人和领导人，教授们直接参与大学的内部管理事务。通常，学院院长和大学校长都由教授群体直接选举产生，最后由大学所在联邦州文化部颁发聘书。教授的基本薪资由所在州政府从财政收入中直接拨付；教授在从事项目研究的同时，还可以申请联邦政府、州政府或其他社会资助。而教授以下的高校教学人员则主要由本专业教授提名，与学院签订为期数年的劳务合同，由学院根据其工作绩效发放"教学辅导费"。20 世纪 80 年代以来，德国大学的学生教师比一直居高不下，教授以下的年轻科研人员不得不承担相当重的教学任务，他们面临学术研究和教学的双重压力，而且通常较为年轻，收入水平不高。并且，德国高校中同一个专业方向内只设立一个终身制教授教席，即使其他教师达到了评选教授的资格条件，如果原教授不退休或改调他处，则其他人就没有机会晋升为教授。这就导致了教授群体和教授以下群体的两极分化：教授工作稳定性强，空闲时间和资金保障充足；而学术后辈力量属于"合同工"，面临双重压力，生活捉襟见肘。因此，教授以下的学术后辈人才流动性非常高，能够在同一所高校常年坚守直到取得教授教席（Habilitation）者寥寥无几。

在德国，教授的培养过程极为漫长。年轻学术研究人员从大学入学算起往往需要 10~12 年才能取得博士学位（其中博士研究生阶段的辍学率约50%），而后，还要用大约 6 年时间写出具有一定学术影响力的代表著作才能经学院评定取得助理教授教席。此外，德国高校为了保证学术研究质量，避免裙带关系，有一条不成文的规定：研究人员不得在取得博士学位的大学工作进而取得教授教席。也就是说，青年人才取得博士学位后，必须到另一所自己从未学习或工作过的大学中申请教席。这种做法强制规定了博士毕业生的流动性，一方面促进了学术交流，避免了近亲学术腐败；另一方面则对青年研究人员带来了巨大的挑战。与之相反，教授的流动性非常小，教授教席为终身制，一旦被州政府文化部委任，则基本上终生都在所选择的高校中任职。这种畸形的两极分化严重影响了德国高校的人才发展。世纪之交时，德国社会对此的批评越来越多。

为了改变这种状况，2001 年，德国联邦教育和研究部（Bundesministerium für Bildung und Forschung，BMBF）推出了一项资助"初级教授教席"（Juniorprofessur）的专项计划，项目经费超过 600 万欧元。该项目的目的在于缩短学术后辈人才的培养期限，使他们能够在较短时间内取得教席。尽管该项目在某些联邦州遭到质疑，但仍然有大批年轻学术研究人员参与。联邦教育和研究部的 600 万欧元仅仅是项目第一步的启动资金，初级教授的具体聘用条件、工作量和薪酬待遇则由各联邦州自主决定。初级教授的身份属于短期公务员，聘用关系一般仅有六年。聘用三年后，初级教授必须接受绩效评估，评估通过，则续聘三年。经过首轮六年考核后，初级教授则可以获得普通教授教席，并且，在此情况下，可以允许初级教授"留校任教"。通过设立"初级教授教席"，德国联邦教育和研究部创造性地解决了高校人员两极分化的问题，为学术后辈人才开通了职业发展的快速通道。

2002 年，德国又在高校体制内引入了新的薪资制度。在此之前，德国大学中教授群体的薪资级别（Besoldungsgruppe）属于 C 级；引入新制度后，教授群体的薪资级别将逐步被归为 W 级。W 级内部还具体细分为 W1、W2和 W3 三级。初级教授群体属于 W1 级，综合性大学和应用技术大学中的一般教授群体属于 W2 和 W3 级。截至 2011 年，德国综合性大学中已经有 55% 教学人员的薪资级别从 C 级改为 W 级，参见图 3 - 2。

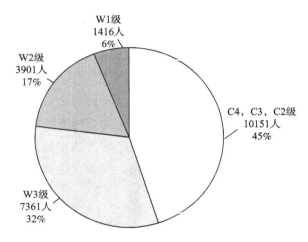

图 3 - 2　2011 年德国综合性大学中教学人员薪资等级分布

资料来源：http://www.w-besoldung.net/informationen/wer-erhaelt-die-w-besoldung/，最后访问日期：2020 年 12 月 20 日。

自 2006 年至 2012 年，W 级内部三个层级的高校工作人员数量持续快速增长（具体数值参见图 3 - 3），改革成效立竿见影。

三级之外另设一部分工资与个人工作绩效直接相关。这部分工资的数额范围可以由高校本身自主决定。考核个人工作绩效不能忽视以下四个方面：（1）任命或留任谈判中的协商条件；（2）被考核人在研究、教学、艺术和进修方面的特殊成就；（3）被考核人在高校管理中发挥的特殊作用；（4）被考核人因招揽第三方教研资助而获得的特殊津贴。

通过上述人事和薪资制度改革，德国高校获得了更多的内部自主权和灵活性。另外，高校管理章程的修订、特色化发展、教育资源来源的扩充和高校领导层的专业化管理又进一步加强了德国大学的灵活性。德国高校

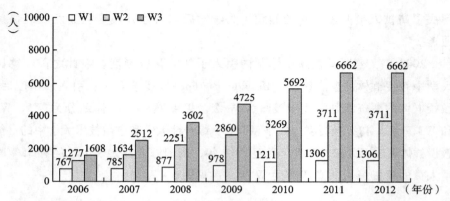

图 3 –3   德国综合性大学中的 W1、W2、W3 三级薪资教学人员数量增长

注：纵轴为该薪资级别的高校工作人员数量。

资料来源：http://www.w – besoldung. net/informationen/wer – erhaelt – die – w – besol-dung/，最后访问日期：2020 年 12 月 20 日。其中纵轴为该薪资级别的高校工作人员数量。

的管理制度，从政府干预和调控占主导，逐步转变为依靠市场调控；管理模式从以前的教授群体占主导，转变为多元构成的高校委员会占主导。高校的独立性和活力明显增强，在内部管理事务上越来越能够自主自治，在社会和政治领域能够发挥自身独特的作用。因此，近些年，德国高校呈现出的异质化倾向越来越明显。

（三）教育质量评估和高校专业排名

社会上对德国高校中教育质量的不满早在 20 世纪 80 年代中后期就已经产生。当时的学生教师比例居高不下，教授以下的教学人员工作压力巨大，大学生无法获得充分的学术指导。但是，这一问题直到东西德合并后才最终暴露出来。根据合并协议，原西德地区的许多高校教师应对原东德地区的高校和学术体制进行评估。而在评估教育质量问题上，原东德地区的高校教师群体表现出极大抵触情绪。而这种情况，直至今日在整个德国的高等教育体系中仍比较常见。笔者 2017 年在德国弗莱堡培训期间与弗莱堡大学的一位日耳曼文学专业的德国教授探讨过该问题，这名教授认为，虽然当时在多数德国高校中已经引进了评教方法，学生可以在调查问卷中对教师所开设课程的教育质量、教学效果、教学方法甚至教育风格作出评价，但是在许多高校教师和教育专家看来，这种做法仍然是有争议的。笔者在采访某些在华德国留学生时也了解到，所谓"教学督导"在传统的德国大学中是"违法的"，因为"洪堡模式"强调，高等教育机构的教师享有研究和教学的自由，所开设课程的形式、内容、教育方法、组织形式等都属教学自由范畴。教学活动以外的其他人员无权对教学进行干预。

但是，正是高校课程的"教学自由"，使得德国大学大多数专业的课程设置陈旧，无法与时代的发展接轨；加上普遍对高校教师的评价都侧重学术研究和学术出版物的数量，而不重视教学质量，这才导致德国大学中的教育质量难以把控，大学生学制普遍较长；根据德国高校和学科研究中心（Deutschen Zentrums für Hochschul-und Wissenschaftsforschung，DZHW）的调查数据，2016 年的德国大学毕业生中，本科生的辍学率高达 28%，而硕士生的辍学率也达到了 19%。[1] 因此，德国在进入 21 世纪后，或者通过高校所在州文化部委托，或者由德国高校联合会创建新的教育调查机构的方式，逐步建立了一套根据专业细分的、周期性评价教学质量的评价体系和评价工具，目前这些评价方法和流程已经基本上完成了标准化。与英美国家每年发布的高校排名不同，德国大学由于采取特色化发展战略，对所有大学进行综合所有专业的评估排名几乎毫无意义，而是必须根据不同专业领域，发布同一专业方向的德国大学排名才能准确反映德国高校在某一专业领域的整体实力。在高校排名上，德国目前认可度较高的排名是《时代周报》校园版（*Zeit* Campus）发布的 CHE 德国高校排名。[2] 该排名将所有学科分为 40 个不同的专业领域，每个领域内再根据高校类型和学位等级分为 8 个类别，也就是说对德国高校作出了 320 个不同专业领域不同学位等级和高校类型的排名。例如，2019～2000 年冬季学期，机械制造专业硕士阶段教育排名前十的德国大学见图 3-4。

专业排名和教育质量评估的结果对全社会公开，本专业的所有高校可以针对评估结果进行讨论和表决。通常，德国某高校的某一专业接受评估后，有义务对自己的弱项进行完善，三至五年后将面临改革验收。通过这

① U. Heublein，C. Hutzsch，J. Schreiber，D. Sommer，and G. Besuch，*Ursachen des Studienabbruchs in Bachelor-und in herkömmlichen Studiengängen. Ergebnisse einer bundesweiten Befragung von Exmatrikulierten des Studienjahres 2007/08*（HIS；Forum Hochschule 2/2010）. Hannover：HIS. S. 6. 原文参考自德国高校和学科研究中心官方网站：https：//www. dzhw. eu/suche/get_search，最后访问日期：2020 年 12 月 21 日。

② https：//ranking. zeit. de/che/de/？ wt _ ref = https% 3A% 2F% 2Fcn. bing. com% 2F&wt _ t = 1609085995651&rec_wt_ref =1，最后访问日期：2020 年 12 月 22 日。

① RWTH Aachen（亚琛工业大学）		2.610
② Karlsruher Inst f.Technologie KIT（卡尔斯鲁尔理工学院）		1.980
③ TU Darmstadt（达姆施塔特工业大学）		1.120
④ TU Ilmenau（伊尔梅瑙工业大学）		340
⑤ TU München/Garching（莱尼黑工业大学）		1.380
⑥ TU Braunschweig（布伦瑞克大学）		1.310
⑦ Uni Magdeburg（马格德堡大学）		360
⑧ UniStuttgart-Fakultät 7：Maschinenbau（斯图加特大学第七学院：机械制造专业）		2.710
⑨ Uni Hannover（海诺威大学）		1.510
⑩ Uni Bochum（波鸿大学）		860

**图 3－4 2019～2020 年冬季学期，机械制造专业硕士学制 CHE
排名前十的德国大学及其综合得分**

注：该排名中共包含 30 所德国高校的信息和各项得分，限于篇幅，仅截取前十名
的信息。

资料来源：https：//ranking. zeit. de/che/de/rankingunion/show？esb = 10&ab = 4&hstyp =
1&subfach = 109 # &left _ f1 = 694&left _ f2 = 800&left _ f3 = 517&left _ f4 = 528&left _ f5 =
34&order = average&subfach = 109，最后访问日期：2020 年 12 月 22 日。

种方式，德国高校建立了一套较为完善的教育质量评估制度，通过评估引
导高校自身的发展，在一定程度上促进了高校之间的竞争，在竞争中保障
德国高等教育的优秀教育质量。

但由于德国高校为了避免同一专业内的人力、物力、财力投入浪费，
一直以来坚持特色化发展，高校不追求"宽泛而全面"，而是追求"精尖"
式发展、异质化发展，不搞简单地"一刀切"，所以，在进行教育质量评估
时，多数情况下都以高校本年度初所提出的自我发展目标为标准，检验是
否达到原定目标，以及是否保障了优秀的教育质量。而在最近几年，高校
教师的资历和学科背景在教育质量评估中的重要性日益受到重视。

（四）开启博洛尼亚进程

1999 年，29 个欧洲国家的文化部长齐聚意大利博洛尼亚大学，庆祝博
洛尼亚大学建校 800 周年。会上，与会国共同签署了一项"博洛尼亚声
明"，承诺采取一系列教育改革措施，截止到 2010 年，在欧盟成员国之间
"构建一个共同的欧洲高等教育圈"，实现学位互认，促进国际交流。这一
计划也被称作"博洛尼亚进程"。为了保障这一共同目标，签约国共同承诺

此后每两年举办一次各国教育部长会晤。经过多轮会晤之后，博洛尼亚声明设定的改革目标已经从原本的七个，扩大到九个。但总体来说，主要目标在于：a. 引入更便于理解、更具可比性的（学士和硕士）学位体系；b. 建立学士、硕士、博士三级学制体系；第一阶段（学士）学习至少三年，若在本科毕业后直接攻读硕士研究生，则应当在两年内取得硕士学位。

在此之前，德国高等教育中并未设立"学士"学位。大学生从入学开始，通常要连续学习十个学期，修完本专业的重要课程，取得必要的学分，然后参加结业考试，拿到"Magister"（相当于人文学科硕士）或"Diplom"（相当于理工科工程师学位或教育、管理类专业的硕士学位），而后学生可以凭个人能力和兴趣，选择进入职场或进修攻读博士学位。但这种培养模式相比于英美国家的高等教育模式来说，学生需要学习五年方能拿到一个标准的学位，虽然含金量很高，但过于旷日持久，不能很好地满足时代和职业发展的需求。由于欧盟各个成员国之间，尤其是教育强国如德国、法国、意大利、比利时等，采用不同的学制设置，导致本国的学生无法或很难到其他欧洲国家去交流学习，学术流动性受限。所以，发起"博洛尼亚进程"的目的还在于打通各签约国之间的教育壁垒，实现学历和学分互认，提高大学生的流动性。

博洛尼亚进程自发起之日起，便成为当代欧洲涉及范围最广、进展最迅猛的大学学制改革。自 1999 年至 2010 年，在德国已经设立或改组了 1200 多个"学士 + 硕士"两级大学专业。传统的学位设置模式，在德国大学中仍然同时存在，因为个别专业——例如建筑学和工程学认为，在自己的专业培养模式中，并不能使学生通过最初的三年学习时间掌握本专业的基本技能，无法在三年后就获得"就业能力"。因此，在德国大学的少数专业中，仍然保留了传统的学位设置模式。

在开启博洛尼亚进程之前，德国大学中如欲开设新的专业，必须由大学所在联邦州文化和教育部对该专业进行资格审核。引入博洛尼亚进程后，为了加快州政府的审核过程，新的招生代理机构被建立起来，它们有的负责所有专业的招生工作，有的仅限于某个特定专业方向；它们接收高校的新建专业申请，并审核该高校的办学质量、所申请专业的可持续性和建立新专业的可操作性。大学所在州文化和教育部仅负责制定并通过法律法规，如《大学学制规定》和《考试章程》等。

在博洛尼亚进程实施过程中，德国还借助了大学校长联席会议（Hochs-chulrektorenkonferenz，HRK）这一重要平台。它由德国联邦教育和研究部直接资助，定期召开大学校长联席会议，主要负责讨论博洛尼亚进程的实施情况，商讨执行方案。截至 2008 年，加入该平台的德国各类高校已达到 127 所；通过大学校长联席会议，德国高等教育体制中选定了 26 所大学作为示范高校进行学位改革。每所高校中派驻一名"博洛尼亚顾问"，专门负责在学校实地指导改革措施。另外，大学校长联席会议还设立了技能中心（HRK-Kompetenzzentrum），负责各个高校间的联络、人员的转岗培训和信息搜集与筹备工作。

从政治层面来说，引入本硕博三级学位后，有望降低德国大学的辍学率，使大多数大学生能够更快地取得学位，缓解大学的压力。从学术交流层面来看，学位改革后，德国高等教育能够与其他多数欧洲国家接轨，保障了同等级学位的可比性，方便了大学生跨国流动，为学术交流开辟了更广阔的空间。

（五）国际化

德国大学的国际化进程，可以追溯到俾斯麦时代。当时已经有许多英国留学生到德国大学中学习化工、电气等专业。"二战"后，东德和西德高校的国际交流因政治条件限制，局限于铁幕两边的各自阵营之中。欧洲委员会在设立之初，并不具备教育方面的权限；时至 20 世纪 80 年代，欧洲共同体重要成员国共同设立的"伊拉斯谟资助计划"（ERASMUS-Förderprogramm），后来发展成为高校合作和大学生互换交流史上最成功的国际项目之一。尽管原本设定的项目目标——使所有欧共体成员国 10% 的大学生能够到其他国家学习一定时间最终并未实现，但现如今来看，伊拉斯谟资助计划的成功是毋庸置疑的。德国高校的国际交流与合作早已超越了欧洲范围，扩大到全球。在学术和高等教育领域，德国的国家级交流合作项目主要由德国学术交流中心（Deutscher Akademischer Austauschdienst dienst，DAAD）负责管理，且主要负责德国高校与非欧洲高校之间的合作项目。以德国学术交流中心北京代表处为例，其官方网站上设有专门的板块，为打算来华留学的德国学生服务，同时也有板块为打算留学德国的中国学生服务，另外专门建立了奖学金数据库，其中囊括了暑期交流项目、短期访学项目和长期的本科、硕士、博士奖学金，并公开奖学金申请条件，每个符合条件的大学生都可申请。①

目前，德国大学生到其他国家交换学习一个学期，已经成为几乎所有德国大学专业的常态。如果学生因为自身或其他原因，无法到其他国家短期学习，那么其他国家的大学生和客座讲师还可提供其他的交换方式。20世纪90年代中期以来，德国高校的国际化进程一直在快速挺进，赴国外留学的学生人数快速攀升。根据德国联邦统计局的数据，2000年到其他国家留学的德国大学生人数约为5.7万人；到2010年，这一数字达到了12.76万人，2011～2017年保持在十三四万人（见图3-5）。

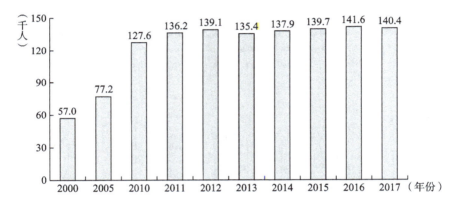

图 3 - 5　2000～2017 年赴别国留学的德国大学生人数统计

资料来源：https://de.statista.com/statistik/daten/studie/167053/umfrage/deutsche - studi-erende - im - ausland/#professional，最后访问日期：2020 年 12 月 23 日。

2019～2020年冬季学期，德国高校中已注册大学生共计超过289万人，其中外国留学生达到14.2%，而其中以中国留学生人数最多，达到了44490人（外国留学生生源国前十名，见图3-6）。

《德国高等教育总法》以法律形式明确规定了高校在国际交流方面的义务和职能，促进国际交流和沟通是德国高校的固有职能。因此，德国大学在招收学生时，必须尽力招募一定比例的外国留学生，这也是高校国际化发展的重要体现之一。德国高校重视外国留学生的学习，努力为他们提供更好的学术指导，因而，德国对外国留学生一直保持着巨大的学术吸引力。从2004年到2019年，德国高校中的外国留学生比例见图3-7。

① https://www.daad.org.cn/zh/about - us/about - the - daad/，最后访问日期：2020 年 12 月 23 日。

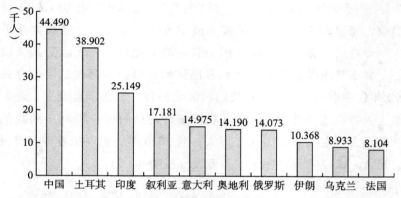

图 3 - 6　德国高校中外国留学生数量及国别排名（截至 2019 年底）

资料来源：https://de. statista. com/statistik/daten/studie/301225/umfrage/auslae-ndische – studierende – in – deutschland – nach – herkunftslaendern/，最后访问日期：2020 年 12 月 23 日。

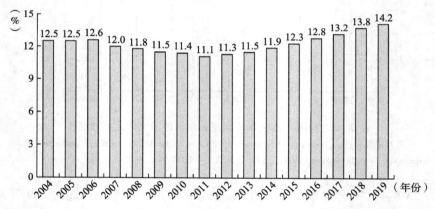

图 3 - 7　德国高校中外国留学生占总学生数量的比例历年变化（2004 ~ 2019 年）

资料来源：https://de. statista. com/statistik/daten/studie/222/umfrage/anteil – au-slae-ndischer – studenten – an – hochschulen/，最后访问日期：2020 年 12 月 23 日。

德国高校注重驻外学术机构的专业化管理，例如，德国学术交流中心的官方网站①建设非常完备，信息咨询通道公开透明，设有德语和英语双语界面，在所在国的代表处还有所在国的官方语言网站，能够对申请者做出及时、完备的回应。

另外，德国联邦教育和研究部支持德国高校开办专门针对外国留学生

---

① https://www. daad. de/de/，最后访问日期：2020 年 12 月 23 日。

的大学专业，这些专业的课程以外语（通常为英语）授课，由联邦政府拨款资助，外国留学生通常不需要支付学费，仅需支付生活费用。因此，这些专业常年都有大量外国留学生申请。对许多德国高校来说，国际交流已经从边缘职能变成了学校的核心职能和最重要的业务领域。

德国高校还通过多种方式逐步提高学习内容的国际化程度。例如，学习中插入国际对比，选用教材和选取研究问题时注重国际化视角，与外国高校建立伙伴合作关系，共同开发新专业、建立双学位学制等等。为了推进国际交流，德国高校中还将部分专业的学习内容模块化，通过这种方式实现与外国高校课程的学分互认或学分转换，为留学生学习减轻负担。

（六）精英大学计划

德国高等教育在历史上曾享有世界领先的荣光，但20世纪后半期以来，德国大学在全球大学排名中，却一直无法重回巅峰。为了加强德国作为学术强国的优势，进一步提高德国高等教育的质量，打造一批世界顶尖学府，德国学术研究会（Deutsche Forschungsgemeinschaft，DFG）和德国学术委员会（Wissenschaftsrat，WR）在2005年共同发起倡议，组建一批德国"精英大学"（Exzellenz universitäten），这一计划获得德国联邦教育和研究部的支持，第一轮（2006年至2011年）共提供资金支持19亿欧元，用以资助：（1）各研究生院培养（硕士及以上级别）学术后辈人才；（2）各"精英大学集群"从事尖端学术研究；（3）能够扩大大学尖端学术研究领域的、引领未来的项目计划。[①]

其中的"精英大学集群"不仅可以是大学或多个大学的联合体，也可以是大学与专业研究机构的联合体。

德国学术研究会和德国学术委员会每年根据以上三条资助原则，对提出申请该项目的德国的大学和顶尖研究机构进行评估，根据评估结果和未来学术发展方向筛选出十所"精英大学"和一个"精英集群"进行重点资助。截至2012年，项目仅第一轮便已经资助了45所研究生院、43个"精英集群"和11个"未来项目"。

---

① DFG-Deutsche Forschungsgemeinschaft – Allgemeine Informationen，https://www.dfg.de/foerde-rung/programme/exzellenzinitiative/allgemeine_informationen/index.html，最后访问日期：2020年12月28日。

由于"精英大学计划"一经设立便取得了巨大成功，2009 年 6 月，德国联邦教育和研究部以及各联邦州文化和教育部共同决定，将"精英大学计划"再延续五年，并将第二轮资金总额增加至 27 亿欧元；2014 年，该计划再一次延长，2017 年已开启了第三轮。每年七月，德国学术研究会和德国学术委员会都会联名发布下一年度的"精英大学"名单；例如，2019 年 7 月公布的 2020 年精英大学包括（根据所在城市名称首字母排序）：

表 3 - 7　2019 年发布的最新一轮德国"精英大学"名单

Rheinisch-Westfälische Technische Hochschule Aachen（RWTH）（亚琛工业大学）
Verbund Berlin［柏林大学联盟（包含柏林自由大学、柏林洪堡大学、柏林理工大学和夏利特医学院）］
Rheinische Friedrich-Wilhelms-Universität Bonn（波恩大学）
Technische Universität Dresden（德累斯顿理工大学）
Universität Hamburg（汉堡大学）
Ruprecht-Karls-Universität Heidelberg（海德堡大学）
Karlsruher Institut für Technologie（KIT）（卡尔斯鲁尔理工学院）
Universität Konstanz（康斯坦茨大学）
Ludwig-Maximilians-Universität München（慕尼黑大学）
Technische Universität München（慕尼黑工业大学）

资料来源：https://www. wissenschaftsrat. de/SharedDocs/Pressemitteilungen/DE/PM_2019/pm_2019 _ExStra. html，最后访问日期：2020 年 12 月 28 日。

根据"精英大学计划"，以上大学和大学集群在第三轮项目期内每年可获得 1.48 亿欧元的研究经费。这些资金 75% 由德国联邦政府提供，剩余 25% 由各联邦州政府提供。这些大学无不在各自领域内代表德国大学和研究机构的最高成就，例如，亚琛工业大学在机械制造领域全球领先，波恩大学在历史和社会学研究领域领先，海德堡大学的优势在临床医学，慕尼黑工业大学在人工智能和人机交互领域独领风骚。

目前，"精英大学计划"已经转为长期资助项目。2019 年，德国学术委员会主任马提娜·布洛克迈尔（Martina Brockmeier）教授表示，未来七年中，"精英大学计划"的资助范围将再扩大至少两到三所大学或大学联合体，另外，已经获得项目资助的大学或集群将面临新一轮考核评估，若评估合格，将继续获得项目的资金支持。到 2026 年新一轮资助期开始时，项目还会增加四种新的资助类型。

通过"精英大学计划"，或者称作"精英策略"，德国大学在高等教育质量普遍较高的基础上，筛选出精英大学、精英集群或引领未来的重大项目，给予重点支持，从而加强顶尖高校之间的学术竞争，促使大学之间以及大学和专门研究机构之间展开高端合作，对提升德国高校的国际竞争力和国际声望发挥了非常关键的作用。

四　德国高等教育发展创新的基本经验

综上所述，德国大学经过数百年的发展，在历史上曾为世界高等教育贡献了著名的"洪堡模式"，形成了"尊重学术和教学自由"、"教学与研究相统一"、重视学术研究的教育传统；在 19 世纪后半期，又在"阿尔特霍夫体制"中形成了注重本身特色、"各有千秋"的发展战略，从而避免了社会智力、财力的过度浪费；同时，由于德国工业化起步较晚，国家发展起点较高，注重学术研究与产业发展的融合，形成了完备的学术研究、职业培训和工业应用多维体系。历经两次世界大战，由于政治和战争原因，德国损失了很多顶尖科学家和学者。第二次世界大战后，德国由于国家分裂，东部的民主德国和西部的联邦德国各自为营，独立发展；两德合并后，高等教育领域也经历了重大变革，在《联邦德国高等教育总法》的基础上进行了改组、整合。

进入 21 世纪后，德国首先对本身高等教育体制中轻视教学、学术后备人才培养不足、教学人员薪酬和流动性不合理的问题进行了薪酬和人事制度改革，削弱了国家的监督和干预，增强了市场的调节作用和非教授教学人员的管理参与权。在"博洛尼亚进程"的框架下，德国大学对学位和专业设置进行了大规模改造，以便与世界接轨，大大增强了大学生在国际间的流动性，为国际合作和学术交流扫除了障碍；在国际化方面，德国高校从立法层面保障了国际交流项目的必要性；通过社会上的第三方机构建立了教育质量评估体制，弥补了"洪堡模式"中轻视教学的不足；最后又通过"精英大学计划"，由联邦政府和各州政府资助德国高校和研究机构，重点发展尖端学术研究，从而引导整个德国的学术研究方向，增强了德国高校的国际竞争力和国际声望，有力地推动了德国在高等教育领域稳中求进。

具体来说，德国高等教育创新发展方面的经验可以划分为四个方面。

（一）紧随时代发展，探索适合德国国情的发展模式

德国的高等教育，历经六百多年的悠久历史，形成了如今种类多样、分工明确、重点突出的发展格局。在此期间，德国高等教育发展史上也出现了许多特点鲜明的发展模式。

1. 洪堡模式

德国的第一所大学——海德堡大学脱胎于中世纪的修道院，到后来的哈勒大学、哥廷根大学，进而形成了具有典型德国特色的"洪堡模式"。这都与德国独特的历史发展历程直接相关。德国在民族国家刚刚形成阶段，德国大学不可避免地保留了中世纪时期的基督教传统。但随着理性主义和人文主义思潮的兴起，基督教的权威逐渐被消解，理性主义要求"思想自由"，要求大学作为高等教育机构必须以追求真理和培养"完整的人"为目标，因此，"洪堡模式"才逐渐形成。柏林大学成立后，虽然威廉·洪堡并未担任校长，但由于"洪堡模式"释放出的巨大潜能，使得柏林大学成为普鲁士王国中的典范，成为现代大学的开端。

2. 阿尔特霍夫体制

在德意志帝国时期，普鲁士公国高等教育负责人阿尔特霍夫以当时的"器官论"思想为基础，为德国高校确立了"突出特色，各有千秋"的教育发展战略，形成了独特的"阿尔特霍夫体制"。这套体制的重要性在于，它保证了德国大学的异质化发展方向，避免了同一专业内众多大学、众多人才的恶性竞争，避免了人力、物力和研究时间的浪费。这对于刚刚建立的德意志帝国而言意义非凡。德国的综合性大学和理工类大学，甚至应用技术大学都不追求专业种类的数量齐全，反而追求在少数专业领域内的"卓越"学术地位。经过长久发展后，德国大学虽然规模都不大，每所学校开设的学科门类也比较少，但几乎都成为某一个或若干专业领域的学术重镇。直到今天，德国大学在综合实力上通常还不能够与世界顶尖大学相比，但在个别专业领域，始终都有德国大学跻身学术梯队的前列。

3. "大学/研究所+企业"模式

由于1830年后现代科学的兴起，德国大学为了弥补"洪堡模式"重思辨、轻实验的不足，开创性地建立了专门从事自然科学研究的学院或独

立大学，即当今的"理工类大学"；并且，德国由于在工业化浪潮中起步较晚，反而比英国等先进工业国获得了较高的起点，大学和企业间相互合作，共同研发新科技新专利，进而通过工业化生产迅速将科学新发现、技术新进步转换为工业优势和切实经济利益，再反过来增加科技研发的投入，建立起大批科学实验室和研究所，形成了科技和工业互促互进的良性循环。"大学/研究所+企业"发展模式在19世纪中后期的德国展现出了巨大的能量，推动德国高等教育和工业水平跨越式发展，迅速追赶成为欧洲强国。

（二）高校体制改革

经历了两次世界大战，德国的高等教育面临人口断层、生源严重不足、经费短缺等一系列重大难题；在"二战"后，高等教育分别在东部的民主德国和西部的联邦德国独立发展，呈现出截然不同的两种特质：民主德国的高等教育受苏联影响，降低了大学的入学门槛，保障了平民子弟的公平教育机会，但同时由于过于重视经济发展，建立了大量的职业学院和高等专科学院，导致基础研究领域日趋薄弱。而联邦德国的高等教育在经历了一轮去军事化、去纳粹化运动后，基本上保留了"洪堡模式"。但随着20世纪70年代的经济起飞和人口增长潮，联邦德国的高等教育从第一次世界大战前的精英式教育，转变为服务大多数民众的大众式教育。由于德国大学的教授地位特殊，被纳入地方政府的公务员体制，所以，大量增长的学生数量和基本保持不变的教授数量形成矛盾。在此背景下，德国高校，尤其是在综合性大学中，从80年代开始推行了一场重大改革。

1. 设立"初级教授教席"，引入绩效管理方式

德国高校的体制改革主要体现在：在综合性大学的教授之下，设立"初级教授教席"，一方面可以帮助青年学术人才顺利实现过渡，缩短教授培养年限；另一方面，可以提高高校中的师生比，保证教学人员能够有较为充足的时间和精力，尽力指导每个学生的学习和研究。

另外，高校改革后，教授们不再"一手遮天"，在高校内部的重大事项上，非教授教学人员、学生和学校工作人员都能够享有部分表决权；教师的教学工作也开始与绩效挂钩，实现"能者多劳多得"的分配方式，更能激发高校教师的学术和教育热情。

2. 改革高校教师薪资制度

德国高校改革中的薪资改革，是在尊重基本科研和教育成果基础上根据个人的学术贡献对薪资进行微调。高校教学人员的三级薪资 W1、W2 和 W3 之间形成梯度，但绝对值又相差不算太大。这样既能保证教育的非功利性，也能激发高校教师的教学热情。

（三）加入"博洛尼亚进程"，积极参与教育国际化

20 世纪 90 年代，东西两德合并后，经过调整和整合，德国的高等教育终于又再次回归到同一个政治、法制框架中来，此时德国高等教育本身的质量已经有所恢复，在全世界高等教育质量排名中较为靠前。1999 年，欧洲众多大学共同提出"博洛尼亚进程"。德国抓住历史发展趋势，加入该进程中，积极改革本国学位和学制，将多数专业原本五年制的 Magister 和 Diplom 学位拆分为为期三年的 Bachelor 和 Master 两级学位，与欧盟其他国家大学实现学位互认，开辟了众多留学生交流新项目。截至 2002 年，德国大学的大多数专业都已经实现了学位改组，与国际接轨。在此基础上，德国高校坚持"高等教育是公共社会服务"的原则，不收学费，且教育质量领先，服务质量高。另外，德国高校还借助德国学术交流中心、歌德学院、各类基金会等组织，在全世界范围内推荐、介绍德国的高等教育，吸引各国优秀学子前来。因此，德国高校从 2009 年至 2020 年，一直都能保持 13% ~ 14% 的留学生比例，成为备受留学生青睐的留学目的国。

（四）通过高校专业排名增强高校间竞争，以"精英大学计划"提高国际学术竞争力

德国高校在 20 世纪一直遵从"特色发展，各有千秋"的发展战略。进入 21 世纪后，德国高校开启全球视野，在与美国和英国等大学的竞争中，不得不接受类似《泰晤士高等教育》（Times Higher Education，THE）世界大学排名等做法。因此，在德国内部，高校之间根据各自的特色专业，形成了单独针对某一专业领域的学术排名——CHE 排名。德国的 CHE 排名在网上对所有人公开，因此不仅受到德国本国人的关注，同时也是外国留学生选择专业、选择目标学校的重要参考。

进入 21 世纪以后，德国政府为了改变德国高校在国际综合实力排名中

不佳的状况，提出了"精英大学计划"，重点培育对国家和社会发展、对未来具有重大意义的科研项目。通过这种方式，力求提升德国高校在国际上的学术影响力。德国"精英大学计划"为德国高校的科研升级提供了明显的动力，并将在未来发挥更加重大的作用。

第四章　法国高等教育

一　法国高等教育概述

（一）法国高等教育的起源

法国巴黎大学是欧洲大学之母，现代大学模式便是由此衍生而来。中世纪时期，法国的教育创办地点主要集中在巴黎，教育由教会创办并掌控。著名学者阿贝拉尔（Pierre Abélard）来到巴黎讲学吸引了众多来自欧洲各国的学者求学，巴黎也逐渐成为欧洲的学术中心。随着到巴黎游学的人越来越多，学者们便以同乡会为中心形成了团体，进而形成了"教师型"综合性大学。

在 18 世纪初期，为满足战争需求建立了炮兵学校、路桥学校等专业性极强的学院。18 世纪末，巴黎大学在世界上仍然影响很大，到此求学的人络绎不绝，但其教学形式僵化，教学内容陈旧，已经不能适应社会经济的需求。于是，当时的国王拿破仑将注意力转向了以培养实用技术人才为主的高等专业学校，并建立了一批高等专业学校，后来被称为"大学校"。高等专业学校涉及医学、工程、师范等领域，在当时急需技术人才的社会背景下，高等专业学校为法国培养了大批专业人才，逐渐成为法国精英教育的代表。随着"大学校"的稳定发展，法国逐渐形成了综合性大学和"大学校"共存的高等教育双轨制模式，尽管它们承担了两种截然不同的教育任务，但双轨教育很好地协同，在普及大众教育的同时也保障了精英教育的发展。法国双轨制高等教育模式发展至今已有两百多年，两者从"互不相干"到合作共赢，共同促进了法国高等教育的整体发展。然而，在法国高等教育发展中，"双轨制"也带来了客观问题，如在社会中出现了教育不平等，使法国政府不得不重新审视法国高等教育。

（二）法国高等教育的行政体制

法国高等教育中的管理体制大致包括中央教育行政机构、全国性教育咨询机构、教育督导机构。[①] 拿破仑时期的中央集权体制达到了顶峰，法国的高等教育也深受集权制度的影响。然而经过多年发展，高等教育集权制度出现了许多弊端，为此法国政府不得不开始逐步下放权力，最终以法律的形式确立高等教育集权与自治相结合的方式来解决现实困境。法国综合性大学有三层内部组织，最底一层是教学与研究单位，包括院系、实验室或研究小组；中间一层为教学与研究单位学部；而最高一层则为综合性大学。[②]

《高等教育法》规定，大学设有校务委员会、科学审议会与生活委员会，共同管理综合性大学。校务委员会主要负责学校政策管理，如合同、人员分配及重大财政收支的批准。科学审议会是一个咨询机构，主要对学校科研方面相关问题提出建议。生活委员会主要是关注学生的学业和生活。在很长时间里，法国综合性大学一直是以"学院"为单位，各个学院的院长具有法人身份，但在1984年，被改成"教学与研究单位"。综合性大学教师的聘任由学校负责，但教师的薪资由国家直接支付，因此法国高校在教师聘用方面拥有较多的自主权。[③] 在2007年《综合性大学自治法》出台后，政府再度放权，法案指出，经过行政委员会确定后大学可自行决定保留或取消各系、研究中心等。

（三）法国高等教育的规模及类型

法国的高等教育之所以享誉世界主要有两个原因。其一是其具有丰富的课程设置和多样的文凭。法国高等教育具备适合各类学生需求的课程和文凭，学生在各个阶段能自由决定继续深造还是求职。其二是法国高等教育的双轨体制。这种"双轨"模式分别承担了大众教育和精英教育，能够在实施大众教育的同时保障培养精英人才。法国"大学校"的规模不大，

---

①　陈永明：《教育经费的国际比较》，天津教育出版社，2006，第46页。

②　刘敏：《法国综合性大学治理模式与自治改革研究》，北京师范大学出版社，2015，第98页。

③　孙巍：《法国高等教育内部管理体制及其运行模式研究》，《沈阳工程学院学报》（社会科学版）2007年第3期。

招生严格，每年只有10%左右的高中毕业生能进入"大学校"，一些"大学校"的学生甚至不超过500人，正因如此才保障了其精英性。法国高等教育机构从性质上可划分为私立机构和公立机构，法国综合性大学几乎都是公立机构，而"大学校"大多数是私立机构；从国民教育来看，分为普通教育和职业教育，无论是在法国的综合性大学里还是在"大学校"，其内部都开设职业教育，也就是说法国高等教育除了综合性大学和"大学校"，还有附着于学校内的职业学校。

在高等教育规模上，法国高等教育至今建立了许多学校，包括综合性大学、高等专业学校（"大学校"）、职业学校等。到2020年，法国共有3500所公立、私立高等院校，其中有77所综合性大学，201所工程师学院，267所博士生学院，120所艺术院校，20所建筑学院，2500余所其他类院校，公立高等院校在校教师共有93000多名，其中，理工类教师达38308人，教授级别有8087人。法国的高等教育在不断壮大和发展，目前，法国公立高等院校已增加到90所，1000多个教学与研究单位。

（四）法国高等教育的学位与文凭

法国高等教育有着最复杂的学制和文凭种类，综合性大学和"大学校"也都各有自己的学制和文凭。

1. 法国综合性大学（l' Universités）

法国综合性大学在"358"学制改革之前拥有最复杂的学位制度和众多的文凭种类，法国学生几乎是在每一个阶段都能获得一个相应的文凭，他们可以选择继续深造或是转向技术学校获得职业文凭以便于今后就业。法国综合性大学有三个阶段，每个阶段学时均为两年。在经过第一个阶段两年后，学生能获得一个"大学普通学习文凭"（DEUG），由于大多数综合性大学里都设有职业学校，因此学生在获得"大学普通学习文凭"后可以决定是否转入职业学校。第二阶段同样为两年，不过在"358"学制改革前，这个时期的第一年学生会获得"普通学士文凭"，到了第二年（也就是综合性大学第四年）可获得"硕士"文凭。第三阶段则是高水平阶段，同样为期两年，在第一年（也就是综合性大学第五年）学生开始学习比较深入的课程，撰写论文，通过答辩后可获得"DEA"（深入学习文凭）或"DESS"（高等专业学习文凭），凭DEA文凭学生可攻读博士，最后通过论文答辩可获得博士学位。

在综合性大学纷繁复杂的学位与文凭显然不利于其与其他国家大学相互交流。1998 年，法国政府提出了《构建欧洲高等教育模式》报告。报告中指出法国必须进行学位文凭的改革，以与国际接轨。1999 年，博洛尼亚进程启动，该进程要求各成员国统一实行欧洲 LMD 学制，该学制分为三个阶段，即"学士—硕士—博士"，也被称为"358"学制。在博洛尼亚进程的推动下，法国对本国的学位与文凭实行了改革，并在 2005 年宣布统一实行"358"学制，学生在高中毕业会考后进入综合性大学就读 3 年后可直接获得学士文凭，而不需要先获得普通学业文凭，到第 5 年获得硕士文凭，第 8 年获得博士文凭。学位文凭的改革使法国综合性大学能够顺利与国际接轨，提高了法国综合性大学的国际化程度。值得一提的是，法国在改革初期由于传统学位文凭的复杂性，改革面临一定的阻力，但是在实行"358"学制后，原有的一些文凭也同样被认可，而已经获得旧文凭的毕业生还可以申请修读新学制文凭课程。

2. 法国"大学校"（Les Grandes écoles）

"大学校"是法国精英教育的代表，以培养实用人才为目标，无论是招生制度还是教学模式，甚至是学位与文凭都与法国综合性大学截然不同。"大学校"一般是三年制，文凭为校级文凭或工商会文凭，同样被国家认可，并且含金量极高，在社会上享有很高的声誉。"大学校"设有"大学预科班"（CPGE），这主要是因为"大学校"严苛的选拔制度，若想进入精英学府就必须要经过两次筛选，一次是来自精英学校的初试考试，通过的人将进入"大学预科班"，两年后，再经过一次考试和面试，通过后方能进入精英学府。随着高等教育的改革，一些"大学校"在高中为学生开设"预科班"，同样是两年制，毕业后参加高校入学考试，通过后才能进入学校就读，学生毕业后可获得学校颁发的相关文凭。除此之外，一些"大学校"还开设了高级技师班（STS），学制两年。除了三年制的文凭以外，还有"国家高等造型艺术"文凭（DNSEP），学制五年；"建筑师文凭"（DPEA），学制六年等。

（五）法国高等教育的特点

1. 综合性大学宽进严出和"大学校"的严格准入制度

法国高中学生只要通过毕业会考就能免费就读法国综合性大学，但这并不意味大学就能轻松毕业，其课程的难度和考试的严格，保障了大学教育的质量，同时也使大学的辍学率和就业失败率居高不下。而"大学校"有着严格的准入制度和严格的教学模式，能进入"大学校"的学生不仅需要有极其优异的成绩，还需要得到教师的优秀评语。为保障生源质量，"大学校"将其入学录取率控制在10%，其毕业生的就业率高达100%。

2. 两种教育两种办学形式

法国高等教育最突出特点便是其"双轨制"模式，在法国存在了两百多年，双轨教育并行不互通，虽然存在一些弊端，但为法国培养了无数人才。综合性大学属于公益性质，它不需要缴纳任何学费，只凭高中毕业会考证书就能申请，保障了高等教育的大众性。与综合性大学完全不同的是"大学校"有着严格的准入制度，学校对学生进行两次筛选，最终合格的人才能真正进入精英学府，保障了高质量的生源和教育质量。"大学校"的规模小，学生人数少，教学封闭，自身有一套完善的教学模式，这也与综合性大学形成了对比。

二 法国高等教育的发展历程

（一）萌芽时期：法兰西科学院的成立与科学研究精神的传播

法国的科学研究精神发源于1666年创建的法兰西科学院（Académie Française des Sciences），该机构是在路易十四（Louis XIV）的近臣科尔倍尔（Jean-Baptiste Colbert）的推动下建立的，其创立的初衷是吸引人才，鼓励科学研究，追求科学的探索精神。

17世纪初，巴黎学术界的大学者们通过定期聚会切磋学术、议论时事，提出新的数学和实验研究。当时拥有远见卓识的科尔倍尔预见到，科学在将来的世界起支配作用。他凭借自己在路易王朝的声望，不仅为这些大学者提供自己的图书馆作为临时聚会地点，还极力建议路易十四建立科学院，并说服国王批准用年金保障科学院院士们的生存，另外还拨专款用于实验和购置仪器。[①] 科学院成立之初仅21位成员，其中有几何学家、天文学家、

---

① 〔英〕约翰·西奥多·梅尔茨：《十九世纪欧洲思想史（第1卷）》，周昌忠译，商务印书馆，1999，第87页。

物理学家、解剖学家、化学家、植物学家和鸟类专家。院士们在毗邻的皇家图书馆每周聚会两次，讨论数学、物理学、化学、植物学、解剖学、生理学、力学和天文学等问题。①

1699 年，路易十四将科学院进行改组，扩大其规模，并更名为：巴黎皇家科学院（Académie Royale de Paris）。改组后的科学院设置在卢浮宫（当时的皇宫）图书馆内，重新制定的活动章程将科学院院士分为领薪金的学者和不领薪金的名誉会员。② 改组后的科学院成员总数为 70 人，其中名誉院士 10 人，正式院士 20 人，每位正式院士带 1 名学员。

1793 年，巴黎皇家科学院在大革命中被新兴革命政权取缔。两年后，国民公会将革命期间取缔的所有文化学术团体合并为一个机构，定名为国家科学与艺术学院，又称法兰西学士院（Académie française）。这个学院包括三个部分：数理科学部、精神与政治科学部、文学与美术部。拿破仑执政时期对法兰西学士院进行了改组，保留数理科学部，撤销精神与政治科学部，将文学与美术部分成两个学部。1832 年，路易 - 飞利浦（Louis - Philippe）恢复了精神与政治科学部。2000 年，法兰西学士院又成立了技术科学院，至此，六个专业科学院的基本架构最终形成：文学科学院（1635年）、铭文与美文科学院（1666 年）、自然科学科学院（1666 年）、美术科学院（1803 年）、精神科学与政治科学院（1832 年）、技术科学院（2000年）。③ 如今，法兰西学士院已经成为法国具有最高学术权威的机构，其学术范围领域广泛，包含了文史、建筑、艺术、社会学、经济学、政治学和自然科学的所有领域，这里成为法兰西精英的聚集地，科学院的章程制订和院士吸纳都需要经过法国总统的批准方能生效。

17 世纪，几何、力学和天文学开始被看作一种抽象演算的"分析问题"（questions d'analyse），这种"现代分析精神"被引入法国，使得当时法国在数学和化学方面取得了领先于欧洲其他国家的瞩目成就。在数学领域，有笛卡尔的《几何学》（*La Géométrie*）、欧拉的《无穷分析引论》（*Introduction in Analysin Infinitorum*）、拉普拉斯的《天体力学》（*Traité de mécanique céleste*）和《宇

---

① 〔英〕亚·沃尔夫：《十六、十七世纪科学、技术和哲学史》，周昌忠等译，商务印书馆，1991，第 76 页。

② 〔法〕伏尔泰：《哲学通信》，高达观等译，上海人民出版社，2002，第 136 页。

③ 杨庆余：《法兰西科学院：欧洲现代科学建制的典范》，《自然辩证法研究》2008 年第 2 期。

宙体系》(*Exposition du système du monde*)、勒让德的《几何学原理》(*Eléments de Géométrie*)、泊松的《热学的数学理论》(*Théorie Mathématique*)、达朗贝尔的《动力学》(*Traité de Dynamique*)、拉格朗日的《分析力学》(*Mécanique analytique*)、傅里叶的《热的解析理论》(*Théorie Analytique de la Chaleur*)、柯西的《分析教程》(*Cours d'Analyse*)、蒙日的《画法几何学》(*Géométrie descriptive*)①等辉煌的成果；在化学方面也取得了令人瞩目的进步，如苏打的提取，明矾、硇砂、铅氧化物、矿物酸的制取，铁的精炼，钢的渗碳处理，等等。在 18 世纪的法国，学者们致力于科学的普及，出现了如丰特奈尔、伏尔泰、布丰这样的科学普及的推动者。

科学院营造出的独特学术体制，孕育出巴黎学派，催生出具有现代意义的科学研究精神，为法兰西培育出了一批又一批的科学精英，其运作制度成为欧洲后期组建的科学院的效仿对象，为现代科学研究精神在欧洲大陆的传播奠定了基础。

（二）初创时期：大革命时期的高等教育体制

1. 高等专业学校的兴起和发展

18 世纪末，法国社会经济和科学技术在欧洲蓬勃发展的工业革命中得到了进一步发展，此时法国的传统大学却远不能适应社会的发展，具有法国特色的高等专业学校（又称"大学校"）由此诞生，成为法国近代工程教育的发端，开启了传统大学和"大学校"并存互补的法国高等教育"双轨制"。

为了增强自身在军事上的实力以挽回国家荣誉和争夺殖民地，法国在 1720 年开设了第一所高等专业学校——炮兵学校，随后又创办了梅齐埃尔工兵学校（1748 年）、军事工程学校（1749 年）、造船学校（1765 年）、骑兵学校（1773 年）等一大批专业学校。此外，随着资本主义经济和工厂手工业的发展，一批民用专业学校也随之建立，如巴黎路桥学校（1747 年）、巴黎矿业学校（1783 年）。截至资产阶级大革命前，法国共开办了 72 所高等专业学校。

---

① 〔英〕约翰·西奥多·梅尔茨：《十九世纪欧洲思想史（第 1 卷）》，周昌忠译，商务印书馆，1999，第 99 页。

　　法国高等专业学校是高等教育多样化发展的成功典范，严格的入学选拔和毕业考试保证了其精英教育的质量，为法国培养了众多高质量的实用性、专业性人才，在法国工业化进程中发挥了重要作用。

　　1789 年法国大革命后不久，掌权后的资产阶级议会在 1793 年 9 月 5 日通过了《公共教育组织法》（Loi sur l'Organization publique），又称《达鲁法案》（P. C. F. Daunau）。该法案规定：取消和关闭法国现存的传统综合性大学，对部分综合学院和与军事相关的学院进行改造，并增设专门学院（Ecole Spéciale）和研究机构。这一阶段的高等专业学校按照不同学科分别设置，课程内容主要是近代新兴学科，以服务国家建设和发展为原则，取消了传统大学将文学系作为进入法、神、医学系的必经阶段。学校类型主要有数学、物理学校，伦理政治学校，机械学校，军事学校。另设有农业、文学、音乐等其他专门学校。

　　2. 综合理工学院的出现

　　1794 年，新兴资产阶级政府依据不同学科门类设定专门学院，还将大革命前建立的某些高等教育机构进行改造，建立了中央公共工程学院（École centrale des travaux publics），次年该校更名为巴黎综合理工学院（Ecole Polytechnique）。① 巴黎综合理工学院被认为实行的是真正的近现代科学教育，具体体现在其公平的选拔制度、贴合时代的科学课程内容和理论与实践相结合的教学方式。其实行严格的考试选拔制度，以成绩作为选拔标准，践行了法国自启蒙运动以来兴起的公平思想。除了开设传授实用性技术的课程，巴黎综合理工学院还在课程中引进近代科学内容并将科学理论作为实用技术知识的基础和前提，这是科学理论首次以一种正规和系统的课程形态在高等教育机构中被讲授，在实用技术的教学上，学院提出应遵循从理论到实践的顺序，代替了从前仅实地或现场学习的方式。

　　3. 自然历史博物馆的创建

　　在专业学校和综合理工学院之外，法国资产阶级新政府还创设了以自然历史博物馆为代表的许多研究机构。自然历史博物馆以农业和医学为主要研究课题，注重理论研究。早期的自然历史博物馆设教授职位 11 个，领

---

　　① 姚大志：《理念、制度和争论——巴黎综合理工学院的建立及早期发展工程研究》，《跨学科视野中的工程》2017 年第 6 期。

域包括矿物学，化学工艺，普通化学，农业、园艺、果树和灌林，植物学，爬行动物和鱼类自然史，四足动物、鲸目动物和鸟禽自然史，人体解剖，昆虫、寄生虫和微生物自然史，地质学。从中可以发现，中世纪大学的文法、哲学、修辞等核心教学科目并没有在列，从侧面说明大革命时期的政府反对旧制度和教会，因此不重视人文和社会科学在高等教育中的作用。

（三）发展时期：拿破仑时期的教育改革

1. 中央集权式的管理模式的形成

1806 年拿破仑颁布政令设置法兰西帝国大学，作为法国国家教育管理机构；拿破仑还恢复了传统大学，并统一由帝国大学进行管理。1808 年 3 月 17 日，拿破仑政府又颁布了《关于帝国大学组织令》，该法案确立了法国现代大学中央集权的教育管理模式，建立起统一的教育体系。法国由此成为"欧洲第一个把教育纳入政府编制，建立起高度一体和严格等级的国家"。[①] 法国的中央集权式的高等教育模式在欧洲乃至全世界都极具代表性。首先，国家通过帝国大学的设立将高等教育完全置于政府的管理之下，帝国大学成为事实上的国家教育行政领导机关，各级教育官员都由皇帝直接任命。大学理事会由教育大臣主持和管理，主要负责实施行政、教学、纪律等方面的管理，以及帝国大学规章制度的制定。其次，《关于帝国大学组织令》将全国分为 29 个学区，每个学区设文、理、法、神、医 5 个相互独立的高等教育机构。神、法、医三类学院培养高级专业人才，进行专业教育；文、理学院负责组织国家统一考试以及学位文凭、中学教师资格证书的颁发。另外，高校校长对拿破仑负责，并且拥有任命教职员的权力。所有教职人员都属于国家公务人员，他们的薪金和退休金都由国家提供。最后，拿破仑时期的学位制度得到进一步发展，学位的获取成为职业准入要求。

2. 高等专业学校成为高等教育的主体

19 世纪的法国经济迅速发展，为了巩固大革命的胜利成果，帝国需要培养各行各业的实用技术人才。高等专业学校正好是以培养社会政治、经济和科技人才为首要目标，因此在这一时期得到了大力发展。《关于帝国大

---

① Joseph N. Moody, *French Education Since Napoleon*, Syracuse University Press, 1978, p. 12, 转引自贺国庆《外国高等教育史》（第 2 版），人民教育出版社，2006，第 177 页。

学组织令》赋予了开办高等专业学校的合法性，并使高等教育发展的中心从传统大学转移到高等专业学校上。

1816～1869 年，法国创办了特种军事学校，恢复了巴黎高等师范学校，并新增了 8 所高等专业学校。高等专业学校因其强调实用的特性，为第一帝国在军事上和经济发展培养了一批又一批精英人才，从整体上改善了法国高等技术教育的状况。①

（四）形成时期：近代高等教育制度的形成

1. 第三共和国时期的大学复兴和科学研究在大学取得应有地位

成立于 1875 年的法兰西第三共和国刚刚完成了国家工业化。1870～1913 年，法国工业生产总值翻了将近一倍。② 随后，第二次工业革命的到来使法国高等教育规模迅速扩大。第三共和国时期，政府对高等教育进行了重大改革，通过增加对学院拨款、改善办学条件、提高教师待遇等措施以提高高等教育的质量，同时为建立公立大学做好了准备。1896 年 7 月 10日，《国立大学组织法》的颁布让此次高等教育改革进入高潮，构建怎样的大学办学模式成为教育界争论的焦点。

首先，法国政府将不同层次和类型的工科学院设立在理学院中。为更好地根据社会需求培养工业人才，企业家和地方当局常参与到工科学院的办学之中。1872 年成立的私立政治学校被认为是体现高等教育适应社会需求理念的典型。其次，法国大学在 19 世纪末迎来了复兴，具体体现在以下四个方面：大学取代教会获得学位授予权、《国立大学组织法》规定新建 15所大学即每个学区 1 所大学、大学获得更多自治权、大学管理日益民主化。这一时期，全国设立了 17 所文、理、法、医四科齐全的综合性大学，学生约 3 万人。最后，科学研究在大学取得了应有的地位，1867 年的巴黎博览会和 1870 年法国在色当战役中惨败让法国人意识到法国需要科技和管理人才以满足社会经济发展的需要。当时有一种普遍的观点认为普法战争中法国失利实质上是由于高等教育出了问题。19 世纪 60 年代，科学研究在法国进一步受到重视，法国大学引进了德国大学的 "Seminar" 教学模式，倡导

---

① 朱家德：《法国走上高等教育强国的历程及其经验》，《赣南师范学院学报》2009 年第 2 期。

② 朱家德：《法国走上高等教育强国的历程及其经验》，《赣南师范学院学报》2009 年第 2 期。

学者们进行科学研究，大学在科技和社会发展中起到越来越重要的作用。

2. 《高等教育方向指导法》确定了大学的性质和大学办学三大原则

从"二战"后到 1970 年，法国高等教育得以恢复、重建和部分调整。1945～1970 年，大学生数量增加了 7 倍，大学教师增加了 6 倍，国家对教育经费的投入也成倍增长。[①] 在此期间，对法国高等教育发展起到重大影响的举措有两个：一个是"朗之万—瓦隆计划"，另一个是《高等教育方向指导法》的颁布。

在第二次世界大战后，法国社会经历了快速和根本性的变化，在教育领域突出表现为女子大量入学和基础教育的扩展。法国开始反思如何进行教育现代化，1947 年由物理学家朗之万和儿童心理学家瓦隆先后领导的委员会向教育部提交了新的教育改革方案，即"朗之万—瓦隆计划"。该方案的民主化思想对法国之后的教育改革产生了重大影响。方案明确了"二战"后法国教育改革的总原则：一是教育公平原则，男女青年不论家庭和社会地位、种族出身，都有权利接受适合自身的教育；二是定向原则，先对学生专业进行定向，然后是职业定向，目的是让每个劳动者走向最有可能成功的岗位。"朗之万—瓦隆计划"把高等教育分为大学低年级、大学校和大学高年级，还准备将大学校整合到大学内部，成为专门学院。但受第二次世界大战后初期历史条件的局限，"朗之万—瓦隆计划"并未付诸实施，其中的改革举措并未落实。

1968 年 3 月在法国爆发的"五月风暴"在 5 月份达到高潮并持续了 9 个多月。这次以学生抗议活动为主导的游行把矛头直指法国高等教育管理制度。为缓和与学校的矛盾，政府于 11 月 12 日颁布了《高等教育方向指导法》（又称《富尔法案》）。该法案集中体现了这一时期法国高等教育的改革理念。首先，大学是创造和传播知识的机构，培养人才、开展科学研究是大学的使命。大学不仅要为国家的发展输送人才，同时还要从事科学研究，为各地区的经济发展和终身教育服务。其次，该法案确立了自治、参与和多科性为大学办学的三大原则。自治原则指大学在教学、科研、财政、人事、行政管理等方面享有广泛的自主权；参与原则是指教师、学生、职工和校外人士代表在学校内部事务管理中有参与权；多科性原则指大学应在

---

① 朱家德：《法国走上高等教育强国的历程及其经验》，《赣南师范学院学报》2009 年第 2 期。

保持自身专业特长的基础上，打破学科间的阻隔，发展各学科之间的联系，向多学科的综合性大学转变。法案中的三大办学原则，最终在 1984 年出台的《高等教育法》中得以体现。

（五）巩固时期：现代高等教育政策变革

1973 年，世界石油危机爆发波及整个西方世界，高等教育的发展也受到严重的影响。20 世纪 70 年代之后，法国主要采取了两项重要措施来促使其高等教育适应现代知识经济一体化的发展，一个是《高等教育法》的颁布，另一个是加入欧洲博洛尼亚进程。

石油危机让法国进入经济低迷和财政收入减少的困境，法国高等教育资金筹措困难，停滞不前。1984 年 1 月，在当时法国教育部长阿兰·萨瓦里（Alain Savary）的主持下，出台了《高等教育法》（又称《萨瓦里法》），该法案的制定和实施促进了法国大学的改革，使法国的高等教育更加适应世界经济时代发展的新趋势。

《萨瓦里法》改革内容主要包含六个方面：第一，重申了《富尔法案》中自治、参与和多科性三大原则；第二，规定凡是获得高中毕业会考证书的学生都可以直接进入高等院校学习，直接推动了高等教育普及化进程；第三，加强职业化教育，要求在整个高等教育阶段都要对学生进行职业方面的指导，让学生在学习科学文化知识的同时，具备职业选择的能力和扎实的职业技能；第四，要求各高校成立行政、管理、学术、学生学习和生活等委员会，委员会成员应涵盖学生代表、职工代表和校外人士以提高民主参与度；第五，加强高等院校同经济界、企业界等之间的联系，增加"大学校"和综合性大学之间的沟通与合作，缩小高校间的差距；第六，教育部根据国家和地区的发展需要，对各学区内与教育相关的资金、人员和资源进行合理分配、统一部署。

此外，《萨瓦里法》还通过简化复杂的学位文凭制度，与欧美各国建立了基本相似的学位和文凭体系，以便于学生的国际化流动；通过明确教师考评制度中的教学和科研并重的关系，以保障高校师资的学术水平和教学能力。

由于《萨瓦里法》过分强调教育部的权力而削弱了高校的自主权，极端的平等主义不利于学生和高校间的竞争，该法案在推行过程中遭受了很大的质疑和阻碍。1986 年，法国政府希望通过颁布《高等教育改革法案》

（《德瓦凯法案》）以克服《萨瓦里法》的弊端，但该法案因触及法国大学生的既得利益而以失败告终。1989 年，法国政府出台了《教育指导法》和《关于教育指导法的附加报告草案》，其中规定了"使 65% 的高中毕业生通过高中毕业会考"，使得法国大学生的数量猛增，实现了法国高等教育大众化。大学在校生人数从 1985 年的 130 万人增加到 1993 年的 210 万人。这两项法案扩大了高校自主权，允许大学通过加强与企业之间的联系拓宽经费来源，实现高校规模的迅速扩张。

1998 年 5 月，法国、德国、意大利和英国的教育部长在法国索邦大学签订了《索邦宣言》，旨在促进四国高等教育人员流动和学历的互认工作。1999 年，欧洲 29 个国家在意大利的博洛尼亚举行会议，签署博洛尼亚宣言，博洛尼亚进程正式启动，这是欧洲各国通过政府间的合作推进整个欧洲范围内高等教育改革的重大举措。该计划促进了欧洲各国的学生、教育资源、科研技术等在欧洲范围内自由、快速地传播，实现欧洲高等教育一体化的目标。法国为了顺利推行博洛尼亚进程，采取了新学制改革和使用欧洲学分转换系统两项措施。2002 年法国教育部发布第 482 号法令，宣布法国将逐步采取"358"学制或称"LMD"学制。"358"学制的实施，简化了学科分类、打破了学科间的界限，消除了法国学生去欧洲其他国家学习在学制上存在的障碍，促进了欧洲国家间学生的交流互动。欧洲学分转换系统从课程信息、学习时间和学生成绩方面，建立了统一的量化标准。根据"358"学制的要求，获得学士学位必须取得 180 个欧洲学分，获得硕士学位需在学士学位的基础上再取得 120 个欧洲学分（即总计 300 个欧洲学分）。欧洲学分转换系统允许学生跨专业学习，促进了法国不同教育机构之间的联系。

进入 21 世纪，法国高等教育改革主要围绕扩大高等院校的自主权和增强法国高等教育的国际竞争力两个方面进行。2006 年 4 月，法国议会出台了《科研规划法》，设立"高等教育轴心"（PRES），目的是更好地应对国际竞争，建立具有法国特色的管理方式，从而实现更好的治理和决策。2007 年 8 月，法国出台了《大学自由与责任法》，该法案的主要内容是为解决法国高等教育当前存在的诸如学生学业失败率过高、高校内部活力不足和法国高等教育在国际上的竞争力下降等问题。2010 年，法国政府还实施了"卓越大学计划"（Initiatives d'Excellence，IDEX），希望通过高等教育内部重组，调整资源配置，重塑法国大学影响力。2013 年，奥朗德政府出台了《高教与研究法草案》，帮助改革大学管理体制和推动科学研究发展等。2017 年 1 月，《高等教育与科研白皮书》公布，将高等教育经费投入从 1.4% 提高到 2%，科研经费投入从 2.23% 增加到 3%。此外，还有通过"投资未来计划"每年拨款 3 亿欧元。法国政府此番举动表明对高教科研的重视和期望，希望通过科研实力增加法国的综合实力。

三　法国高等教育发展创新的主要措施

（一）法国高等教育的法律法规

拿破仑时期，法国的中央集权进一步加强，教育权也同样掌握在国家手里。然而，教育的中央集权制度虽然便于法国政府的改革的推进，却让法国高等教育失去了活力，综合性大学自主权不足，教学没有特色，内容陈旧僵化，现代化程度不高，严重影响高等教育整体质量。20 世纪 90 年代，世界高等教育国际化深入发展，但法国却因"双轨制"的问题以及政府过多干预而严重影响了高等教育的整体发展。

1. 逐步贯彻综合性大学自治管理

为使法国综合性大学恢复活力，1968 年 11 月，《高等教育方向指导法》出台，法案主要包括了综合性大学的自治，开设多学科，鼓励地方参与，强调了综合性大学享有教学、科研、财政、人事、行政管理等方面的自主权。该法案的出台，使法国综合性大学产生了重大的变革，调整了综合性大学的内部管理体制，取消了学院建立"教学与研究单位"的权力，实行民主管理，大学由校务委员会管理，校长由选举产生。1981 年，法国迎来新的总统选举，密特朗当选。1981 年 8 月政府通过了《权力下放法案》，该法案规定从 1983 年起，政府对教育放权，目的是让更多自由体参与教学管理，激发综合性大学的活力，鼓励地方投资，减轻政府财政负担。除此之外，政府还提出国土整治规划，促进全法人口合理分布，刺激落后地区的发展，强调高等教育促进地方经济发展的重要性。1984 年《高等教育法》出台，再次强调了法国综合性大学的自主管理，在政府统一领导下综合性大学享有一部分自主权，如教学、财政与管理等方面，进一步提出加强综合性大学与社会之间的联系，强调综合性大学的现代化以及职业化倾向。以总统密特朗为首的社会党为贯彻法案的实施，推进高等教育改革，出台了包括《青年人进入职业和社会》（*L'insertion professionelle et social des jeunes*）、《为了民主的初中》（*Pour un collège démocratique：rapport au ministre de L'éducation nationale*）、《21 世纪前夕的高中及其教育》（*Les lycées et leurs études du seuil du XXI siècle：rapport du groupe de travail national sur les seconds cycles*）、《1984 年 2 月 25 日继续职业教育改革法》（*La loi du 25 février* 1984 *portant réforme de la formation professionelle continue*）、《1983 年 7 月 23 日非集中化法》（*La loi 23 juillet* 1983 *sur la décentralisation*）等。①

　　为进一步对综合性大学放权，1988 年，时任教育部部长若斯潘（Lionel Jospin）提出"四年合同制"，规定综合性大学可根据自身实际情况制定为期四年的长期发展规划，政府每年与其中一个区域的综合性大学签订四年合同，而与政府签订合同的综合性大学可以获得来自政府的财政投资作为办学资金。随着"合同制"的推行，愈来愈多的人认可这种形式。1989 年，《教育指导法》要求提高学生文凭获得率，而在 20 世纪 90 年代初，法国高等教育的毛入学率已达 43%。② 1990 年，法国为即将迎来的 21 世纪制定了"U2000 规划"（le Plan Université 2000），主要内容是在总结过去高等教育发展情况的基础之上，投资高校基础建设，建立切实可行的综合性大学自治途径，建立校董事会。1996 年"教育制度未来发展咨询会议"再次强调教育权力下放，扩大高校自主办学。两年后，"U3M 规划"（le Plan Université du troisième millénaire）出台，其中改善综合性大学内部治理结构、增加高校内部活力成为规划的目标之一。2007 年 8 月，出台《大学自由与责任法》进一步对综合性大学下放权力，让综合性大学走出瘫痪治理结构，强化校长的职权。该法案主要强调了综合性大学的自主权，内容包括高等教育公共服务、综合性大学的治理、综合性大学的新责任、综合性大学内部机制、海外领地机制、短期和最终的组织安排等六个方面，为的是增强综合性大学活力，提升吸引力，提高高等教育质量。权力的下放增强了法国综合性大学的活力。

---

① 吕一民、钱虹、汪少卿、应远马：《法国教育战略研究》，浙江教育出版社，2014，第 108 页。
② 刘敏：《法国综合性大学治理模式与自治改革研究》，北京师范大学出版社，2015，第 99 页。

2. 协调高等教育内部发展

法国高等教育发展的问题不仅体现在"双轨制"方面，也体现在政府财政投入和学校办学经费上，综合性大学由于师生人数多，在法国高等教育中占比大，综合性大学办学经费几乎都是来自政府的投入，因此，综合性大学办学常常出现经费不足问题。"大学校"则不同，办学经费不仅来自学费，还有社会以及地方的投资。

为促进高等教育发展，政府不仅调整了财政的投入，增加对科研的投入，还鼓励高校重组。1990 年，"U2000 规划"通过增加政府财政投入，改善了高校基础设施，同时为减轻政府负担，政府鼓励地方参与办学投资以及教学活动，以实现高校经费多元化。1998 年，《构建欧洲高等教育模式》出台，其总结了法国高等教育当前的问题，对于大学和"大学校"构成的双轨制，时任教育部部长的克洛德·阿莱格尔（Claude Allègre）希望能促进两者相互靠拢。同年，该报告在索邦大学 800 年校庆时得到支持，英、法、德、意四国共同签订了《索邦宣言》，1999 年，在《索邦宣言》的推动下"博洛尼亚进程"启动，正式实施改革。法国作为成员国开始改革学位制度，在 2005 年秋全面实行"358"学制。

多年来，法国高校在世界排名都不理想，在众多世界学术排名前 20 的榜单中，法国无一所高校入榜，这极大地刺激了法国。为提升国际竞争力，改善法国高校规模小的问题，2006 年，法国出台《科研规划法》，注重高校重组，规定同一区域的综合性大学和"大学校"互相合作，重组为"高等教育轴心"（PRES），实现资源共享，《科研规划法》规定各个成员的研究成果或出版的图书、论文等都统一以 PRES 命名，以提高法国高等教育的国际影响力。2007 年，法国总统萨科齐提出"大校园计划"（Plan Campus），投资了近 50 亿欧元实施该计划，新建一所汇集综合性大学和"大学校"以及各科研机构的巨型校园，凡与政府签订建设"大校园计划"都会得到政府的资助。2017 年《高等教育与科研白皮书》提出将增加对高等教育与科研的投入，2017～2020 年，高教与科研财政预算预计每年增长 10 亿欧元。2017 年，高等教育与科研经费预计增加 8.5 亿欧元，此外，还有"投资未来计划"每年 3 亿欧元的拨款。[1] 2017 年，法国预算部负责公共事务的国务

---

① 纪俊男：《法国发布〈高等教育与科研白皮书〉》，《世界教育信息》2017 年第 8 期。

秘书埃凯尔在国民议会公共财政导向辩论会上宣布，国民教育部的预算将增加 29 亿欧元。[①]

3. 推动国际化发展

1999 年在"博洛尼亚进程"推动下，法国在 2005 年完成了"358"学制的改革，建立起与国际接轨的"学士—硕士—博士"的新学制。学制改革为法国与其他国家进行教育交流合作提供了便利，这也为法国走出国门打下了坚实的基础。2002 年，法国开始投身于伊拉斯谟计划，为高等教育国际交流提供资助，2004 年，伊拉斯谟世界计划启动，2004 ~ 2006 年，伊拉斯谟计划为欧盟带来了 2000 多名非欧学生，这不仅提高了欧洲高等教育的可见度，也增加了各国高等教育的吸引力。2011 年，法国颁布《2011 ~ 2014 年法国国家改革计划》，旨在推动国际化发展，促进教育国际交流，加速高等教育机构重组，并完善了《学校未来规划及导向法》《机会平等法》《科研规划法》《大学自由与责任法》《国家对外行动法》《关于学士的通令》，以及《关于法国教育服务中心的法令》等。

2009 ~ 2012 年法国政府制定国家研究和创新战略，促进科研工作者的国际交流合作，提升本国研究人员的质量。2018 年，颁布新政《留法2018 ~ 2027：提升法国高等教育吸引力的新战略》，该新政提出将引进外国学生置于提高法国国际声誉的核心位置，其目标是吸引 50 万名外国学生。新政主要涉及签证政策、授课课程、接待质量、增加奖学金数量等方面。[②] 法国高等教育国际化还体现在海外办学上，允许海外人士在法办学，政策规定有场所和师资便可开办学校，但学校禁止使用国家公立机构的一切东西。法国对私立学校管理原则与国家公立学校的原则一样，禁止以营利为目的。

（二）法国高等教育的管理体制

法国高等教育经历了长期的发展，形成了独具一格的高等教育管理体制，"中央集权"和"学术自治"在法国高等教育管理体制中共存并达到一

---

① 《2017 年法国预算草案方针：增加就业、治安和教育三大部经费》，欧洲时报网，http://www.oushinet.com/europe/france/20160708/235311.html，最后访问日期：2019 年 7 月 8 日。

② 《留法新政 2018 ~ 2027：提升法国高等教育吸引力的新战略》，法国高等教育署，http://www.chine.campusfrance.org/zh-hans/choose-france-faguo-liuxue，最后访问日期：2019 年 1 月 13 日。

种平衡。"行政上的僵化，同规章制度内的无政府主义般的自由，这两者的结合是法国政府的典型特点，同时也是学术界（大学）的典型特点。"①

1. 法国高等教育的内部管理体制

传统法国大学内部权力层级由小到大分为讲座、学部和大学三个层级。大学内部管理体制是大学校长、校务委员会和大学理事会共同管理下的学院和教师自治。教授可以自由决定教学和科研主题；由教授组成的学部理事会拥有支配经费的权力；学部拥有较多的自主权，但依然受到大学的制约。讲座由主任主持工作，主要负责安排教学、修改课程、安排考试，工作弹性大，教授们可以拥有更多自由时间进行科学研究。教授们的科研经费由上一级的学部控制，学部理事会负责分配教育部拨给的教育经费，相较于讲座拥有更大的权力。②

1896 年，法国政府开始重建大学，将同一学区内的几个学部组建成一所大学，每所大学设立大学理事会作为法人代表，拥有决策校内行政、财政、科研和教学的权力。但实际上，大学内部管理仍然实行"学部自制"，即所有重大事务都掌握在学部手中。1968 年 11 月，法国政府颁布了《高等教育方向指导法》，取消学部并组建教学与科研单位以实现大学多学科、跨学科的教学与科研目标。大学理事会拥有大学内部事务的决策权，负责校内各教学研究单位中的经费分配和人事安排，大学内部的各教学研究组织的许多决策也须报请大学理事会批准。在很长一段时期内，大学一级的权力在大学内部治理层面不断加强，而各教学单元（院系）的力量逐渐被削弱。直到 2013 年 5 月，法国政府出台了《高教与研究法草案》，该草案削弱了校长和校务委员会的权力，回归法国大学学院（教学与科研单位或者院系）式治理模式。法国大学内部治理结构的改革的基本逻辑在于在尊重学术发展规律和大学教育特性的基础上，坚持大学权力的重心下移，赋予教学与科研单位更大的自治权。

2. 法国高等教育外部管理体制

法国高等教育外部权力层级由小到大分为大学、学区和政府三个层级，

---

① 周继良：《法国大学内部治理结构：历史嬗变与价值追求——基于中世纪至 2013 年的分析》，《教育研究》2015 年第 3 期。
② 〔加〕约翰·范德格拉夫：《学术权利——七国高等教育管理体制比较》，王承绪译，浙江教育出版社，2001，第 110 页。

外部管理体制的"中央集权"特性主要体现在：学位授予的权力和大学教职人员的任命权掌握在国家手中；高等教育属于国家事业，完全处于中央政府的管控之中；全国按地域划分学区，每个学区设有 5 个独立的高等教育机构。①

学区是州或地方的行政单位，由地方行政官员进行管理和领导，每一个学区设学区总长一名，为该学区最高负责人。1968 年之前，学区总长只负责对大学与大学间的关系进行宏观调控，甚少干涉大学内部事务的管理，被称作"学区协调"下的大学自治：通过扩大教授在管理岗位的名额，赋予他们更多发言权，允许学生代表参加校务管理，鼓励适当比例的校外人士参与大学的决策管理。《高等教育方向指导法》的颁布进一步扩大了大学办学的自治权。"大学被国家允许在国家宪法和有关法律规定的范围内，确定自己的培养目标、组织结构以及运作机制，实行教学自治、管理自治和财政自治。实现学术自由，在法律许可范围内保证教师和教学的科研自由。"②

国家教育部处在法国高等教育管理层级最高的位置，从学校的管理模式、教师的聘用到经费划拨、毕业要求和学位授予等统统都归国家教育部管理。但法国政府深知，大学是一个有其自身发展逻辑的自治机构，除了服务国家之外，大学还应当承担起人类文明的保存、传承和创新的使命。因此，法国通过"合同制"模式，用对话、协商和谈判等方式让政府和学校之间达成协议，为实现双方共同设立的目标而规范双方的权利和义务。在这种模式下，签订合同的双方处在平等地位，把大学自治的理念落到实处，成为现实。

通过对法国高等教育管理体制的内外部权力层级分析可以发现，看似僵化的"中央集权"式的法国高等教育管理体制，其实是大学"学术自由"的保护伞。国家通过颁布相关法律，使大学教师的自主权受到法律保护；从权力层级角度看，国家的中央集权确保了学区的协调功能；学区的管控保障了大学的自治，大学的自治保障了教学科研单位的自主，教学科研单位的自主保证教授教学的自主性。从这个逻辑链条分析，法国高等教育的中央集权是大学学术自由的保障而非阻碍。

---

① 朱家德：《法国走上高等教育强国的历程及其经验》，《赣南师范学院学报》2009 年第 2 期。
② 朱家德：《法国走上高等教育强国的历程及其经验》，《赣南师范学院学报》2009 年第 2 期。

（三）法国高等教育的教学模式

1. 法国高教教学模式的双轨背景

法国的高等教育的历史非常悠久，可追溯到 1179 年巴黎大学的创办。"双轨制"模式是其高等教育的最大特色，即综合性大学和"大学校"两轨。法国的教育历史源远流长，高等教育机构的"双轨"并存的局面可以从法国的本土历史发展脉络中找到缘由。

巴黎大学创办以来，法国其他地区也建立了不少大学，因为基督教统治着当时的思想、教育等，当时的教会学院掀起一股哲学思潮，即经院哲学。经院哲学是在教父哲学的基础上产生和发展起来的，它的主要任务是为《圣经》和基督教教条进行哲学论证。经院哲学的基本特点是盲目崇拜权威，蔑视经验和实际，反对科学，反对进步，推崇信仰，贬低理性，主张理性服从信仰，把哲学和科学都变成神学婢女。经院哲学的目的就是为基督教服务，用于证明其宗教信仰的合理性。经院哲学吸收了古希腊亚里士多德形而上学的哲学思想，其理性的哲学论证思维开启了超越感官经验的抽象论证思维，为后来的逻辑学和分析学的发展铺垫了坚实的基础。经院哲学的不断发展和深化使得法国的大学在 15 世纪达到了前所未有的辉煌。15 世纪以后，以经院哲学为主的大学因其因循守旧、脱离现实社会生活、跟不上社会发展的节奏，同时满足不了文艺复兴以来大众对人文思想的渴望，加上法国教会、王权和社会世俗政权等几大力量对大学的管控，法国大学在之后的几百年也经历了几次暴风雨般的跌宕起伏。而在 18 世纪后，由于启蒙运动对各个领域带来了强大的思想冲击以及自然科学、理性主义思想、人文主义思想等的广泛影响，资产阶级和人民大众开始强有力地批判封建专制主义、宗教权威，宣传了自由、天赋人权、三权分立、民主、法制和平等的思想。由王权和教会控制的大学的办学模式和教学方式仍然因循守旧，停滞不前，与生产生活相脱节，严重阻碍着有进步思想的人们和社会生产力的发展，同时也阻碍着法国大学的内部发展。

为了适应社会的发展和培养高级人才来满足科学技术发展的需求，一批高等专业学校建立起来，如巴黎矿业学校、巴黎路桥学校、巴黎炮兵学校等，这些高等专业学校就是后来的"大学校"前身。到 18 世纪后期大革命爆发，腐朽无能的波旁王朝被推翻，法国的社会发生了剧烈的变化，此时大学也失去了封建势力的保护和昔日的社会地位。但同时，第一次工业革命推动着法国工业发展，同时也促进了法国高等教育的发展。因为社会的自身发展和对人才的多重需求，法国出现了一批工程师学校和技术性很强的高等职业学校，如闻名世界的巴黎高等师范学院、巴黎综合理工学院等。

19世纪初拿破仑大力推进改革，改大学为综合性大学（或国立大学），以法律的形式规定了高等教育的权力在于国家，从此法国的高等教育开始实现中央集权制，尤其是大学。到了20世纪初期，整个法国高等教育出现了一个相对平稳的发展。

1793年，国民议会通过的《达鲁法案》奠定了法国的高等教育体制的基本结构，法国高等教育机构逐渐形成了综合性大学和"大学校"并存的双轨制模式，并一直延续至今。

由于"双轨制"历史的演绎发展，综合性大学和"大学校"这两轨互不干涉、互不交叉、彼此独立，最终形成各自不同的教育体制、办学理念、办学内容、培养目标。因为制度和功能的不同，二者的教学模式也有很大的区别。

2. 综合性大学的大众教学模式

综合性大学，是研究型大学或机构，主要的目的是培养学术人才、教师和科研人员。在"二战"之后，法国一直致力于整个国家经济、教育等各方面的建设，从20世纪60年代开始，婴儿出生潮后，待受教育者对高等教育的需求越来越多，法国的综合性大学承担起高等教育大众化的使命。今天的法国大学仍然延续着这一使命。综合性大学的门槛比较低，只要通过会考的学生，都可以进入大学学习。法国的大学比较开放和包容，能接纳所有的高中生，但是毕业的淘汰率却比较高，甚至高达50%。综合性大学承担了90%法国学生的教育任务和普及工作，因此综合性大学肩负着促进高等教育普及化和教育公平的使命。

首先，在法国的综合性大学中，学生没有指定教材，教师也没有所谓的高校教科书。其次，其课堂组织形式多以大课的形式进行，开设的课程种类多样且广泛，重视基础理论知识和学生的全面发展。再次，教师享有高度的教学自主权。从1968年的《高等教育方向指导法》到1984年的《萨瓦里法》，再到2010年前后的《大学自由与责任法》和《高教与研究法草案》，皆在一步步明确规定教师教学的自主权。成文立法为教师教学模式的开展给予了最大的自由空间。教师可以根据所授主题，选择要讲的内容，教学内容也有多样化选择，没有指定教材，不限图书。教师可以形成自己的讲授特点和优势，但都能给予学生充分的学术自由。因为没有固定教材，学生们需要去阅读大量的参考书或文献材料，记录大量的笔记。最后，除了教师享有教学自主权，学生也有一定的选课自主权，每个学生都可根据兴趣来选择喜欢的课程来学习。

3. "大学校"的精英教学模式

"大学校"也称为精英大学，主要是培养高水平、高文凭、高技术的人才。"大学校"入学门槛高，其录取机制跟大学完全不一样，"只有那些高中毕业会考的佼佼者，经过大学预备班的洗礼之后，才能登上大学校这一通往精英的坦途"。① 法国的"大学校"分有预备班、"大学校"和国家精英团②三个学习层次。相比综合性大学宽松的入学门槛，"大学校"有着严格的入学筛选机制。所有进入"大学校"的学生都必须经过两年的预科学习，占高中毕业生 10% 比例的学生进入预科班后，经过两年艰苦学习与严格的考试，经过多次筛选，只有 50% 的学生才能最终进入"大学校"就读。③ 这种招生模式的目的在于保证其人才培养的生源质量。同时，"大学校"有着非常明确的人才培养目标，主要就是培养高级管理人才、高级工程师和高级公务员。因此，"大学校"实行的是精英教育模式。

与综合性大学相比，"大学校"的存在时间较短，才两百年历史，因此与经院哲学没有什么特别的关联，其更加注重学生的实践和创新能力。但时代的进步和科学技术飞速的发展必然会一定程度对高等教育体系带来影响，"在此背景下，大学校要在创新和传统之间寻求平衡。不同类型的大学校采取的策略不同"。④ 普通"大学校"倾向于减少理论基础知识的教学，增强课程的技术专业性、实用性，注重对学生技术实践能力的培养。同时，普通"大学校"培养的人才更多的是中层管理和技术工程师，因此其教学

---

① 王晓辉：《大众化背景下的精英教育》，《清华大学教育研究》2006 年第 8 期，第 37~41 页。
② 安延：《通往精英之路——法国大学校与中国留学生》，商务印书馆，2015，第 71 页。
③ 张文晋、张彦通：《法国大学校教育的人才培养特色及其启示——兼论我国行业特色型大学的人才培养》，《高等财经教育研究》2012 年第 2 期，第 7 页。
④ 安延：《通往精英之路——法国大学校与中国留学生》，商务印书馆，2015，第 9 页。

和课程的方案制定更多地依赖于市场对人才的需求，普通"大学校"的自主性不高。但是高级"大学校"则不一样，除了基本的技能知识学习，还要求学习人文社会科学，这是因为高级"大学校"对所培养的人才有更高的要求。比如，法国巴黎综合理工学院开设了"入世教育"和"接触入世的实习"课程，以开阔学生的眼界，接触复杂的非技术性问题。① 这类高级"大学校"中还有以培养企业中最高级的管理精英著称的，如以培养工程师闻名的巴黎理工学校，培养商业高级管理人才的巴黎商业学校，以及培养国家高级公务员为代表的国立行政学校和巴黎高师。

这些"大学校"普遍走向多面性的人才培养方式，要求所培育的人才不仅要有扎实的专业知识，还要有宽广的知识水平和人文修养能力，以此应对未来国际化挑战。

"大学校"培养高、精、尖的专业人才，主要原因在于其历来与产业界在方方面面都保持紧密联系和合作，如"大学校"的校内管理委员会成员、培养计划、专业设置、教材的指定、教学内容与方法以及教学实践、研究课题等各个方面。② 因此，大学校的人才培养是与产业界全面对接的人才培养过程。同时，大学校非常注重学生的实践能力，因此实习环节必不可少。学生在 3 年的学习中每年都有一定的实习期限，时间从 8 周到 28 周不等。学生通过充分的实习活动可以让知识与技能都得到提升，真正做到理论与实践结合，因此"大学校"的培养模式让人才质量得到了充分的保证。

在教师方面，法国的"大学校"的课堂教学主要由校内专职教师和校外行业教师共同承担。大学校教学的创新发展也得益于其紧跟行业前沿发展，理论与实践相结合，因此校外行业教师在大学校的教学中发挥了不可低估的作用。大学校的课堂教学模式主要是以研讨会（séminaires）和小组合作的方式进行，这是法国高等专业学校普遍的课堂组织模式。在研讨会上或教学过程中，学生是课堂的主体，教师更多是创设一种自由的学习氛围，学生和老师之间没有等级或权威可言，并可对问题或论点展开讨论甚至激辩。法国高等教育一直秉承创造性的办学理念，鼓励思想自由、学术自

---

① 张文晋、张彦通：《法国大学校教育的人才培养特色及其启示——兼论我国行业特色型大学的人才培养》，《高等财经教育研究》2012 年第 2 期，第 8 页。
② 张文晋、张彦通：《法国大学校教育的人才培养特色及其启示——兼论我国行业特色型大学的人才培养》，《高等财经教育研究》2012 年第 2 期，第 8 页。

由的风气，重视学生的创造性品质的培养，重视学术创新，鼓励创新精神。

虽然综合性大学和"大学校"在办学模式、办学理念、培养目标、培养方式上有很多的不同，但随着大学民主化、国际化和知识经济的挑战，法国政府努力将两轨并拢，促进高等教育的民主和公平。在 2013 年，法国颁布了《高教与研究法草案》，加强了综合性大学和"大学校"在教学和科研上的合作。要求任何教师都要将教学和科研结合起来，不能偏重于任何一方面，更不能将教学和科研做主要、次要的划分。法国高等教育的教学模式开始注入新的活力，双轨共行。总的来说，法国的教学模式既自由又不失教学的严谨，既能促进学生的学习兴趣，又能保证学术的深度和学生的创造性。

（四）法国高等教育的科研模式

1. 法国高等教育科学研究的形成与发展

法国作为世界发达国家之一，有着先进的科研体系。法国的科研机构主要有公共科研机构、私营科研机构和企业科研机构三种类型。科学研究机构的雏形可以追溯到 1530 年由法兰西斯一世创办的皇家学院①（法兰西学院的前身）以及于 1666 年成立的巴黎皇家科学院。1888 年成立的巴斯德研究所是法国较早的私营研究机构。法国的公共科研机构的出现历史并不长，公共科研机构主要是国家机构、高等教育机构以及非营利性研究机构。1930 年在诺贝尔物理学奖得主简·佩兰的推动下成立的国家科学基金会为后来的国家科研中心的成立奠定了坚实的基础，1939 年法国政府正式通过法令，法国国家科学研究中心（CNRS，也称为法国国家科学研究院）正式成立。

法国国家科学研究中心，现隶属于高等教育与研究部（简称"教研部"），总共有 1300 多个研究单位，主要有三种类型：直属研究单位（UPR）、协作研究单位（UPA）和混合研究单位（UMR）。其中有近 300 个直属研究单位，约 1000 个协作研究单位和混合研究单位，研究单位都比较小，基本由 1~2 个研究院负责，由若干科研人员和技术人员组成。政府支持的公共基

---

① 皇家学院是由法兰西斯一世创建用于专研希腊、拉丁和希伯来语的机构，一直到大革命后才正式使用"法兰西学院"一名。

础性研究与技术开发活动一般由公共科研机构承担。法国现约有 10 万研究人员从事公共科研工作。法国拥有悠久的科技传统和卓越的科研体系，是世界科技强国之一。其每年在研发上投入约 450 亿欧元，占国内生产总值的2.25%。① 其中直属研究单位是科研中心本身所属的研究机构，其人员、经费均来自科研中心本身。因为在法国的科研体系中，科研不单由大学或"大学校"负责，更多的是由国家大型公共科研机构负责，政府会给予公共科研机构大量的经费拨款来支持公共基础性研究和技术开发。

CNRS 是目前法国最大的多学科科学技术研究机构，几乎覆盖了所有知识领域和科学领域。CNRS 在国家的科学研究与发展中占有极高地位和优势，发挥着不可代替的作用。自 1939 年成立至今，CNRS 先后走出了 22 位诺贝尔奖、12 位菲尔茨奖、1 位图灵奖和 1 位阿贝尔奖获得者，在法国国家创新体系中占有绝对优势和主导地位。② 法国国家科学研究中心的现任主席是安托万·佩蒂。

2. 法国高等教育科研模式

法国的中央集权制在历史上已经存在很久，是法国旧制度的灵魂。1789年爆发的大革命或多或少地改变了这个根深蒂固的旧制度体系。而在拿破仑独揽大权后的统治下，中央集权又得到了加强。中央集权制对法国的教育体系和科研体系产生了深远的影响，在中央集权体制下，法国政府在科研活动方面具有高度的控制权和强劲的主导性。同样，这也在一定程度上冲击着法国的公共科研项目和高等教育科研体系。法国高等教育机构的研究人员与国家科研机构的研究人员一样都属于国家公职人员，科研人员的职业发展道路较稳定。

法国的公共科研由专门的机构——法国国家科研中心来开展。尤其是第二次世界大战之后，国与国的竞争变得越来越激烈，法国加大了对科技和教育的重视，将国家科研发展提升到国家战略的日程上，认为只有将研究机构和高等教育体系中大学和"大学校"的科研结合起来，才能真正提高法国的科研竞争力，实现高等教育的真正使命。另外，法国有学者还认为只有保障基础问题的科研质量才能有效推动科研水平的进步。因此，为

---

① 李志民：《法国科研机构概览》，《世界教育信息》2018 年第 7 期，第 13 页。
② 盛夏：《率先建设国际一流科研机构——基于法国国家科研中心治理模式特点的研究及启示》，《中国科学院院刊》2018 年第 9 期第 33 卷，第 963 页。

保证科研成果的创新性和优质，法国在高等教育科研领域实施协作研究单位和混合研究单位并驾齐驱的模式。

（1）高校与公立研究机构的协作研究模式

法国高校的科研主要负责基础问题研究。从 1966 年开始，法国国家科学研究中心开始与全国的高校进行合作，采取的是"相辅相成，长期合作"的方针和模式，并为这样的合作科研模式设置了相关协调机构。法国国家科研中心同法国 190 所大学以及"大学校"保持着紧密的协作关系，在大学里面建立联合实验室。得益于联合实验室的优势，大学的科研水平得到了极大的提高。法国国家科学研究中心 80% 以上的实验室都设置在大学，并为之提供所需人力和物力。这种协作科研模式大大整合了科研中心和高校的各种资源，如人力、物力、研究人员、资金、场地以及科研器材设备等，使之得到更合理更充分的利用，形成"大学与研究机构共同体"。

1968 年 11 月法国议会颁布的《高等教育方向指导法》针对教学和科研做出了新的规定，"……取消大学的系，设教学与研究单位"，集合若干"教学与研究单位"为一所多科性大学，每个大学区可设若干所大学；实行民主管理，大学和"教学与研究单位"由"民主选出的理事会管理，由校长领导……"① 即改组和调整大学结构，取消大学原来的系部，建立教学与研究单位。

1990 年，CNRS 开始实行与高校四年一签的合约制。研究机构与高校联合组建的实验室就是典型的科研合作形式。这些实验室和研究所构成了法国高等教育科研中的主体部分，一般实验室签约期为四年，合同到期后根据项目研究的需要或双方研究方向的变化来决定续签与否。实验室处于动态的前进发展中，这促进了科研项目的创新与学术资源的共享与流动，使得法国高等教育体系下的科研不断保持活力。

（2）高校、科研机构和企业三足鼎立的混合研究模式

为了鼓励科研创新，法国于 1999 年 7 月 12 日颁布《创新与研究法》，开始不断对大学和科研机构做出新的调整，如首次允许科研人员流动。大学和科研机构的科研人员可根据科研项目创建企业，既可以做研究者也可以做管理者。高校鼓励高教人员，调动他们的积极性，该法令允许教师或

---

① 蒋广学、朱剑：《世界文化词典》，湖南出版社，1990。

学者走出书房和实验室，到企业或科研单位工作，进行新的科研项目，尤其是跨学科的研究。

2007 年 3 月以来，法国高等教育与研究领域进行了改革，推出了一种全新的组织形式——高等教育与研究集群（Les pô les de reche rche et d'enseignement supé rieur，PRES，以下简称"集群"）。① 其目的在于整合各类公、私立高校与研究机构，集中教育资源，扩大学校规模，开展以科研合作为主的各项活动，从而产生动力效应推动公共利益。② 创建联合机构"高等教育与研究集群"的目的在于促进大学、专科学校以及研究机构的重组与大力合作，改变过去单一的合作方式。由此综合性大学、"大学校"、企业以及科研机构之间的合作便开始深入，大学与企业，"大学校"与科研机构等的合作也由此开始建立。

2013 年法国政府出台的《法国高等教育与科研法》，取消"高等教育与研究集群"，并首次将高等教育和科研列入同一法律中，以立法的形式来推动高校和公共科研机构的改革，增强法国的科研水平。其目的主要是将国家教育与科研结合，加强大学与科研机构的合作，推动科研技术成果的转化，激发高校科研兴趣，推动高校的多学科建设。

总的来讲，近十多年来，法国不断地对其科研体制进行改革，最终制定了科学、教育、工商业三个领域相结合的科研模式，形成科研机构、高校和企业三足鼎立的局面。混合研究单位就是这种科研合作模式发展下的产物，合作对象多为高校、科研机构和企业及其他公共及私人机构等，是一种共同建立研究小组和联合实验室的混合科研模式。

"合作""协作""多方合作"的特征体现在法国科研活动的方方面面。法国的科研体系越来越分明和系统化，这大大促进了科研活动的自主性和灵活性。基于法国国内外形势，法国在 2017 年发布了《高等教育与科研白皮书》，该报告指明法国高等教育与科研的未来发展方向和基本战略目标，同时也制定了未来 10 年的科研财政预算。由此可见，法国对高等教育科研的未来发展越来越重视。

---

① 高迎爽：《从集中到卓越：法国高等教育集群组织研究》，《清华大学教育研究》2012 年第 1 期，第 59 页。
② 张梦琦、刘宝存：《法国大学与机构共同体的建构与治理模式研究》，《比较教育研究》2017 年第 8 期，第 3 页。

（五）法国高等教育的社会服务

法国历来非常重视高等教育的社会服务，法国高校一直有与工业领域及企业保持紧密联系的传统。无论是综合性大学还是"大学校"或者其他高等教育机构，都非常重视与社会的联系，因为高校所培养的人才最终要服务社会，因此，所有学生都必须到法国公司或者国外机构实习。根据各高校的不同要求，在企业或机构的实习时间有一定差异，一个假期、一个学期或者整整一年。"大学校"对实践教学环节更是要求严格，每年都会为学生安排教学实习内容，学业的最后一年基本都是在各企业或机构实习。这些在上学期间安排进行的实习经历，使学生在获得锻炼的同时，也可能获得直接入职的机会。法国这种注重实践环节的教育模式对高等教育普及化背景下社会精英人才培养非常有益。

另外，法国"大学校"长期与产业界合作确定培养计划、专业设置、教学内容以及实践教学等。"大学校"的课程教学内容会根据企业的建议不断调整，在教学中能够做到理论和实际相结合。

（六）法国高等教育的国际化

进入知识经济时代以来，全球各国面临着机遇和挑战，面对日益变化的世界格局和科技的进步，培养优秀人才的高等教育显得尤为重要，国家间互相交流和学习变得频繁。在教育领域，法国相较于欧美其他发达国家，可谓是一个对内相对保守，对外包容开放的国家。相对保守是指法国绝大多数大学不能够享有充分的自主权，包容开放则是指法国积极融入国际化进程。20 世纪 90 年代，法国为提高国际竞争力，与英、德、意三国签署了《索邦宣言》，旨在建立共同的互相交流学习的平台，消除障碍，建立统一的学位制度和学分转换系统。1999 年，在《索邦宣言》的推动下，著名的"博洛尼亚进程"启动，通过建立"高等教育园区"促进国家间的交流互动，扩大欧洲高等教育国际影响力。在此次进程中最突出表现即是"LMD"（358）学制的改革。欧盟规定，各成员国在本国的学制基础之上实行"学士—硕士—博士"（358）学制。作为欧盟成员国之一的法国，为应对国际化趋势，2005 年开始全面实行"358"学制。另外，通过建立欧洲学分转换系统（ECTS），便利了法国学生与欧洲各国学生之间的相互交流学习。

在学位文凭得到统一后，欧盟内部的学子都可申请读"358"学制课程并获得相应文凭。法国在 2004～2006 年，通过伊拉斯谟世界计划吸引了许多非欧盟国家留学生，这给法国带来了许多非欧盟国家留学生，彰显了法国高等教育的能见度。对内，法国为吸引留学生，政府 2007 年推出"大校园计划"，针对所有老旧的建筑进行翻修，改善留学生膳食条件，为留学生提供跟踪服务，提供多种人性化服务。教育的保障和优质的留学生服务使法国逐渐受到中国留学生的青睐。2001～2018 年法国是国际排名第四的留学国家，2018 年，除非洲地区的学生，中国留学生是留学法国人数最多的，约占 9%。①

尽管受到越来越多海外学生的热爱，法国要在国际竞争压力下提高法国的综合实力还离不开科研的创新。1998 年，《构建欧洲高等教育模式》报告中提出了"U3M 规划"，强调了科研质量的重要性，提高大学的科研质量，鼓励大学创办企业转化科研成果。2006 年 4 月，《科研规划法》强调对高等教育内部重组，建立"高等教育与研究集群"，让同一区域的综合性大学和"大学校"组成联合体，资源共享。根据文件，PRES 同样具有颁发文凭资格，成员的学术成果都将统一以 PRES 署名，目的是提高法国高等教育国际可见度。② 2009 年，法国针对一部分海外领土设立科研小组，加强与海外领土在科研上的合作。法国在不断要求提升科研质量和教育质量的同时也保障了财政的投入。2017 年发布的《高等教育与科研白皮书》中提到，法国未来十年在科研领域将增加 100 亿欧元的经费支出，足以见得法国教育部的决心。

除了科研和教学展现国际化趋势外，法国与国外的办学合作，尤其是与中国的合作也体现了法国高等教育国际化的特点。2003 年，中法签署了《中法高等教育学位和文凭互认行政协议》，该协议介绍了文凭互认的实行方式。2016 年 6 月 30 日，华东师范大学"中法联合培养研究生项目"（Programme of Sino-French Education for Research，PRoSFER）以及"可信国际合作联合实验室合作项目"在中法高级别交流会上荣获"中法大学合作优秀项目"奖项。③ 法国不仅与中国合作或办学增多，截至 2017 年，法语

---

① 哈巍、陈东阳：《法德日国际学生教育投入的比较与思考》，《光明日报》，https//news. gmw. cn/2019－07/30/content_33038016. htm。

② 刘敏：《法国综合性大学治理模式与自治改革研究》，北京师范大学出版社，2015，第 78 页。

③ 《中法高级别人文交流机制第二次会议》，欧洲时报网，http://www. oushinet. com/ouzhong/ ouzhongnews/20160628/234738. html，最后访问日期：2019 年 3 月 18 日。

联盟共开办过 28000000 小时法语课。① 以此可见，法国非常注重与国外的合作，努力提升高等教育质量。

（七） 法国高等教育师资队伍建设

高等院校既是人才会聚的高地，也是为提高国家综合实力培养各类高层次人才的主要基地。人才培养的质量归根结底取决于"人才会聚"的质量，即师资队伍建设的状况。法国政府尤为注重高等院校的师资队伍建设和高校教师的权益保障，为此，政府先后出台了多个有利于高校教师发展的法律、法规，并逐步完善高校教师和科研人员的选拔、培养、聘用和激励机制，提高"人才汇聚"的质量。

1. 法国高校教师队伍的构成

（1） 正式教师

正式教师主要包括大学教授（Professeur des universités，PU）、讲师（Maître de conférences，MCF）等，其具有法律赋予的言论自由和工作独立性。其中教授一般是教学科研型教师，他们通常在高等教育机构中兼有教学和科研任务。大学讲师，相当于中国教师体系中的讲师或副教授；大学教授，相当于中国教师体系中的正教授。2014～2015 学年，全法共有 5.99 万名教学科研型教师，其中教授 2.14 万名，占全部教师总数的 23.2%；讲师 3.85 万名，占高校教师总数的 42%。②

（2） 非正式教师

非正式教师主要包括兼课教师、临时研究员、客座教授等，他们主要依据合同在高校从事临时性或经常性教学研究任务。如为了保证高等院校的艺术、外语类课程的教学，并且不造成社会资源浪费，法国高校从中学引入了一部分教师资源，专门承担艺术、外语类课程教学。2014～2015 学年，非正式教师为 1.78 万名，占高校教师总数的 19.4%。③

2. 法国高校教师聘用制度

法国高校向全世界公开招聘优秀教师，优秀教师的招聘与选拔通常需

---

① 《大数据时代下的法语联盟》，豆瓣网，https://www.douban.com/note/658764076/，最后访问日期：2020 年 1 月 2 日。

② 一读：《一览法国教育制度》，搜狐网，http://m.sohu.com/a/117012994_374087，最后访问日期：2020 年 12 月 20 日。

③ 邹润民、马燕生：《法国公立高校教师聘用与管理》，《世界教育信息》2016 年第 29 期。

要如下基本步骤和要求。

首先，应聘者要获得参加教师（讲师、教授）职位竞聘的资格。竞聘者要在法国国家教育、高等教育暨研究部（简称"高教科研部"）的门户网站 GALAXIE 上注册并填写个人信息，提交材料（通过邮寄），材料基本包括：申请者对其教学、科研或者行政工作的简述，全部科研成果和文章。然后由全国大学理事会（Conseil National des Université，CNU）中针对该学科的评审组审核。学科组根据时代的发展会有增减，目前共有 52 个学科组，每组安排两名审核人共同评审，每一学科的评审组建立相应的标准。最终评审结果会在 GALAXIE 上公布。该资格有效期为四年。

其次，候选教师在取得竞聘资格后，才能继续竞考来获取教师（讲师、教授）的职位。各高校每年会因退休、职位升迁、科研单位之间的人员流动以及其他原因而空缺出一定的职位。高教科研部会在每年年初发布一则通知，公布当年录用教师，包括讲师、教授的计划限额。各高校根据院系的用人需求，确定用人名额后向高教科研部提出用人申请。高教科研部在汇总分析后向各高校分配名额，并在 GALAXIE 网站上公布空缺职位名单。竞聘教师可在其竞聘资格有效期内，根据岗位情况报名参加竞聘，一经录用，即可成为国家公务员。

新入职的大学讲师通常有几个月至一年的试用期，试用期结束后要由大学再次审核，决定是否转正、延期或解聘。

3．法国高校教师的地位与待遇

（1）高校教师的社会地位——国家公务员

在教育体制方面，法国是典型的中央集权式国家。早在拿破仑时期，就以法律的形式规定了高等教育的管理权在国家，实行中央集权制。法国公务员分为国家公务员、地方公务员及医务卫生公务员三个大类，法国大学教职工属于第一大类即国家公务员，执行国家公务员工资及福利基本制度。① 法国的教师资格考试及岗位竞考都非常严格，因此人员一旦被录用，就享有终身职位。

---

① 赵丹龄、张岩峰、汪雯：《高校教师薪酬制度的国际比较研究》，《中国高教研究》2004 年第 1 期，第 33~41 页。

（2）高校教师的薪资政策——职务薪酬等级体系

薪酬方面，法国高校教师没有独立的工资及福利制度，其工资及福利的确定及管理由国家公务员基本制度规定。薪酬会随着职位级别的提高而自动、逐级增长。每一级别都有相应的指数决定薪酬的数额。如大学讲师分为两个等级：普通讲师和高级讲师。普通讲师的工资分为 9 个薪酬级别，高级讲师的工资分为 6 个薪酬级别。大学教授分为三个等级：二级教授、一级教授、杰出级教授。二级教授的工资分为六个薪酬级别，一级教授的工资分为三个薪酬级别，杰出级教授的工资分为两个薪酬级别。依据法国高等教育与研究总工会 2014 年和 2011 年数据，大学讲师普通级税前月薪为 2102～3801 欧元，高级讲师税前月薪为 3047～4459 欧元。二级教授税前月薪为 3047～4459 欧元，一级教授为 3801～5390 欧元，杰出级教授为 5390～6112 欧元。

（3）高校教师的福利待遇——国家公务员待遇

法国教师享受国家公务员待遇。工资由国家直接负责制定预算及支付，不会出现拖欠工资的情况。社保、退休金、医疗保险方面均有保障，每月从工资中扣除公积金（cotisations salariales）上缴国家用于社会福利等。其中，退休金（pension civile）占工资的 7.58%；社会保险占工资的 8.0%，其中普遍性社会金（CSG）占 7.5%，社会债务偿还金（CRDS）占 0.5%；医疗补充险（MGEN）占工资和奖金的 2.5%。[①]

此外，高校教师除工资外，还有额外的一些补助。如住房补助（indemnités de résidence），根据学校所在地而定，最高补助 195.48 欧元。家庭补助（supplément familial de traitement），根据工资和孩子数量而定，如有两个孩子的家庭，每月最低补助 69 欧元，最高补助 103 欧元。加班补助，法国政府法令规定公务员的法定工作量是每周 35 小时。对于教师，由于其工作的特殊性，教育部另有适用性规定，比如大学教授及讲师每年课时量为 192 小时（大课系数为 150%，即 1 小时实计为 1.5 小时；小课系数为 100%；实践课系数为 60%）。超过上述时间工作则可领取加班补助。[②]

（4）高校教师的激励机制——教研奖金激励

为保证高校教师保持教学和科研的持续热情，学校还设置了其他的一

---

① 王文新：《法国教育研究》，上海社会科学院出版社，2010，第 92 页。

② 王文新：《法国教育研究》，上海社会科学院出版社，2010，第 95 页。

些奖金作为激励。举例如下。

教学杰出奖。为了激励教师严谨教学，保证教学效果，高校每年要评选出优秀教师作典范，优秀教师可获得一笔教学杰出奖金。

行政职务奖。在高校从事行政工作或其他管理岗位工作的教师，在年底可以获得一笔行政职务奖金。

博士生导师奖。在高校带领博士研究生进行科研活动的教师可以获得此项奖金。例如，2010～2011年，一级教授和特级教授为6717.36欧元，二级教授为5136.70欧元，讲师为3555.86欧元。①

优秀科研奖。2009年高教科研部设立了优秀科研奖，此奖项全国范围内的教师均可参评，入选者可获得3500～15000欧元的奖金。特别优秀的、在国际上有重要影响力的（如获得诺贝尔奖）教师，获得的奖金可达2.5万欧元。②

4. 高校教师的管理

（1）教师岗位聘任、职称晋升制度

法国高校均采取竞考的方式来聘任讲师和教授。教师职称的晋升需要由全国大学委员会来进行考核与评定，比如普通讲师可以向高级讲师晋升，二级教授可以晋升为一级教授，一级教授还可向特级教授晋升。除了职称的晋升外，法国还在同一职称内分多个等级阶梯，等级不同相对应的工资额度也会有所不同，比如特级教授可向特级一等、二等晋升。同级内升等次不需要评定，随从业年限增加自动提升。

（2）教师考核评价制度

教师的年度考核由各高校自主进行，通常是采取发放调查问卷和学生网上评教等方式进行。此外，国家每四年会统一组织一次针对高校教师的大型考核。考核内容主要包括：职业行为规范表现、参与科研活动情况和教学评价等。评价标准因学科而异，如工科学业，更侧重对教师实践能力的考核，教师与行业、企业的联系可能会被列入评价指标。在评估教师的侧重点上，政府与高校还有所差异，政府比较侧重于对教师学术研究成果

---

① 邹润民、马燕生：《法国公立高校教师聘用与管理》，《世界教育信息》2016年第29期，第32～34页。

② 邹润民、马燕生：《法国公立高校教师聘用与管理》，《世界教育信息》2016年第29期，第32～34页。

的评价，而高校则更倾向于对教师教学水平的评价。

（3）教师流动制度

法国高校教师的流动有多种形式，并且流动十分灵活。如跨学科、跨校流动，地理原因上的流动，公共机构内部的流动，与私营机构之间的流动以及国际间的流动等。法国在 2009 年出台了公务员流动的相关法律，该法律对高校教师同样适用。高校教师在国内的流动依照各单位职位录用的程序进行。只要某高校有空缺职位且教师条件符合招聘要求，都可向该校提出应聘申请，通过校方的面试考核后即可进入该校任教，同一学校不同学科间也可进行流动。国际流动在各种交流合作项目的框架下进行，如校际交流合作项目、双边合作项目等。另外，教师如果不愿意继续从事教育系统内的工作，也可以通过报考其他相关考试，到国家其他职能部门工作，仍可享受国家公务员的福利待遇。

（4）接纳外籍教师

在法国，科研人员和教师都是国家公务员，通常情况下，国家公务员一职只能由持有该国国籍的公民担任，但法国政府为了保证高校教师以及科研队伍的质量，向世界各地招贤纳士，特颁布法令，规定除担任政府部门，如工业部、国防部等下属院校及科研单位的教学、科研岗的教师须持有法国国籍外，其他政府部门下属院校及科研所的教学、科研岗可以由外籍人员申请并担任，在管理上同本国科研人员和教师无异。法国政府还特别规定，在福利待遇和薪酬方面，外籍科研人员和教师与本国教师享受同等待遇。[①]

（八）法国高等教育经费配置

法国历来重视对教育的投入，年教育经费一直占国内生产总值的 6% 以上。1982 年法国颁布实施《地方分权法》，地方政府自治权大为增加。进入90 年代后，地方加大对教育的投入，兴建大批学校。此外，随着 90 年代初教师聘用制度改革，教师工资待遇提高，教育经费持续增加。

1. 法国高等教育经费来源的渠道

（1）国家财政投入

法国的财政权集中在中央，税收是中央政府最主要的财政来源，包括

所得税、销售税、企业税等。这就使得国家有雄厚的经济实力来支撑庞大的教育经费。所以高等教育的投入也一直由国家主要负责。在1984年以前，教育部掌握的经费，除科研经费单独列出外，其余根据各学校的性质、规模和计划，在征询全国高等教育科学研究理事会的意见后，每年一次分配给所属学校。[①] 各学校得到经费后，由各校自行支配，政府对经费的使用不做规定。政府对高校的财政拨款部分，通常大部分用于教职工工资支付以及福利补贴，剩下少部分用于运营管理和资本性支出。

（2）学杂费收入

法国是一个高福利国家，教育是公共性产品。综合性大学由国民教育部管理，免收学费，法国的中学生一旦通过了高中会考，便可直接入读，但要缴纳少量的注册费来减轻法国的教育成本压力。注册费的数额依据学校和所学的专业而定。部分享受助学金资格的学生可申请免交注册费。从2019年新学年开始，欧盟国家以外的学生本科阶段注册费从每年170欧元提高到2770欧元，硕士阶段从每年243欧元提高到3770欧元，博士阶段从每年380欧元提高到3770欧元。[②] 在此之前，国际生和法国本土学生支付同等的大学入学注册费。"大学校"的学费较为昂贵，"大学校"分属各部，也有部分私立。学费的数额由学校自己决定。私立"大学校"每年学费在2万~4万法郎不等，合17839.5~35679欧元。国家承认的私立高等学校的学生也可以享受助学金。助学金共有两大类，其中一类是社会标准助学金，这类助学金是以学生的家庭经济情况为评定依据；另一类是大学标准助学金，这类助学金是以学生的学习成绩为评定依据。[③] 以上两种助学金申请条件都不满足的学生，还可以享受注册费以及生活费无息贷款。此外，法国高校在读生每年还必须支付1500~2000法郎的医疗保险费。

（3）企业资助

法国企业在对高校的资助上贡献了很大的力量。一是学徒税。企业对高校最主要的资助就是学徒税。企业必须交纳工资总额的一部分（大约

---

① 杨秀文、范文曜：《法国的高等教育评估和大学拨款》，《世界教育信息》2004年第3期，第32~43页。

② 《法国公立大学注册费上涨方案》，中华网，https://news.china.com/international/1000/2019 0422/35731571.html，最后访问日期：2020年12月30日。

③ 包月红：《中法高等教育经费来源的比较研究》，《现代教育科学》2006年第11期。

5%）作为学徒税。① 如果雇主为学徒支付职业课程或技术课程的费用，或参与了某一高校的雇员培训计划，他们就可以把税金部分用在该培训计划里。二是企业与高校签订科研合同，对高校提供的服务付费。法国的大学传统有重学轻术的特点，大学担心与企业合作后，会沦为企业的"奴仆"。② 但自 20 世纪 70 年代以来，法国高等教育财政一直处于危机中。这种严峻的财政状况使得大学不得不加强与企业的合作。1979 年法国成立了"全国科研推广管理局"，鼓励高校把优秀科研成果引入企业中，使之转化为生产力。三是继续教育收入。大学面向企业，根据企业需求，提供有针对性的、有偿的继续教育课程培训以及学历进修，大学通过继续教育获得的收入可达到高校总经费的 8%。

2．法国高等教育拨款机制

（1）合同拨款

自 1977 年开始，法国大学的科研经费从教学经费中逐渐分离出来，科研经费依据科研标准单独划拨。政府与大学签订合同的概念首次出现在 1984 年出台的《高等教育法》中。最初，仅在高等教育的科学研究领域中使用合同拨款政策，但在 1989 年，教育部决定将这种合同政策扩大到高等教育的各个领域，合同政策规范了政府与学校的关系，在政府与大学之间引进协商谈判制度，使国家与大学形成一种新型的良性的平等关系。合同拨款政策也逐渐成为政府对高等院校财政拨款的基本形式，成为政府对各高等院校进行评估活动的主要依据。就这样合同拨款发展成了一种制度形式，实现了评估与拨款的统一，并成为国家与高等院校平等对话的桥梁。合同拨款的过程：法国政府每四年与大学签订一次合同。大学根据国家目标和地方教育需要制定一份四年发展规划提交给国家科学委员会，该规划涵盖所有教学活动（教学、研究、国际化和学校管理等），涉及所有行动者（教职人员、学生、校外第三方等）。国家给予高等学校充分的自主权，高等院校也应明确自身的责任。国家科学委员会派专家前往学校实地考察，与大学代表协商合同事宜。四年合同到期后，由国家高等教育评估委员会对大学的合同实施情况以及目标完成情况进行评估，评估报告会影响政府

① 赵丽芬、郭军海、谢元态：《中法美高等教育经费来源的比较及借鉴》，《江西农业大学学报》（社会科学版）2007 年第 2 期，第 123～127 页。

② 杨明：《论法国高等教育财政的改革》，《教育与经济》2001 年第 2 期。

与学校签订的新合同，继而影响政府对大学的拨款。

（2）科研拨款

在上文介绍的合同拨款中也涉及了大学科研拨款。国家与大学签订合同，该合同在教学和科研上有清晰的界限，合同中关于科研部分的内容十分详细，甚至具体到大学里的科研单位。除国家科学研究预算中的高等教育部分外，竞争性的经费资助模式也是法国大学获得科研经费的一个重要渠道，如企业为了获得优秀的科研成果，也会为大学的科研提供经费支持，但提供的经费中有 90% 都用于企业项目。法国大学若与法国国家科学研究中心以及其他的国家研究委员会合作，也会获得由该委员会提供的科研经费。

（九）法国高等教育质量保障

第二次世界大战对法国造成重创。战争结束后，法国国内经济倒退，民众情绪低迷，法国政府试图通过大力发展教育事业振兴法国经济，恢复国力。而此时的法国高等教育也呈现出衰微的态势，亟待恢复和发展。为适应社会发展对专门人才的需求，加之在适龄人口的增加和民族化浪潮的推动下，法国自 20 世纪 60 年代开始了高等教育大规模扩招。高等教育规模不断扩大，大学在校人数从 1985 年的 136 万人激增至 1993 年的 209 万人，到 2000 年，法国高等教育入学率达到 60%，标志其早已进入了普及化阶段。高等教育规模的迅猛发展在很大程度上满足了高新科技进步和社会发展对高等专业人才的需求，但高等教育也出现了严重的质量问题，这些问题主要体现在生源质量下降、师资匮乏、课程设置不合理、教学方法落后、学生学业失败率居高不下和毕业生就业困难等方面。为化解高等教育的质量危机，法国开始建立高等教育质量保障体系。该体系主要包含健全法律保障、完善高等教育评估体系、"合同制"的实施以及加强高等教育机构内部质量管理。

法国政府每年对教育的经费投入约占财政预算的 23%，该比例居世界首位。巨额的教育经费投入决定了政府对高等教育的绝对主导权。法国高等教育是"国家控制型"的典型代表，不过为了避免机械僵化和官僚主义等弊端，法国利用评估中介机构间接实现对高等教育的监督和管理。法国质量保障的主要机构包括国家高等教育评估委员会（CNE）、国家高等教育研究委员会（CNESER）、国家工程师职称委员会（CTI）等。

法国国家高等教育评估委员会成立于 1984 年，于次年开始正式运作。该机构是直接向总统负责的行政主体，它既独立于政府又独立于接受评估的高等教育机构。国家高等教育评估委员会的经费来源主要是国家拨款，其成员和职员由总统直接任命，选拔极为严格，任期 4 年，包括成员 17 名，总秘书 1 名和专职职员 24 名。国家高等教育评估委员会主要负责对法国教育部所属的及其他机构所属的科研、文化和专科职业高等教育机构进行质量评估，具体包括院校评估、对学科或学位进行评审，研究大学使命、高等教育的政策性问题，并将这些问题整理在年度报告和各项主体研究中呈送给总统。评估委员会每五年对大学进行一次评估，委员会可自主安排约 20 项评估或者研究项目。评估报告包含了对大学的教学质量、科研项目、高校的管理措施和成效，对大学如何设定和完成目标、方向等方面进行全面分析，为即将进入高等教育阶段的学生和家长、大学的合作者、政府机关和大学毕业生雇主等群体提供信息。因评估结果直接影响大学与政府拨款合同的签订，各高校都十分重视国家高等教育评估委员会的评估。

2006 年法国颁布了《科研规划法》，根据该法创建了法国高等教育与研究评估署（AERES），AERES 整合了高等教育评估委员会和其他一些评估机构，负责对法国的高等教育与研究机构开展评估。AERES 的成立其实是为了促进法国高等教育质量保障的国际化而诞生的，该评估署成立后，继续与欧洲高等教育质量保障协会（European Association Network for Quality Assurance in Higher Education，ENQA）密切合作，并通过聘用国际评估专家和加强与他国的合作等方式来推动法国高等教育质量保障工作的国际化发展。

根据 2013 年颁布的《高等教育法》，法国成立了高等教育与研究高级评估理事会（Le Haut Conseil de l'Evaluation et de la Recherche et de l'Enseignement Supérieur，Hcéres）取代了 AERES。Hcéres 的工作内容有：对高等教育单位及其集群、公立研究机构、科学基金会、国家科研署进行评估。[①] Hcéres 成立之初，便以独立性、透明性和公平性作为其价值追求，以保障法国高等教育质量为己任。[②] Hcéres 通过分析、评估和建议，致力于提高法国高等教育

① 汪小会、孙伟、俞洪亮：《法国高校的国家评估及对我国的启示》，《上海教育评估研究》2016 年第 6 期。

② 李竹：《法国高等教育质量保障机构研究》，四川外国语大学硕士学位论文，2020。

质量和科研实力。Hcéres 的职责主要有：评估所有高等教育和研究机构（大学、"大学校"、研究所、高等教育集群、研究单位、学士/硕士/博士学位系统）；评估其他机构设计的评估程序；如有需要，可为其他国家高等教育机构进行评估；利用 Hcéres 分支机构科学技术观察研究所（OST）的研究成果为国内和国际高等教育机构提供分析和指导；依靠 Hcéres 的分支机构法国科研诚信办公室在科研诚信的政策制定和实践方面提供支持。[①]

除了 Hcéres 外，法国还有一些专门性质的评估机构，比如，国家高等教育研究委员会负责审批想要发展教学项目的高等院校获得授予国家学位证书的资格。曾经法国大学的学位证书存在由国家授予和由高校授予两种方式，由国家授予的学位证书只颁发给进入公共服务部门的人员。1984 年颁布的《高等教育法》规定，国家高等教育委员会拥有划定获得国家学位证书的最低条件的权力和批准权力，以保证大学授予学位证书的权力在政府的严格监管之下。目前法国综合性大学的国家文凭基本由公立高等教育机构颁发，这些学位符合国家标准，受国家教育部和文化部承认。

除以上机构外，法国参与高等教育评估的还有：大学评估委员会（CEU），主要负责教师招聘和师资考核；国家工程师职称委员会，主要负责工程研究类评估，发挥某种间接责任作用；学位授予委员会，在教育部高等教育理事会范围内，审定研究生课程并授予相应的学位；大学理事会，具体制定学术规划，负责确定国家学术水平和为所有大学补充和促进学术人员进修等职责；国家科学委员会，确定四年研究合同，对教育部划拨的研究基金进行分配。[②]

法国大学内部设有评估委员会，对外配合国家高等教育评估委员会的工作，对内开展学校发展战略、院系工作、教学质量、教师教学评价、学科发展和毕业生就业情况等评估。

政府在法国高等教育质量保障中发挥主导作用，法国高等教育最突出的特色是非常注重对教育系统的整体发展进行评估、分析和总结，以便为

---

① *Le Haut Conseil de l'Evaluation et de la Recherche et de l'Enseignement Supérieur*，维基百科，https//fr. wikipedia. org/wiki/Haut_ Conseil_ de_ l% 27% C3% A9valuation_ de_ la_ recherche_ et_ de_ l% 27enseignement_ sup% C3% A9rieur. 2019 - 10 - 11，最后访问日期：2019 年 10 月 11 日。

② 冯旭芳、李海宗：《法国高等教育质量评估机制对我国的启示》，《教育探索》2008 年第 11 期，第 139~140 页。

提高高等教育的绩效和高等教育政策的制定提供参考。同时，法国也非常注重高等教育质量保障的国际化发展，从 1998 年开始，法国通过学制改革和建立学分互认体系加快了欧洲教育一体化的进程。

四　法国高等教育发展创新的基本经验

（一）充分发挥政府的宏观调控

法国是中央集权制国家，其教育权掌握在国家手里，而集权制的优势便于政策的顺利实施，但集权制也在一定程度上限制了自由，尤其是在高等教育领域。巴黎大学诞生后，教育权一直掌握在教会手里，由于巴黎大学内部的教学内容和教学方式逐渐僵化、陈旧，并且从巴黎大学毕业的学生已经无法适应时代的需要，于是，为解决当时专业人才的匮乏以及国家战争的需要，法国土地上零零星星地出现了一些"高等专业学校"（"大学校"）。到拿破仑时期，教育实行中央集权制，拿破仑更是看到了"大学校"的价值所在，便开始将注意力倾向了"大学校"，而"大学校"在此时落地生根并且得到了极大的发展。政治和教育的双重集权，加上法国在"二战"后国力下降，法国高等教育质量也随之下降，法国政府逐渐意识到一个适应新时代的高等教育的重要性。20 世纪八九十年代便开始出台政策对综合性大学放权，让法国综合性大学恢复活力。90 年代末，为适应高等教育国际化，法国出台政策建议建立欧洲高等教育园区，统一学制，随着法案出台，法国以及欧盟成员国积极实施行动，2005 年，法国高等教育全面统一学制。法国的高等教育都是基于国家政策导向而进行一系列改革，充分说明国家的政策导向是国家高等教育发展的方向，法国政府充分发挥了宏观调控作用。

（二）中央集权和学术自治相结合的管理体制

1. 健全的立法体系保障了法国高等教育的自治性

1968 年颁布的《高等教育方向指导法》确定了大学自主办学的基本原则。1984 年颁布的《高等教育法》在肯定了大学自治权的基础上，进一步扩大了大学自治的范围："公立科学、文化和职业机构是国立高等教育和科研机构，它具有法人资格，在教学、科研、行政、财政方面享有自主权。这些机构是自治的，在执行本法所规定的任务中，可以在国家规定的范围内，本着信守合同的原则，确定自己的教学、科研和资料工作的政策。"①自此，高等教育的自治权明确受到法律保障，教师和学生在参与学校管理、教学和科研等方面拥有了充分的自主权。1985 年 3 月，应法国总统的要求，法兰西学院提交了一份名为"自治、竞争以提高效率，促进公正"的教育改革建议书，其主要内容包括：（1）允许各类教学机构自行制定教学目标；（2）为保障自治的落实，应确保经费来源的多样化，除国家拨款外，还应该鼓励教学机构积极争取地区、城市、各基金会的资助，与公私企业的合同收入，甚至是校友、基金会的捐款；（3）高等教育的性质可以是公立、半公立或私立并存；（4）教育机构在建立教学组织、学位授予、招生和招聘教师方面均有自主权。②不难看出，该报告竭力主张高等院校应享有实质性的自主权。2007 年颁布的《大学自由与责任法案》又在财政、人事管理和不动产管理方面赋予了法国大学新的自主权。该法案的内容体现了新的管理理念，提出法国政府要通过行政管理体制改革，明确界定政府和高等教育机构在管理中的权力和责任，扩大大学自主管理的能力，让大学成为自我管理的独立机构，承担起对国家和社会的责任。③

2. 学术自由对法国大学来说也是不可撼动的属性

精神自由是法国人心中根深蒂固的传统。法国学者布里科曾经说过：大学是具有极其明显特征的一种机构。即使大学得到政府资助，即使教师是公职人员，大学工作也必须服从其固有的逻辑，这种逻辑与军队或警察的逻辑是两码事。教师因为也是知识分子，故追求自己对国家政权的尽可能大的独立性。④《高等教育方向指导法》对法国大学教师和研究人员的教学和科研活动作出规定："大学应为教师和研究人员提供保障，使他们在思考和精神创造所必需的独立和从容的条件下，从事教学和研究活动。"法国教授可以自主地安排自己的工作强度、选择自己的工作方式，自主安排课

---

① 陆兴发、刘淑杰、翟德智：《法国高等教育自治制度及其运作模式研究》，《东北电力学院学报》2003 年第 3 期。

② 王承绪：《国际教育纵横——中国比较教育文选》，人民教育出版社，1999，第 495 页。

③ 吕一民、钱虹、汪少卿、应远马主编《法国教育战略研究》，浙江教育出版社，2014，第111 页。

④ 张人杰：《法国教育改革》，人民教育出版社，2003，第 153 页。

程内容、选择教学方式。这种外部行政僵化与内部制度自由相结合的特点，是法国大学最典型的特征。"一战"后，法国高等教育得以迅速崛起，法国政府出台的一系列赋予大学自主权的法律起到了不可估量的作用。

3. 法国高等教育的中央集权管理全面而具体

法国教育部对不同类型、不同发展方向的学校实行不同的管理措施。对管理范围之外的"大学校"，教育部也通过政策和预科班对其进行管控。法国教育评估和规划司，每年要搜集大量教学和学校、企业相关的科研信息，对这些信息进行统计分析并发布在互联网和刊物上。另外，学区的协调作用也非常关键。法国学区长代表教育部与大学对话，起到协调中央和大学、大学与大学之间的关系的作用。

4. 法国高等教育管理体制改革的曲折之路

从历史的角度看，法国大学延续了拿破仑时代确立的全国统一的中央集权管理的模式，随着新世纪的到来，法国在大学管理体制改革的道路上继续探索。2007 年《大学自由与责任法案》的出台扩大了校长和行政委员会的权力，标志着法国大学新一轮自治改革的开启。该法案打破了法国一贯的集权化和官僚化的高等教育管理体制，使其转向扩大大学自治权和责任导向的管理方式。然而法国大学自治改革并非一帆风顺，法国大学的私有化和市场化违背了法国自大革命以来形成的追求公平和平等的价值观念，新的改革政策引发了大规模的师生罢课。为了缓和矛盾，2013 年 5 月，法国国民议会通过了奥朗德政府提出的《高教与研究法草案》，该法限制了大学校长的权力，使法国大学回归学院式治理模式，扩大了院系一级的自主权，鼓励教师、管理人员和大学生共同参与高校治理。从 21 世纪以来的两次改革可以看出，法国为了使高等教育适应现代化发展做出了相当大的努力，法国大学也因此呈现出新的气象，但改革也在文化价值观中出现了排异反应，如何在融入新的公共管理理念的同时，在公平和效益之间取得平衡，最终提升高等教育质量这一目标，法国还有很漫长很艰辛的路要走。

（三）大众教学模式与精英教学模式并驾齐驱

在全球化浪潮的席卷下，知识经济的迅猛发展和科学技术的激烈竞争使"教育—人才"的理念越来越被重视，世界各国为了国家的发展和科技的进步，都纷纷出台不同的教育政策和法规，加大对教育的投入和创新人才的培养，抢占创新人才的制高点。法国高等教育的质量一直都闻名遐迩，而人才的质量很大程度又归功于教学。从综合性大学和"大学校"的理论政策、教学实践、科研改革中，可以寻找到法国高校教学模式独树一帜的根源。

1. 综合性大学享有自主权的启发式教学模式

法国综合性大学给予了教师极高的教学自主权和学生的选课自主权。法国大学教学科目比较广泛，非常重视基础知识的学习和学生的全面发展教育。教师享有高度的教学自主权，教师有选择教学材料和课堂主题的权利。在教学上，教学内容可以跟最新科研课题相关，教师可以自己安排教学进度。从学习者方面而言，学生可根据自身兴趣和需要进行自主选课。学校能提供众多的课程来供学生选择，从另一个侧面可以揭示出法国综合性大学学术自由的特点。整个教学重视学生思维批判性和创造性能力的培养，重视与学生的思想交流。思维创新、学术自由、启发式教学都是综合性大学教学模式的具体体现。

2. "大学校"实行"又专又通"的精英教学模式

通常"大学校"会被认为推行的是专业化教育，培养高级工程师和技术人员。但在当下的法国，其教学模式早已发生了改变。法国"大学校"致力于职业人才的培养，但也重视职业人才的通才教育。其教学内容涉及较广，课程内容包括政治、经济、法律、国际关系等，为的就是防止培养的人才所学内容过专过细过窄，不能适应社会长期发展。而通才教育能够扩大学生的知识面、培养学生的思维能力，提高对各行各业的理论认知，让人才自由穿梭于各个部门或行业，实现高效流通。当今法国的众多政治家就是"大学校"很好的一个代表群体。"大学校"对专业技术能力和综合能力的培养让法国的精英教育成为世界精英教育模范。法国大学校重视优质教学，实施研讨会模式的课堂教学，注重师生、生生间的讨论。归根结底，"大学校"从各个方向保障优质人才的培养。

3. 法国对创新教育的重视

法国一直以来都非常重视创新人才的培养，持续推进各项教育改革，使教育教学更加适应当今信息化社会的发展。《国家高等教育战略》发布后，法国致力于教育与时俱进的发展，强调教学要跟上时代的步伐，要逐步迈向现代化的信息化教学模式。不管是综合性大学还是"大学校"，在人才培养还是教学方面，都极为重视创新。为实现高等教育与科研发展的战略目标，也为紧追国内外教育整体发展趋势，法国在 2017 年新发布的《高等教育与科研白皮书》中指明法国高等教育与科研的未来发展方向，明确了未来 10 年将提高国民高等教育经费投入和增加科研经费。其中以 2017～2020 年为例，高教与科研财政预算预计每年增长 10 亿欧元。由此可见，法国对教学和科研创新的高度重视。

由于各种原因，法国综合性大学和"大学校"这两轨教育在教学模式也有一些不尽人意的方面。如综合性大学的大班教学和相差悬殊的师生比例，教师难以给予每个学生帮助和指导，加之其宽松的入学录取机制和严格的淘汰机制形成鲜明对比，导致很多学生在三年的学习中被淘汰，这造成了综合性大学教学效率低、影响学生就业问题。然而，"大学校"作为法国高等教育中的一轨，其"优而精"的教学模式与综合性大学相对低效的大众化教学模式形成鲜明对比。虽然大学校特色鲜明，但也在一定程度上反映出法国高等教育的失衡和不公问题。

综合性大学和"大学校"并行不悖地存在于法国高等教育中，有效地让大众教育和精英教育共同发展，实现了教育整体发展，这是其教育特色与教育优势，也是值得他国关注和借鉴的地方。

（四）灵活多样的协同科研模式

法国科研在世界上排名比较靠前。法国今天的科研成绩与其教育政策、科研制度、科研模式以及政府的高度重视等因素是密切相关的。法国在很多高科技方面也很发达，如航空核电，人工智能也走在世界前列，但在全球化的冲击下，法国的危机意识也越来越强烈，在一些电子高科技产品领域，法国与部分国家尚存差距。这不得不让法国人思考如何让"高卢雄鸡"的雄风应对竞争越来越激烈的全球化进程。为了有效提高法国的整体实力，应对 21 世纪的新挑战，法国在科研方面制定与实施了一系列的科研战略，归结起来主要有以下经验。

1. 致力于综合性大学、大学校和科研机构的科研接轨，构建高等教育与科研机构的科研共同体

法国公共科研机构与高校建立联合实验室并进行科研合作。这种混合科研模式整合了各方的物资、人力等领域的资源，使科研中心和高校的各

种科研资源得到更充分和有效的利用。科研离不开教育，教育离不开科研，为了培养创新人才和适应社会发展，法国政府、教育部门和科研机构促成了科研由独立科研模式走向高校与科研机构相互协作的合作模式。通过立法等措施建立了一个相对成熟的高等教育与科研机构的科研共同体，如2007年由高等教育与研究机构建立的联合机构"高等教育与研究集群"和2013年出台的《法国高等教育与科研法》，这些都深化了科研、教育、工商业三个领域相结合的合作科研模式。

2. 建立灵活的科研体制

法国的科研体制在与高校合作前是独立且相对单调的。一开始科研人员都是公务员编制，科研机构没有高校教育人员的参与。法国高等教育与科研制度的"割裂"，一方面导致不同类型高校的人才培养质量存在差别，另一方面又阻碍了高校在知识生产和技术创新中发挥实力。[①] 随着1966年法国高校自主权的扩大，法国国家科学研究中心开始与法国高校合作，并为高等教育科研发展创造多样可行的现实条件。1990年高校与科研机构实行四年一签的合约制。灵活的科研合作签约使实验室一直处于动态的发展状态中，这对于科研项目的创新、调整以及学术资源的流动与共享起到极大的促进和加速作用。1999年《创新与研究法》的颁布使得在高等教育科研领域开始允许高校科研人员（教授、研究员、工程师、教师等）的流动，并鼓励高教人员参与其他科研单位的项目研究。科研体制规定下的科研人员灵活流动不仅仅促进了科研对象合作的广泛性和多样性，而且极大程度地扩大了高等教育科研合作对象，高校、科研机构与企业等达成多方面的合作，建立了混合研究单位，大大促进了高校科研的效益和国家科研的发展。

不管是科学研究还是人才培养，法国都努力改变过去的两轨独立运行、少有互通的状态。虽然法国努力将综合性大学和"大学校"的理论教学、科学研究和实践运用结合起来，增强"两轨"教学和科研、理论与实践的互通互补。但由于过去"两轨"因长期"隔离"而留下了一些各自固有的特色和顽疾，因此两轨在教学与科研结合的过程中仍有很多待改进之处。

---

① 张梦琦、刘宝存：《法国大学与机构共同体的建构与治理模式研究》，《比较教育研究》2017年第8期，第4页。

（五） 凸显高等教育社会服务职能

高等教育对人的培养最终会回归于社会，所培养的人才最终也会为社会创造更多的财富，而高等教育服务社会的途径是通过将人才与社会企业紧密结合，让学生参与社会实践。法国高等教育与社会企业就有着紧密的联系，强调学生必须参与企业实习，注重学生的实践能力以及教会学生将其学习的理论知识运用于社会并服务于社会。法国高校对学生实习的重视体现了高等教育为社会服务的职能，它不仅加强了学校与社会的联系，完善高校培养人才方向，还提高了学生的实践能力，有利于学生毕业后顺利走向劳动力市场，与企业的需求无缝对接。

（六） 国际化进程的积极探索

在 20 世纪 70 年代石油危机结束之前，法国经历了一段经济快速增长时期，三十年的繁荣让法国焕然一新。然而，石油危机使这段"辉煌"戛然而止，此后，法国逐渐意识到自身的综合国力有所下降，在国际化深入发展的当下，只有适应时代的发展才能在国际上立足，而通过高等教育培养人才来提高国力是必经之路。法国深知当今的高等教育要想发展并提高其质量不仅需要自己的特色还需要与国际合作，达到学习交流的目的。1998年，《索邦宣言》提出建立统一的学位制度，随后第二年启动了博洛尼亚进程，各国纷纷开始改革高等教育，到 2005 年秋，法国全面实行"358"学制。此外，法国也参与了在欧洲范围内的高等教育交流与合作，例如"伊拉斯谟世界计划"、建立"欧洲高等教育园区"，为欧盟成员国的学生提供交流合作的平台。法国还在全球范围内的大学内部建立了法语联盟，并且还通过互联网技术建立法语学习技术平台。纵观法国的高等教育国际化进程，无论是政策的引导还是跨国合作，法国都在积极适应国际化的发展，确切地说是法国想以一种更高的姿态让法国高等教育重回世界的视野，目的不是恢复中世纪的"盛名"，而是成为世界高等教育的代表。

（七） 高质量的高等教育师资队伍建设

1. 严谨的聘任模式保证了高校教师队伍的质量和稳定性

由于法国高校教师工作的特殊性和职业地位的崇高性，法国政府对教师的聘用尤为慎重，选拔严谨，程序复杂。主要由全国大学理事会负责面向全世界选拔持有与法国博士文凭或大学指导研究资格认证等同的高水平人才，并经过专业机构专业人士的层层审议通过后，由主管的教育部长进行正式任命。这一教师选拔和聘任模式有效地保证了法国高校教师队伍的稳定性和高质量、高水平，在一定程度上维护了高等教育教授治学的传统和高校的学术自由。

2. 完善的教师福利保障体系解决了教师及家庭的实际问题

法国对教师享有的工资福利十分重视，教师的工资由国家直接负责预算及支付。除了工资之外，教师还依法享受各种福利待遇，如退休金、社会债务偿还金、普遍性社会金、住房补助、加班补助等。这些福利待遇解决了教师及其家庭的实际问题，为教师专心教学和搞科研解决了后顾之忧。

3. 高度的职业认同奠定了教师崇高的职业地位

"二战"以后，法国公务员制度逐步完善，并在1983年确定了现行的公务员体制。在法国，教师属于国家公务员，享有法律保障的稳定的国家公务员地位及待遇，受到社会的认可与尊重。据了解，法国教师资格考试及岗位竞考十分严格，人员一经录用，只要不触犯刑法或严重道德败坏，就可以一直享有公务员待遇。正是这一制度保证了教师的社会地位稳定，增强教师对自身职业的认同感。

（八）多维协同的高等教育财政机制

1. 高等教育筹资渠道多元化

法国的教育体制是中央集权制，国家在高等教育投入中一直占据主导地位。除国家的财政投入外，法国还积极扩展筹资渠道，主要包括大学的学杂费、企业的资助（学徒税、企业与高校签订的科研合同、继续教育收入）等，这些筹资方式不仅分担了法国巨额的教育成本，还在一定程度上增加了各高校的积极性，保证了高等教育机构的正常运行。

2. 高等教育拨款模式合同化

1984年颁布的《高等教育法》，加快了法国高等教育改革的进程，使高等院校在行政管理、科研、教育、财政方面的自主权不断扩大，同时，也带来了如何监管高等学校的办学质量、政府的资助水平以及经费的合理使用等现实问题。为解决这些问题，1984年法国创建了一个独立于政府的第三方机构——国家高等教育评估委员会，来帮助政府对高等学校拨款产生的效益进行客观评价，进而调整对大学的拨款数额。同时提出在政府与大学之间实行合同制度，合同一旦签订，政府就必须按照合同向大学拨款，一般通过合同支付给大学的经费主要用于教学、基础设施维护和科学研究。① 在合同拨款中考虑在内的教育成本有研究人员、管理人员的工资以及日常费用。每四年由国家评估委员会对各大学进行评估，并根据评估结果对拨款数额作出调整。合同拨款改变了政府干预的形式，在中央政府与大学之间引进协商谈判制度，给大学以自主权，增强了所有高教机构的活力。四年合同到期后，对合同的实施情况进行评估，将评估与拨款连接起来，促进大学优化自己的经费支出结构。

3. 高校资金的自主支配权

高校根据国家目标和地方教育需要制定发展规划提交给国家科学委员会，该规划涵盖所有教学活动，涉及所有行动者。国家科学委员会派专家前往学校实地考察，与大学代表协商合同事宜。合同签订后，国家将经费直接拨付给高校，所得经费由各校自行支配，政府对经费的使用不做规定，给予高校一定的自主权。从宏观层面看，不仅可以促进学校的积极参与，还可以促进教育部的职能转变，由原来具体细致的行政管理转变为战略管理，提高了部门的效率。从微观层面看，促进了高校建立更完善的信息系统，形成更合理的资金运行机制。

（九）健全的高等教育质量保障体系

1. 完善高等教育质量保障相关的法律法规

完善高等教育质量保障相关的法律法规，可以避免政府直接介入高校事务带来的诸多问题以及对大学自主管理权的不利影响。法国政府通过立法对高等教育质量保障进行间接管理，立法的完善使高等教育质量保障有法可依，更加规范。1968 年法国教育部颁布的《高等教育方向指导法》，开始了中央集权教育管理模式的改革，该法案确定了"自治、民主和多科性"的三大原则，赋予大学在行政、教学和财政方面的自主权，为 20 世纪 80 年

---

① 张梦琦、刘宝存：《法国大学与机构共同体的建构与治理模式研究》，《比较教育研究》2017 年第 8 期。

代的高等教育改革奠定了基础。[1] 1984 年颁布的《高等教育法》，进一步扩大了大学的自治权。[2] 1999 年又推出了《创新与研究法》，为法国科研人员的创新发明和提高法国大学科研质量提供了法律保障。[3] 2007 年 8 月，法国出台了《大学自由与责任法案》，该法案赋予法国大学财政自主权、人事管理自主权以及不动产管理权。

2. 设立独立的评估中介机构

设立独立的评估中介机构是欧洲高等教育质量保障的普遍特点，法国是西欧大陆国家中较早对高等教育质量进行评估的国家，政府授权国家评估委员会通过一元化的评估模式对全国高校、学科和教育专题进行评估，除了国家评估委员会以外，政府也会利用其他评估机构进行不同类型的评估。这种类似桥梁作用的中介机构连接了政府和高校两个终端，这样既避免了政府直接插手高等教育质量问题产生的强制性，又给高校带来更大的自主管理的空间。[4]

3. 重视大学内部评估和外部监督机制的结合

从欧洲各国构建高等教育质量保障框架的经验中可以看出，它们比较重视内外机制的结合，在保持大学自治的同时，追求高等教育的效益和效率。法国政府通过评估委员会完成对高等教育评估后，会公开评估报告以鼓励社会团体对评估结果进行监督，充分调动社会、学校等评估相关主体的积极性，达到约束和督促学校改进课程设置和教学方法的目的。学校内部质量保障强调学校的教职人员、教学过程、后勤设备、图书馆、科研设备要符合标准与质量要求。高校内部的质量管理逻辑是以对自身的高要求和高标准，来达到提高高等教育质量的目的的。

4. "合同制"的实施在法国高等教育质量保障中扮演了重要的角色

"1989 年，合同制开始正式实施。2000 年，已有 188 所高校参与到合同制中。合同到期时，国家高等教育评估委员会对大学合同的实施情况及目

---

① 王晓辉：《20 世纪法国高等教育发展回眸》，《高等教育研究》2000 年第 2 期，第 89~96 页。

② 法国教育部官网，https//www. education. gouv. fr/loi - ndeg84 - 52 - du - 26 - janvier - 1984 - sur - l - enseignement - superieur - 8087，最后访问日期：2020 年 8 月 1 日。

③ 法国教育部官网，https//www. education. gouv. fr/loi - ndeg99 - 587 - du - 12 - juillet - 1999 - sur - l - innovation - et - la - recherche - 2156，最后访问日期：2020 年 8 月 1 日。

④ 陆俞静：《法国高等教育质量保障机制及对我国的启示》，《内蒙古师范大学学报》（教育科学版）2008 年第 7 期。

标实施程度进行评估，政府根据评估结果对大学进行拨款"。[①]"合同制"对政府和大学之间的关系进行了重新定义，它标志着政府对高等教育质量管理方式的转变。政府和高等教育机构之间的合同是政府进行质量评估的前提，相当于高校自己制定一份计划书，有利于减少政府对大学的直接干预，给予了大学充分的自主权。

5. 法国高等教育质量保障体系的不足之处

法国虽然拥有较完备的高等教育质量保障体系，但也存在不足之处。法国的高等教育运行机制是受国家意志影响很大。国家在高等教育活动的各个方面都进行宏观调控，在高等教育质量保障方面也不例外。因此，在高等教育集权管理模式的影响下，法国的高等教育质量保障也带有明显的政府控制特征：首先，无论是对总统负责的国家评估委员会还是由国家控制的国家高等教育研究委员会，都体现出强烈的国家意志，高等院校拥有的自主权很有限；此外，法国高等教育质量保障体系以监控高等院校办学质量和政府拨款使用情况为主要目的，过于强调绩效责任和工具性。

---

① 傅芳：《西欧大陆国家高等教育质量保障中的政府行为研究——以法国、荷兰、瑞典为例》，华东师范大学硕士学位论文，2006。

第五章　澳大利亚高等教育

澳大利亚的高等教育从 1850 年悉尼大学的创立开始，经过 170 多年的发展，业已形成了较为完整的高等教育体系，在质量、公平和效益上均取得了较多成绩，澳大利亚的一流大学，特别是八校集团在世界范围内都享有盛誉。

一　澳大利亚高等教育概述

（一）澳大利亚高等教育规模

根据澳大利亚教育与培训部 2014 年公布的数据，澳大利亚的高等教育机构共有 172 所，包括 37 所公立大学和 3 所私立大学（邦德大学、天主教神学院和澳大利亚圣母大学），1 所澳大利亚私立专业大学，2 所经过批准的海外大学（卡内基梅隆大学和伦敦大学学院），以及 129 所非大学高等教育机构。

2020 年公布的数据显示，高等教育机构数下降至 136 所。其中，38 所公立大学，5 所私立大学，93 所非大学高等教育机构。

从高等教育入学人数上看，2002 年至 2020 年，学生总人数的绝对数量从 896621 人增长到 1662867 人，但年增长率却有所下降，从 6.5% 下降至 0.8%。国内学生人数从 711563 人增长到 1133633 人。国际学生人数从 185058 人增长到 489234 人。全职教职工人数从 2017 年的 90170 人增长至 2020 年的 92035 人。

不同高等教育机构的学生规模相差较大。据澳大利亚教育、技能与就业部 2014 年统计，一半的高等教育机构学生人数不足 500 人，约四分之一的高等教育机构学生人数超过 5000 人。大部分学生在大学和非大学受资助高等教育机构攻读学士学位。约 25% 的学生在非大学受资助高等教育机构获得本科阶段文凭，大部分学生在不受资助的非大学高等教育机构获取本科阶段文凭。

（二）招生制度

入学选拔是澳大利亚高等教育的显著特征。澳大利亚高等教育机构的招生是根据不同的州或者地区的中学证书考试成绩进行的，尽管各州有统一的入学选拔机制来控制选拔过程，但也允许个别高等教育机构和专业制定自己的选拔标准。高等教育机构会根据政府规定的名额进行招生，同时也会收到政府按照学生名额进行的拨款。由于申请人数量远远超过政府预定的名额，能否实现第一志愿要看竞争的结果，各院校根据申请人的学习领域，按中学证书考试成绩排名，择优录取，直至名额招满为止。

澳大利亚高等教育入学竞争相当激烈，尤其是那些名额少又热门的专业，比如医学。近年来还出现了其他的招生方法，例如，超龄申请人特殊对待、高等教育自主招生等。

（三）学位制度

澳大利亚高等教育机构实行自我认证的办学体制，执行全国统一的学历学位及高等教育文凭体系，包括博士学位、硕士学位、学士学位、专科文凭等。澳大利亚大体上采取"3+2+3"的学制模式，即三年本科、两年硕士和三年博士。学生在各阶段获得不同的学位，从任何一个层次毕业的学生，均可以选择做学术研究或从事专业实践活动。

许多包括大学在内的高等教育机构都提供副学士学位课程，需要两年的学习，课程强调基础性和知识性，并注重就业技能的开发。学士学位证书一般由大学颁发，学士学位可分为普通学士学位和荣誉学士学位。根据学位的课程领域和相关院系不同，普通学士学位的学习年限不同，通常需要3年的学习时间，部分需要4年甚至更长的学习时间。荣誉学士学位则要在普通学士学位基础上增加1年的学习时间，包括提交1篇研究论文，而后进入研究生阶段学习。

学士学位证书获得后，通过6个月的研究生课程学习，可获得研究生证书，通过12个月的研究生课程学习则可获得研究生文凭。硕士学位的获得一般要在获得荣誉学士学位后再学习1年，或者是在获得3年制学士学位后再学习 2 年，但不同学科领域的要求不尽相同。2012 年以来，公立大学可以在联邦资助的学士学位领域（Commonwealth-supported Bachelor Degree Places）招收不限数量的学生，医学领域除外。且副学士、研究生和医学学士由联邦政府分配名额。政府直接针对每位学生给予补贴，拨款给高等教育机构，占学生所需费用的 60%，而剩余的 40% 需要学生自己负担。

博士学位分为哲学博士和专业博士两种。哲学博士必须是获得硕士学位或荣誉硕士学位的人才有资格申请。博士学位课程是大学提供的最高文凭课程，学生的修业年限至少 3 年。

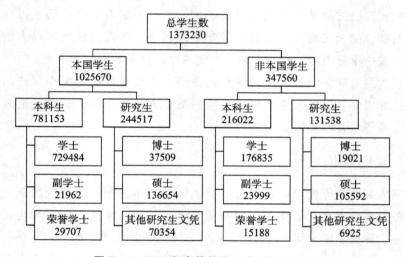

图 5-1　2014 年高等教育入学人数（人）

资料来源：澳大利亚教育、技能与就业部，http://www.dese.gov.au。

2014 年约有 140 万学生进入高等教育。其中，本国学生约为 102.5 万人，其中本科生约 78.1 万人，为研究生的 3 倍多。本科生中包含了学士、副学士和荣誉学士，学士占本科生总人数的 93%，而副学士仅占 3%，荣誉学士占 4%，因此本科生中绝大部分学生选择攻读学士学位。研究生包含博士、硕士和其他研究生文凭学生，2014 年攻读博士学位的入学人数占总研究生入学人数的 15%，而攻读硕士学位的入学人数占 56%，是博士研究生人数的 4 倍。澳大利亚国际学生数占总学生数的 25%，本科生与研究生的比例为 1.64∶1，本科生中，学士、副学士和荣誉学士所占比例分别为 82%、11% 和 7%。与澳大利亚本国学生的比例相比，国际学生中副学士和荣誉学士所占比例相对较高，特别是副学士，其绝对人数已超过本国学生，研究生中博士生数量为 19021 人，硕士生数量是博士生的 5.6 倍。

（四）经费来源

高等教育机构主要收入来源为：一是政府资助，占 41%；二是国内学生学费，占 22%，但大部分来自政府提供的助学贷款；三是国际学生学费，占 16%。不同类型的高等教育机构收入来源差异较大。私立大学和不受资助的高等教育机构更依赖于学生学费和私人捐款，而公立高等教育机构受政府资助较大。政府拨款主要是针对公立高等教育机构，公立高等教育机构的办学经费大部分来自联邦政府的拨款。根据 2003 年出台的《高等教育支持法案》（*Higher Education Support Act*，HESA），大多数澳大利亚政府为高等教育部门提供的资金都是根据 2003 年《高等教育支持法案》管理的。[①]其他资金通过《年度拨款法》和《2008 年国家建设基金法》提供。

2014 年，澳大利亚公立大学总财政收入为 278 亿澳元，净收入 19 亿澳元，2013 年为 20 亿澳元。政府在 2014 年提供的总资金是 154 亿澳元，其中，大约 100 亿澳元用于对高等教育机构拨款，大约 54 亿澳元用于学生贷款。

不同学科联邦政府资助的力度及学生学费都不同（见表 5-1）。2015年，人文学科政府拨款每年 5539 澳元；社会科学法律、会计、行政、经济、商务也较低，仅为 12434 澳元；而医学、牙科、兽医学最高，为 32188 澳元，农业工程、测量次之，总计 30665 澳元。不同学科学生学费所占总费用的比例也很不相同，社会科学法律、会计、行政、经济、商务的费用构成中，学生学费所占比例较高，占 84%；人文学科占 53%，数学、统计占48%；农业工程、测量仅占 29%；医学、牙科、兽医学占 32%，政府的补贴比例较大，说明政府更加支持学生选择此类专业领域。

表 5-1　2015 年不同学科学生学费与政府资助

单位：澳元，%

学科领域	学生学费与政府资助			
	学生学费	政府资助	总计	学生学费百分比
人文	6256	5539	11795	53
法律、会计、行政、经济、商务	10440	1994	12434	84

---

①　吴慧平：《澳大利亚高等教育成本分担计划概述》，《外国教育研究》2007 年第 7 期。

学科领域	学生学费与政府资助			
	学生学费	政府资助	总计	学生学费百分比
数学、统计	8917	9800	18717	48
行为科学、社会研究	6256	9800	16056	39
教育	6256	10196	16452	38
临床心理学、外语、视觉和表演艺术	6256	12053	18309	34
专职医疗	8917	12053	20970	43
计算机、建筑环境、营养健康	8917	9800	18717	48
护理	6256	13456	19712	32
科学	8917	17136	26053	34
农业工程、测量	8917	21748	30665	29
医学、牙科、兽医学	10440	21748	32188	32

资料来源：澳大利亚教育、技能与就业部，http://www.dese.gov.au。

二 澳大利亚高等教育的发展历程

（一）传统学院时期

澳大利亚在独立前，几乎完全照搬英国的治理模式，高等教育事务由各州管辖。1901 年澳大利亚联邦成立时，宪法规定国家的管理权限归联邦，包括外贸、外交、防御等，但教育权和司法权、采矿权、土地权、水资源权等一样，仍归州政府，高等教育问题成为各州的内部事务。当时澳大利亚仅有四所大学，分别是 1851 在新南威尔古州建立的悉尼大学（University of Sydney），1853 年在维多利亚州建立的墨尔本大学（University of Melbourne），1874 年在南澳大利亚州建立的阿德莱德大学（University of Adelaide）及 1890 年在塔斯马尼亚州建立的塔斯马尼亚大学（University of Tasmania）。联邦政府成立后，澳大利亚于 1909 年在昆士兰州建立了昆士兰大学（University of Queensland），1911 年在西澳大利亚州建立了西澳大利亚大学（University of Western Australia）。直至"二战"结束，澳大利亚大学只有上述 6 所，即各州拥有一所大学。在 1901 年之后近半个世纪内，澳大利亚高等教育仍然处于初创时期。

这一时期澳大利亚大学数量较少，并且完全继承英国学术自由的传统来创建和管理高等教育机构，故高等教育处于典型的传统学院制时期。这一时期最大的特点是高等教育外部自由，内部高度自治。① 州政府赋予大学很高的自治权，并不过问大学事务，只是在大学成立时审批大学法案。大学作为一个独立的法人实体，进行内部事务管理，如制定预算、校长遴选、人事聘任、课程设置、教学管理、学位授予等。大学理事会有权管理和投资资产，为大学争取更多资源。教授委员会兼任学术委员会，掌握着大学的科研和教学的最高权力。此时的大学与社会是脱离的，很少会因为学生、政府和市场的需求而改变其研究方向和教学安排，当时的大学通常被人称为"私人俱乐部""象牙塔"。② 1935 年，澳大利亚联邦政府首次向大学拨付了 3 万澳元的科研经费，是联邦政府开始介入高等教育的突破口，此后，联邦政府对高等教育的影响逐渐增强。③

（二）宏观调控期

"二战"后延续至 20 世纪 80 年代，澳大利亚高等教育处于政府的宏观调控期。"二战"后，澳大利亚联邦政府意识到教育特别是高等教育的重要性，开始从国家竞争力的视角审视高等教育。④ 政府通过各种教育调查研究，结合国际国内形式，探索高等教育的改革和发展方向，出台发展计划，增加高等教育投资，加强联邦政府对高等教育的影响。1943 年和 1944 年，联邦政府分别实行了"联邦经济援助计划"（Commonwealth Financial Assistance Scheme）和"联邦重建训练计划"（Commonwealth Reconstruction Training Scheme），为超过一半的高等教育学生提供了学费和生活费。1943 年，澳大利亚大学委员会（Australian Universities Commission，AUC）成立，沃克（E. R. Walker）任主席，并成立了一个专门负责教育调查的委员会"沃克委员会"。该委员会经过 9 次教育调查研讨，最终形成报告《沃克报告》（*Walker Report*），核心内容还纳入了 1945 年的《教育法案》。报告指出，要

---

① 王斌华：《澳大利亚教育》，华东师范大学出版社，1996，第 182 页。

② M. Simon, "Steering from a Distance: Power Relations in Australian Higher Education," *Higher Education*, 34（1997），pp. 63 - 80.

③ 王斌华：《澳大利亚教育》，华东师范大学出版社，1996，第 57 页。

④ Madeleine M. Laming, "Seven Key Turning Points in Australian Higher Education Policy 1943 - 1999," *Post - Script*, 2（2001），pp. 239 - 273.

提高政府对高等教育的资金援助力度，特别是增强对大学的经费投入。至20 世纪 60 年代，大学来自联邦拨款的经费占总经费的 44%。[1]

20 世纪 50 年代后，高等教育机构中的大学发展迅速，而非大学的高等教育机构由于缺少资金援助而发展缓慢。当时的高等教育深受凯恩斯经济学的影响，政府认为澳大利亚的经济增长有赖于先进的高水平教育，教育被视为人力资本的投资。此时的高等教育机构呈多样化发展态势，种类包含综合性大学、高级教育学院和教师教育学院。1967 年，高级教育学院获得了澳大利亚联邦政府的拨款，拨款比例参照大学拨款标准。1970 年，州教师教育学院合并到高级教育学院，由此形成了以大学为一轨、高级教育学院为一轨的高等教育双轨制。

（三）快速发展期

澳大利亚从 1987 年至 2015 年进行了一系列高等教育改革，其目的是提升高等教育的全球竞争力。其内容不仅包含了出台的政府法规，还包括高等教育管理体制、课程教学、科学研究、高等教育国际化、经费配置和质量保障等，宗旨是强化高等教育质量，促进高等教育公平，提升高等教育效率。

表 5 – 2　1987～2015 年澳大利亚高等教育的重大改革

年份	行动
1987	－《高等教育：一份政策讨论文件》（Higher Education：A Policy Discussion Paper）（绿皮书），指出到世纪之交，大学毕业生数量将增加到约 12.5 万人，规模小的高等教育机构将减少
1988	－《道金斯白皮书》（Dawkins White Paper）（是在考虑公众对绿皮书的回应后，有政府政策建议的白皮书），提出了一套统一的全国高等教育体系，并承诺促进该体系的发展 －高等教育资助委员会（The Committee on Higher Education Funding）制定了扩大资助高等教育学生人数的多种方案 －通过《1988 年高等教育拨款法案》，这是 2003 年以前高等教育资助的法律基础 －学生须缴付 250 澳元高等教育管理费 －政府设立国家教育、就业和培训委员会（National Board for Education，Employment and Training，NBEET），包括其咨询机构高等教育委员会和澳大利亚研究理事会（Australian Research Council，ARC）

---

[1]　Alan Barcan, *A History of Australian Education*, New York：Oxford University Press, 1980, p. 288.

续表

年份	行动
1989	– 实行统一的国家制度，并将高等教育中心升格为大学 – 推行高等教育资助计划，学生每年的平均资助额为 1800 澳元，约为每位学生平均学费的 20% – 在高等教育理事会的监督下，通过大学与教育部之间的协商规定，联邦直接向高等教育机构提供资助
1990 ~ 1995	– 逐步引入按学科进行的本科拨款资助模式，成为三年期资助的基础 – 高等教育机构开始逐渐对大多数研究生课程收费
1994	– 引入澳大利亚研究生奖学金
1995	– 建立澳大利亚资格框架（Australian Qualifications Framework，AQF）
1997	– 引入不同的学费标准。根据未来不同课程毕业生的收入，将学生学费定为三个"级别"，分别是 3300 澳元、4700 澳元和 5500 澳元
1998	– 《韦斯特评估》（West Review）建议增加学费弹性和需求驱动的资金 – 在公立大学引入全自费的国内学生名额，最初上限为入学人数的 25%
2000	– 正式废除 NBEET 及其咨询机构 – 澳大利亚大学质量保障署（Australian Universities Quality Agency，AUQA）成立 – 《2000 年海外学生教育服务法案》（Education Services for Overseas Students Act 2000）颁布
2001	– 澳大利亚研究理事会（Australian Research Council，ARC）成为独立实体，分配研究资金 – 扩大政府竞争性研究经费，加强科学、技术、工程和数学等领域研究，引入研究生教育贷款计划（Postgraduate Education Loans Scheme，PELS） – 引入研究培训计划，为研究领域提供竞争性拨款 – "海外学生教育服务保障基金"（Education Services for Overseas Students Assurance Fund）开始运作，为海外学生提供学费保障
2002 ~ 2003	– 纳尔逊评估出台的报告《处在十字路口的高等教育》，认识到高等教育的资金压力，并提出经费改革的备选方案。政府在 2003 ~ 2004 年预算中增加了联邦对高等教育的投入，并通过《2003 年高等教育资助法案》（the Higher Education Support Act 2003，HESA），于 2005 年具体实施 – 成立专门的国家学习与教学机构（National Institute for Learning and Teaching）
2005	– 建立联邦拨款计划（Commonwealth Grant Scheme，CGS）和联邦支持领域（Commonwealth Supported Places，CSP），协商经费安排和机构绩效 – 大部分学生学费增加，增加额度不超过 25% – 开始实施 FEE – HELP 计划，扩展至私立高等教育机构 – 改变学科经费类别
2006	– 成立学生志愿者联盟
2007	– HESA 审查 – 从 2008 年开始调整资金类别 – HECS（Higher Education Contribution Scheme）更名为 HECS – HELP（the Higher Education Loan Programme） – 国家卫生和医学研究理事会成为自治的法定机构

续表

年份	行动
2008	– 发布澳大利亚高等教育《布拉德利评论》 – 建议需求驱动资金、国家高等教育监管机构以及一系列其他改革 – VET（vocational education and training）FEE – HELP（the Higher Education Loan Programme for Fee Paying Domestic Students）开始实施，为职业教育机构学生提供学费贷款 – 更改学科经费类别及学生学费
2009	– 逐步取消公立大学的收费学士学位课程 – 2009 年 7 月，政府出台《高等教育体系转型改革报告》，主要原则是机会均等，基于能力而不是支付能力接受教育，提倡学术自由和自治，加强创新知识和批判性思维的研究 – 到 2020 年澳大利亚高等教育发展的方向是提高高等教育参与人群比例，增加大学经费来源的多样性 – 更改学科资助类别及学生学费和贷款
2010	– 在向需求驱动型融资过渡的过程中，允许联邦支持的学科领域超额注册 10% 的学生人数 – 改变学科资金集群、学生学费和贷款 – 全面提升澳大利亚的科学研究，实现卓越 – 引入三年期的大学任务型合同
2011	– 澳大利亚技能质量管理署（the Australian Skills Quality Authority，ASQA）开始活动 – 发布《高等教育基础资金评估》 – 审查研究生的经费情况 – 审查学生签证计划 – 发布 My University 网站 – 海外学生申诉专员正式启用
2012	– 澳大利亚高等教育质量和标准署（the Tertiary Education Quality and Standards Agency，TEQSA）开始活动，高等教育机构需要重新注册 – 全面引入学士学位的需求驱动经费系统（副学士学位和研究生学位保持不变） – 废除联邦政府 7 年全日制学习支持的限制 – 教与学办公室取代澳大利亚教与学理事会 – 为国际学生推出学费保障计划
2013	– 高等教育标准和国家职业标准的审查 – 出台《高等教育管理审查》法案 – 健康和医学研究评论 – TEQSA 风险评估，第一轮完成 – MySkills 网站上线
2014	– 发布《国家审计委员会报告》，建议重新平衡政府资助/学生自费的学费，并考虑部分或全部取消管制 – 肯普 – 诺顿（Kemp – Norton）的需求驱动系统审查 – 2014 ~ 2015 年度预算建议将需求驱动的资金扩大到本科以下课程和私立高等教育机构
2015	– 推出学习和教学质量指标（Quality Indicators for Learning and Teaching，QILT）网站 – 发布 VET FEE – HELP 的改革 – 政府宣布设立一个新的教与学研究所，并进行一次全国性的意见征集，讨论其执行情况

资料来源：澳大利亚教育、技能与就业部，Higher Education Report 2011 – 2013。

　　澳大利亚高等教育在一系列的改革中稳步发展。国内学生总数 1989 年有 42 万人，到 2014 年已超过 100 万人。英联邦资助的学生人数也从 1989 年的 40 万人增加到 2014 年的 79 万余人。国际学生数从 1989 年的 2.1 万余增加到 2014 年的近 35 万。国内年龄段在 15 岁至 64 岁的人口中，参与高等教育的比例已从 1989 年的 3.7% 升至 2014 年的 6.6%。在 15 岁至 64 岁的人口中，本科及以上学历的比例已从 7.9% 升至 25.3%，在 25 岁至 34 岁的人口中，这一比例也从 12.3% 升至 37.3%。

　　在经费投入上，澳大利亚联邦高等教育经费，包括教学补助金、研究经费和学生贷款，占国内生产总值（GDP）的比例相对稳定，在 1989 年至 2014 年均为 1% 左右。1994 年达到 1.06% 的峰值，随后较 20 世纪 90 年代末略有下降，2004 年降至 GDP 的 0.78%。之后，这一比例再次上升，2014 年达到 GDP 的 0.97%。澳大利亚政府对教学研究的经费投入不断增长。2001 年前，高等教育机构的拨款经费中部分经费直接用于研究活动。2014 年澳大利亚高等教育相关数据见表 5 - 3。

表 5 - 3　2014 年澳大利亚高等教育数据统计

机构：	数量（个）	学生：	数量（人）
公立大学	37	国内本科生	751446
私立大学和海外大学	5	国内研究生	244517
非大学高等教育机构	133	非学历学生	29707
高等教育机构总数	175	国内供应商总数	1025670
支出：（百万美元）		国际学生	347560
教与学（直接）	7044.36	学生总数	1373230
学生贷款（HECS/HELP）	5465.52	受联邦资助读书的学生（EFTSL）	601600
教学/学习总经费	12714.45	绩效/公平：	
研究经费	2682.40	来自低 SES 的国内入学率（%）	12.9%
资助总额	15396.85	本土入学人数的百分比	1.1%
HECS/HELP 占教学的	43.0%	参与率（15~64 岁）	6.65%
高等教育占 GDP 的百分比	0.97%	达标率（15~64 岁）	25.3%
		达标率（25~34 岁）	37.3%

资料来源：根据澳大利亚教育和培训部、资产支持证券、财政部公布数据整理。

三　澳大利亚高等教育发展创新的主要措施

（一）高等教育政策法律

20 世纪 80 年代末，澳大利亚高等教育由精英阶段进入大众化阶段，迫切需要引入市场化的教育机制。1988 年《道金斯白皮书》出台，将以大学和高级教育学院为基础的双轨制改为单轨制，扩大单个高等教育机构规模，通过《1988 年高等教育拨款法案》建立完善的高等教育资助体系，催生了澳大利亚高等教育的市场化。90 年代后，高等教育围绕如何提高质量、进行创新和提升效率进行改革，联邦政府又颁布了一系列政策。1998 年《韦斯特评估》、2002 年《处在十字路口的高等教育》、2008 年《布拉德利评论》、2011 年《高等教育基础资金评估》、2014 年《国家审计委员会报告》对每一时段的高等教育进行了全面评估，分析了该时段存在的问题并提出相应建议和对策，联邦政府再根据报告内容和建议进行综合改革。[①]

1. 1988 年《道金斯白皮书》

20 世纪 80 年代末至 90 年代初，澳大利亚开展了一次全面的高等教育改革。改革由霍克领导的工党政府发起，由教育部长道金斯具体实施，并于 1988 年出台了《道金斯白皮书》，确定了澳大利亚高等教育的未来发展战略。

改革的主要内容为：一是用院校合并结束高等教育的双轨制。1988 年前，高等教育机构分为大学和高级教育学院，大学提供本科和研究生水平的学位教育，并进行科学研究，而学院更偏重职业技术教育，只负责本科水平的教学工作。但由于学术漂移和诸多因素的影响，高级教育学院所进行的活动超出了规定的范围，导致两者的界限比较模糊。此次改革将两者合并，建立国家统一的高等教育体系。二是让高等教育与社会需求的联系更加紧密，充分考虑劳动力市场的需求。联邦政府通过改革，借用市场手段，加强与工商业界的联系，提高高等教育的效率和质量，培养社会需要的合格人才。三是扩大单个高等教育机构的规模。澳大利亚政府借用经济学的理念制定高等教育发展战略，认为规模较大的高等教育机构在响应社

---

① 本章对相关政策、法律的介绍，均来自澳大利亚教育和培训部发布的高等教育报告。

会需求方面有更大的灵活性，在管理和资源获取上更具优势。规定高等教育机构的最小学生规模为 2000 人，相邻的高等教育机构可以合并为一所大学。改革后的高等教育机构，在不包括技术与继续教育学院（TAFE）的情况下，平均学生规模从 1987 年的 5300 人增加到 1991 年的 14000 人。

道金斯改革是澳大利亚高等教育发展史上的一个转折点，拉开了澳大利亚高等教育市场化进程的序幕。

2. 1998 年《韦斯特评估》

《韦斯特评估》是自《道金斯白皮书》以来澳大利亚对高等教育机构进行的第一次重大评估，审查高等教育的发展情况。评估的目的是确定高等教育教学与研究的经费投入方案，并向联邦高等教育机构提供资金，使高等教育能够满足澳大利亚未来 20 年的经济和社会需求。

1997 年 1 月，霍华德政府建立了一个由罗德里克·韦斯特（Roderick West）领导的审查小组。调查小组的结论是，高等教育在未来 20 年将会面临一系列压力，包括技术革新、社区期望的提高、国内外学生的需求增加，以及包括新高等教育机构加入在内的竞争加剧。调查报告指出，当时的政策和筹资框架不足以使部门能够对这些压力做出反应。调查小组特别指出以下几个问题：一是资助方法上不一致。受资助学生的数量、课程组合和每位学生的资助比例都取决于中央政府的决策，结果导致学校不能有效地应对学生的需要和人员流动。国内支付研究生学费和海外支付本科生学费的安排是分开的，高等教育和职业教育之间存在着人为的界限，阻碍了高等教育整体战略规划的形成。二是不适当的激励。资助的框架意味着学校有更多的动机投资于研究，而不是高质量的教学。由于目标是联邦政府制定的，大学在教学和管理方面的创新动力不足。各学校有强大的动机依赖于政府解决资金问题，而不是通过改善资产的使用、新的支付机制来吸引新生。三是管理缺陷。机构的管理安排过时，缺乏管理大型机构的经验和技能，机构对自己的成本结构了解不足。四是股权问题。尽管不同群体的公平问题有所改善，但是来自土著，经济地位低以及农村地区的人仍然没有得到充分的支持。五是竞争障碍。只有公立大学的学生才能获得政府的资助和按收入分配的贷款。这对希望在私立大学读书的学生来说是一个主要的困难，因为他们必须预先或通过商业贷款支付全部费用。从私立学校获得自我认证的机会有限，使得现有大学在教育方面的竞争加剧。六是资金来源有限。澳大利亚大学迫切需要投资新技术和其他基础设施，以便与海外机构竞争。但与美国的大学相比，澳大利亚大学接受的捐赠较少，而且进入私募股权投资和资本市场的机会有限。立法要求阻碍了大学获取筹集所需资金的机会。

专家组提出了 38 项建议。最值得注意的是逐步采取"以学生为中心"的方法，包括终身大学学习权利、需求驱动的资助体系、获得政府赠款和公立私立学校学生的收入或贷款，以及取消对公立大学学费的管制。其他建议包括：将职业教育资金从国家转移到联邦；澳大利亚研究理事会作为一个独立机构的成立，增加了问责制和透明度；促进高等教育机构强化教学文化，以平衡已建立的研究文化，保持每个本科生的平均公共资金水平，定期审查以考虑成本的变动；在三个广泛的课程类别内，以固定金额提供教学补助金；要求学校公布其教学活动信息，以帮助未来学生选择学习地点；建立独立的投诉程序，以高等教育监察员的形式支持学生投诉；私立高等教育机构有能力成为具有与公立大学同等权力的自我认证机构；解放大学资产基础，促进更灵活地利用资源；设立贷款基金，为重大创新和结构变革项目提供资金，包括与此类变革相关的技术投资；维护和增加高等教育基础设施的公共资金等。

政府于 2000 年建立了一个新的国家质量机构澳大利亚大学质量保障署（AUQA），回应了《韦斯特评估》在研究政策方面的建议。1999 年出台了《知识与创新》的政策声明，对澳大利亚研究委员会（ARC）和研究培训进行改革，并于 2001 年立法。政府回应了 2001 年支持澳大利亚创新能力计划中要求增加基础设施资金的呼吁，该计划在五年时间为大学基础设施提供了 5.83 亿美元的额外资金，也为 STEM 学生提供了额外的名额，并为研究生全额收费课程学生引入了研究生教育贷款计划。

《韦斯特评估》的主要贡献是提出准入、竞争、资金充足性和可持续性等基本问题，这些问题在随后的政策中得到了解决。它的一些想法，特别是由学生需求驱动的投资模式，以修改后的形式重新出现，并已在之后的 20 年实现。

3. 2002 年《处在十字路口的高等教育》与其他高等教育法案

霍华德政府于 2002 年 4 月公布了一套评估报告，其中包括一系列不同的报告和讨论文件。最先公布的是一篇讨论论文《处在十字路口的高等教育》，接着刊出六期论文和生产力委员会报告《大学资源：国际背景下的澳大利亚》。

《处在十字路口的高等教育》指出了高等教育面临的压力，包括：由于当地和国际压力，课程提供成本大幅增加；来自弱势背景的学生，包括土著学生和社会经济地位较低的学生，在高等教育中的代表性仍然不足；自然减员率约为30%；学校过度招收学生，超出了商定的目标，影响了质量；大学的治理安排不当，财务和公司专业知识明显不足；资金安排基于历史学生名额和现有资金模式，无法有效应对社会需求变化。

生产力委员会的报告将澳大利亚的大学与其他国家的大学进行了比较。发现澳大利亚大学的毕业率在经合组织国家中处于中等水平，博士学位毕业率高出经合组织平均水平许多，与美国和英国相近；在研究中，澳大利亚的师生比高于其他经合组织国家；澳大利亚的学术工资与许多工作相当；澳大利亚高等教育支出总额约占GDP的1.5%，低于美国、新西兰、瑞典和加拿大，但高于英国；研究中包括的大学的资源配置差异很大，特别是在大型私营机构吸引慈善和投资收入的情况下；经合组织其他国家已经从整体资助研究转向竞争性和基于绩效的资助；除新西兰和美国一些州外，经合组织其他国家都对学生名额的需求进行了监管；与经合组织大多数可比国家相比，澳大利亚大学从学生的私人捐款中获得的资金更多，尽管少于美国、日本和韩国。

政府出台的《我们的大学：支持澳大利亚的未来》（2003）概述了2003～2004年预算中宣布的改革，重点完成以下四个优先事项的审查，可持续性、质量、公平性和多样性。新联邦拨款支持系统下的学生资助，取代教学和学习的区块补助金。根据新的高等教育治理协议和相关政策，联邦对学生名额的贡献比2005年增加了2.5%，到2007年增加了7.5%。除了那些国家重点领域（护理和教学）的学生外，学生拨款最高增加30%。学校允许的全额付费学生比例从每个领域最多25%的名额增加到50%。全额付费学生可通过FEE－HELP和OS－HELP获得贷款。针对弱势学生，提出新奖学金计划。建立国家高等教育学习和教学研究所。设立新的学习和教学绩效基金。增加公平资金，针对新的土著工作人员设立奖学金，建立土著高等教育咨询委员会，提供高等教育公平计划的额外资金。

此外，政府还通过了《2003年高等教育资助法案》。根据澳大利亚宪法，高等教育的管理权力主要在各州和地区。1974 年，澳大利亚确立了联邦政府完全负担高等教育经费的制度，为满足入学人数的快速增长，1988年，联邦政府出台了《1988 年高等教育拨款法案》，提出了"高等教育成本分担计划"（Higher Education Contribution Scheme，HECS）和"使用者付费原则"，形成了联邦政府负担大部分经费，以"收入为基础"的学生贷款制度。《1988 年高等教育拨款法案》一直沿用至 2004 年，促进了澳大利亚规模的极大发展。但是，《1988 年高等教育拨款法案》规定的经费拨款是在三年一次的基础上按块状进行拨款，根据需要资助的学生数量和生均一般资助额度进行拨款，不考虑学科、专业和学校的差异，很多学校开设相同的廉价课程，造成了大学的趋同化和低质量。

《2003 年高等教育资助法案》的目的是通过改革经费资助制度，来促进整个高等教育系统合理发展和多样化发展，确保高等教育更加公平。让不同经济背景，特别是弱势群体的学生接受高等教育。《2003 年高等教育资助法案》还试图通过拨款使联邦政府对高等教育的管理在自由与调控之间取得一种平衡。大多数措施在 2005 年得以生效。虽然自 2003 年以来该法案经常进行修订，但 2003 年宣布的改革为当今的高等教育经费投入办法提供了基础。

4. 2008 年《布拉德利评论》与需求驱动系统的建立

这项评估审查了澳大利亚高等教育系统的现状，并探讨了高等教育的未来发展方向，进一步满足澳大利亚社会和经济需要，制定改革的可选方案。联邦政府于 2008 年 3 月成立了由布拉德利教授领导的专家小组，该小组于当年 12 月发布报告。

对澳大利亚的高等教育系统的评估主要涵盖高等教育是否能够适当促进经济发展和创新，以及是否能为国家和地方劳动力市场需求提供专业人才。政府要求专家组就如何改革高等教育以及如何改变监管和资金安排提出建议。建议包括高等教育机构应实现多元化、全球聚焦、竞争力强，为澳大利亚各地的学生提供机会；高等教育应增强对国家生产力的贡献，增加对劳动力市场的参与，并对工业需求作出响应；充分考虑公共利益和私人利益，改进高等教育的资金安排；确保所有背景的学生都能参与高等教育，公立和私立高等教育机构都能保证质量。

专家组的结论是，虽然澳大利亚高等教育系统具有一定优势，但它面临着新的威胁，需要采取果断行动。由于指数化水平低、竞争性资金使用增加、资格标准不一致，政府投资实际下降。公共机构维持其活动越来越依赖于非政府资金来源，这些来源不足以维持较好的质量体系，其后果在于生师比较高、学生满意度下降、运营利润率低、教学与研究资金不够，土著、低社会经济地位和偏远区域的澳大利亚人参与率不高。虽然专家组鼓励国际学生人数的增长，但它关切的是，由于资金流容易受到国际政治、经济发展的影响，高等教育机构对国际学生费用收入的依赖性不能过强。

报告提出了 46 项建议，主要包括：引入学生需求驱动的资金，最初用于公立大学的本科课程，但扩大到研究生课程和其他高等教育教育机构，视国家高等教育监管机构的情况而定。基础教学资金增加 10%，同时还增加一个新的指标体系和修订的学科群，以更好地反映相对的教学成本。保留学生贷款的最高限额。公立机构继续为国内本科生提供全额收费课程的贷款。根据商定的目标增加准入和参与资金以及基于绩效的资金。鼓励学生参加护理教学课程。高等教育和职业教育中的高等教育资助模式，包括针对兽医文凭的收入或有贷款。高等教育贷款费用从 20% 增加到 25%。增加政府对研究基础设施、研究型学生和国际研究型学生的资助。增加对区域高等教育的资助，并对建立国家区域大学进行可行性研究。建立一个负责所有高等教育和培训的国家监管机构。修订澳大利亚学历资格框架（AQF）。建立政府和高等教育机构之间的问责制框架。

陆克文政府于 2009 年 5 月发布了《澳大利亚高等教育转型战略》，积极回应评论提出的多项建议，包括放松对高等教育系统的管制、引入参与和绩效目标、通过周密安排实现问责制、增加研究基础设施资金、审查基础资金、建立国家监管机构澳大利亚高等教育质量和标准署（TEQSA）、新的拨款指数化、为公共机构的学士课程提供需求驱动的资金。

在引入需求驱动的资金之后，公益资助的同等全日制学生人数有所增加，从 2008 年的 44 万人左右增长到 2014 年的 60 万人左右，同一时期，联邦拨款计划的年度支出从 40.6 亿美元增加到 63.5 亿美元。

5. 2011 年《高等教育基础资金评估》

评估的目的是确定支持公共高等教育投资的原则。评估组建了一个专家小组，由简·洛马克斯－史密斯（Jane Lomax-Smith）博士主持。该评估于 2010 年底进行，并于 2011 年 12 月公开发布。专家小组向各大学、商业团体、学生、专业机构进行咨询，收到超过 160 份书面意见。

此次评估主要关注以下问题：维持澳大利亚在高等教育领域的全球竞争力所需的资金总量；不同类型课程的合理性和差异成本；学生通过收入或贷款应支付的费用比例；如何利用经济资助招收社会经济地位较低的学生；确保学校有强烈的动机，投资高质量教学并保持良好的学术标准。

专家组认为，基础资金即联邦拨款计划资金和学生学费，应充分资助教学、奖学金和基础研究。专家组估计，大学平均将6%的基础资金用于支持基础研究。调查发现，高等教育机构面临成本压力，包括工作人员成本、工作成本、综合学习以及新兴和未来基础设施的成本。评估考虑了为学生学费提供资金的各种模式，包括学生税和提高税率。在帮助学生贷款方面，评估发现，高等教育贷款计划（Higher Education Loan Programme，HELP）非常有效，应继续实施。

报告的建议包括：提高每个地方的平均基础资金水平，以提高高等教育教学质量，最大限度地发挥该部门对提高国家生产力和经济增长的潜力。会计、行政、经济、商业、医学、兽医科学、农业、牙科、视觉和表演艺术等学科是需要解决资金不足的学科。减少融资集群的数量，以反映交付成本的趋同。英联邦资助的研究生课程名额的资助率与本科课程相同，符合当时的实际情况。非大学提供高等教育课程的基本资金应调低10%，因为这些提供者不需要进行研究。每年大约2%的基础资金将根据学生人数分配，以支持适当的资源设施，并反映当代教学空间所需的更高标准。学生和政府捐款余额应按固定比例设定，学生捐款占40%，政府为每个英联邦支持的地方捐款占60%。高等教育参与和合作计划（Higher Education Participation and Partnership Program，HEPPP）的参与部分应在需求驱动的基础上取消上限，并作为基础资金加载给低社会经济地位（SES）人群，并支付给大学。学生的最高学费金额应设上限。

2013年1月，吉拉德政府接受了报告中的原则和意图，还就2011年研究生名额的分配和资助问题进行了磋商，增加高等教育参与和合作计划资金，增加贷款额度。

6. 2014年《国家审计委员会报告》

2013年联邦选举政府更迭后，成立了国家审计委员会，审查联邦的绩效、职能和作用，并提出建议，以实现联邦支出所有领域的效率、提高生产力和节约成本。委员会由谢泼德（Tony Shepherd）主持，于2013年底至

2014 年初开展了工作。通过公开提交程序向社区咨询。收到了 20 份来自大学、非大学高等教育机构的回复。

国家审计委员会发现，第一，联邦对高等教育的投资有助于培养更灵活、更有生产力的劳动力，从而提高税收收入，降低失业成本，提高国际竞争力。然而，通过改善就业前景和提高终身收入，高等教育所带来的好处中有很大一部分直接归于学生自己。据估计，联邦支付了 59% 的国内学士学位学费，而学生自己贡献了 41%。考虑到大量的私人利益，委员会认为重新平衡公共和私人对高等教育成本的贡献是有必要的。

第二，允许大学自主定价所带来的竞争加剧，应该会提高效率，推动学生的创新和质量提高。然而，有人质疑，澳大利亚的市场力量是否足以在课程和大学之间产生明显的价格差异。鉴于目前的大学行为、国内本科生对价格缺乏敏感性，以及国际上的例子，委员会指出，放松监管可能导致学费大幅上涨。这将导致政府通过增加助学贷款而负债，变得更糟，并可能影响贷款的公平性。如果大学将入学标准从对能力的关注转向对价格的关注，那么学生的成绩也可能面临风险。

第三，援助会给联邦政府带来额外和不必要的费用。由于未偿还助学贷款的利率低于联邦政府的借款利率，因而向学生提供额外补贴。不良和可疑债务每年约占贷款的 17%，其原因主要是收入不足以达到还款门槛、移民海外或在偿还贷款前死亡。考虑到越来越多的学生得到帮助，而且每个学生的平均债务也在增加，坏账和可疑债务的注销比例可能会随着时间的推移而增加。委员会反对将助学贷款出售给私营部门，以此缓解预算压力。鉴于援助债务作为投资的风险状况，它需要以低于实际价值的价格出售，从而使政府的财务状况变得更糟。此外，这将降低未来政府进一步改革学生贷款安排的灵活性。该委员会还发现，在 2012 年取消学士学位名额上限的同时，那些原本可能没有机会接受高等教育的人获得了更好的入学机会，这会导致入学标准下降。放开名额会为大学提供一种商业动机，促使它们降低标准，增加学生数量。

针对《国家审计委员会报告》提出的问题与建议，2015 年 5 月，澳大利亚总理、教育和培训部长、工业和科学部长发布了国家研究重点领域。政府重视国家优先发展领域的人才培养，加大力度培养教育教学领域和护理专业的人才，支持一定数量的学生在澳大利亚圣母大学（the University of

Notre Dame Australia）从事自然和物理科学、信息技术、健康、教育人文学科的学习，支持原住民学生在澳大利亚圣母大学学习。2015 年 10 月，创新和科学部长宣布将任命新的合作研究中心咨询委员会，对合作研究中心（CRCs）进行审查，取消部分合作研究中心，研究的公共投资应战略性地投向更狭义的国家优先领域，并将资金纳入澳大利亚研究理事会，小型研究资助计划和特定部门的赠款应予以取消或合并。2015～2016 年度预算包括为国家合作研究基础设施战略提供额外两年的资金，并委托相关机构对该方案进行审查，制定相应的研究资助政策和提供研究训练。通过联邦助学金计划（Commonwealth Grants Scheme）支付的高等教育成本从 59% 降至45%，将学生支付的平均成本从 41% 升至 55%；考虑到需求驱动融资体系审查的相关建议，制定部分或完全取消学士学位学费的规定；改变现有的贷款安排，降低学生偿还贷款的收入门槛，确保回收联邦发放贷款的全部成本，包括坏账和可疑债务的成本，从而提高还款率。

（二）管理体制

1. 政府的管理权力

澳大利亚的高等教育机构具有较强的独立性，继承了英国大学的"大学自治"传统，政府不直接参与高等教育的管理事务，而是经过联邦高等教育委员会来协调全国高等教育事务。1987 年，成立了就业、教育与培训委员会，取代高等教育委员会，下设高等教育委员会、澳大利亚科研委员会、中小学委员会和就业与技能委员会，主要职能是提供咨询和建议，但几乎没有实权。如今，澳大利亚政府加强了对高等教育的管控，表面上政府不过问大学的内部事务，但是通过政策调控、经费控制和各种评估等，引导高等教育的发展方向，支持教学和科研以及高等教育优先发展的领域。

2. 高等教育机构的管理权力

根据澳大利亚议会赋予学校的权力，澳大利亚高等机构在管理学校的事务方面享有自主权。大学的管理机构称为理事会，由毕业生代表、教师代表、工商界代表、副校长和学术机构的主席构成。大学的实际管理机构是校务委员会，主要职责为：颁发学位证书和毕业证书；教职人员的任用和待遇；人才培养；科学研究的决策等。校务委员会每月召开一次，其人员构成为名誉校长、代理名誉校长、副校长、副校长助理和其他人员。

3. 新型契约关系的建立

在 2009～2010 年的联邦预算中，澳大利亚政府宣布了一项针对高等教育部门的改革方案，即联邦政府与澳大利亚大学签订基于任务的契约。联邦政府和各大学的共同任务是为学生提供高质量的教育经验和环境，并使其具有一定的研究能力、创新能力和国际竞争力。契约是大学与澳大利亚政府之间的协议，联邦政府承认每一所大学都是一所具有独特使命的自治机构，在州或地区、国家和国际高等教育环境中运作，为大学追求其独特的使命和战略目标提供了框架。同时，有助于实现高等教育高质量、公平和具有创新力的国家目标，确保联邦政府的高等教育发展目标与高等教育机构的发展方向基本一致。

如果大学实现契约目标，将获得绩效经费。绩效经费的指标组成包括：（1）低社会经济地位、本地、区域和偏远地区学生参与率；（2）低社会经济地位、本地、区域和偏远地区学生完成率；（3）低社会经济地位、本地、地区和远程学生的进步率；（4）课程体验总体的满意程度；（5）教学规模和质量评估的满意程度；（6）学生参与调查的互动分数；（7）高等教育机构学生与教师比率；（8）开发学习结果的直接措施。签订契约是高等教育机构获得资助经费必须满足的质量和责任要求之一。2011～2013 年，教育署与 41 所高等教育机构签订了契约。

4. 公共问责框架的建立

澳大利亚公共问责框架包含国家层面的问责、普通高等教育机构层面和公立大学层面的问责。国家层面的问责是对国家监管机构的重新认证过程和周期性的质量保证过程。其作用是对所有机构的认证标准进行审查，将治理办法和监管条件变得更详细、更具体，确保公共利益管理部门的质量和性能。

普通高等教育机构层面的问责是对高等教育机构的经费管理、学生管理和教学质量等方面进行问责。在以学生为中心的需求驱动模式下，资金更大程度上将按照学生的需求进行投入。不接受需求驱动模式领域的资金将会按照提议，将 2.5% 的教学资金分配给高等教育机构。如何解决资金短缺，如何招收本科学生或者付费学生，其形式和规模是否符合社会要求，将以契约的形式进行问责。

公立大学的问责是对大学管理机构的性能进行问责。每个大学将在其立法基础上定义自己的使命和战略方向，问责的目的是确认大学是否实现联邦政府规定的总体任务，是否将公共资金有效地用于实现优先发展战略目标。大学要提交州议会审计年度报告，报告涵盖公立本科和研究生数量、全自费国内和国际学生数量、公共资金资助的研究和商业机会、教学质量和研究成果等。

（三）教学质量监控

1. 开展广泛的教学评估

联邦政府的教学质量评估方式主要是进行学生学习情况调查，旨在了解学生在校的学习成绩和技能习得，对学校教学服务的满意度，以及学生毕业后的去向。澳大利亚政府主要采取以下三种方式对学生学习情况进行调查：大学经历调查（UES）、大学普通技能评估（CLA）和毕业生调查（AGS）。AGS 每年进行一次，包括"毕业生去向调查"和"专业经历调查"。专业经历调查结果显示，在澳大利亚发展最快的五所大学中，学生对于教学质量的满意度都呈逐年增长的趋势。在 2010 年至 2012 年，斯威本大学的学生满意度从 66.3% 增长到了 72.2%，增长了 5.9 个百分点。科廷大学从 65.6% 增长到 68.3%，增长了 2.7 个百分点。澳大利亚天主教大学从 69.5% 增长到了 70.4%，迪肯大学和中央昆士兰大学都分别增长 4.5 个百分点和 4.9 个百分点。总的来说，学生对高等教育的满意度在逐渐改善。

另一种教学调查是由澳大利亚教育研究委员会（Australian Council for Educational Research）发起，目的也是促进教学质量。澳大利亚教育研究委员会是全国性的教育科学研究机构，主要职责是测量与评价、学习和教学研究、教育的社会基础研究。2011 年接收了 349210 澳元进行大学的教学调查，2012 年增加至 960186 澳元。调查主要涉及五个方面，包括技能发展、学习者参与、教学质量、学生支持和学习资源。该大学调查是高等教育倡议中质量推进的一部分，是高等教育学习和教学绩效的测量工具。

2. 积极推进教学质量提升策略

在推进教学质量提升的过程中，联邦政府将革新教师观念作为出发点。教师观念的转变影响教学效果。联邦政府引导教师从"注重自己教"转向"注重学生学"，使教师认识到提高高等教育教学质量的关键在于理解并研究学生的学习。鼓励教师将"以学生为中心的学习"作为自己学术研究的内容，将研究成果作为促进学生学习的重要手段。

重视教学运行与管理。在教学内容的组织上，教师选择教科书的部分内容进行讲解，并不注重知识的系统性和逻辑性，需要的课时数相对较少，更多注重培养学生的自学能力、信息收集能力和实践动手能力，注重培养学生提出问题、分析问题和解决问题的能力。在教学方法上，注重精讲多练，授课时间不超过一半，更多时间用于组织学生开展练习活动，如分组讨论、回答问题、分析案例等。专业课都是小班授课，学生人数在 15～20人，公共课在大班授课后，也会分成小班，对大班授课内容进行分组讨论，让学生理解、消化所学知识。在课程设置与课时分配上较为灵活。以墨尔本大学为例，本科学制 3 年，完全的学分制。学生可以申请在假期上课，可以提前完成学业，也可以延后毕业。课程包括专业必修课、专业选修课和自选课，一学年分为二个学期，每个学期最多修 4 门课，一学年最多可完成8 门课，目的是留出充足的时间给学生自由支配。

3. 提供教学与学习奖励资金

联邦政府建立了澳大利亚学习和教学委员会（the Australian Learning and Teaching Council）、澳大利亚大学质量保障署、澳大利亚教育研究委员会和研究生职业委员会，保证、促进和提高澳大利亚高等教育质量，并提供相应奖励。2011 年，澳大利亚政府向澳大利亚学习和教学委员会提供了2616 万澳元，以促进和推动高等教育学习和教学方面的事务。2012 年 1 月，澳大利亚政府建立学习和教学办公室（the Office for Learning and Teaching，OLT），促进各高等教育机构在学习与教学方面的改革与提升。OLT 的重要职责是在全国范围内提高教学实践，对为学生学习做出卓越贡献者进行奖励和资助。奖励的对象包括教师个人或教学团队，还会以项目的形式改善学生学习质量，以促进高等教育的学习和教学质量的可持续改进。2012 年，联邦政府向高等教育机构提供了 12.78 亿美元的奖励资金，2013 年提供了14.01 亿美元。

表 5 - 4　2012～2013 年度各大学获得的教学与学习奖励资金

高等教育机构	2012 年（澳元）	2013 年（澳元）
澳大利亚天主教大学	385000	20000
巴特鲁尔土著教育研究所	30000	0

高等教育机构	2012 年（澳元）	2013 年（澳元）
邦德大学	10000	242000
中央昆士兰大学	265000	55000
查尔斯达尔文大学	0	254000
查尔斯史都华大学	40000	207500
科廷科技大学	771000	530000
迪金大学	710000	634000
伊迪斯科文大学	50000	43700
格里菲斯大学	473962	370300
詹姆斯·库克大学	124000	305000
拉筹伯大学	387500	193024
澳大利亚麦考瑞大学	618828	345000
莫纳什大学	1894024	1717281
莫道克大学	565480	561000
昆士兰科技大学	247700	465000
皇家墨尔本理工学院	67280	387000
南十字星大学	225000	144000
斯威本科技大学	60000	237000
澳大利亚国立大学	180000	255000
南澳大利亚弗林德斯大学	135000	283000
阿德莱德大学	82000	530000
墨尔本大学	1070500	351000
昆士兰大学	1077100	755400
悉尼大学	310000	647000
西澳大利亚大学	75000	295000
巴拉瑞特大学	50000	85000
堪培拉大学	44600	44100
新英格兰大学	70000	47300
新南威尔士大学	288809	387133
纽卡斯尔大学	304000	180000
澳大利亚圣母大学	30000	75000
南澳大利亚大学	378000	599000

高等教育机构	2012 年（澳元）	2013 年（澳元）
南昆士兰大学	183000	0
塔斯马尼亚大学	286655	488000
悉尼科技大学	51400	400985
阳光海岸大学	198000	352773
西悉尼大学	340000	230000
卧龙岗大学	258000	776000
维多利亚大学	305000	485520
总和	12776838	14008016

资料来源：根据澳大利亚教育与培训部公布数据整理。

（四） 科学研究

1988 年，道金斯改革成立了澳大利亚全国就业、教育和培训委员会（the National Board of Employment, Education and Training），下设四个委员会，其中之一便是澳大利亚研究委员会（Australian Research Council, ARC）。ARC 目的是激励教师在科研方面的发展，目前主要有两大职能，分别是管理全国竞争性研究项目（National Competitive Grants Program, NCGP）和实施澳大利亚大学卓越科研评价方案（Excellence in Research for Australia）。联邦政府对高等教育与科研部门逐年增加经费投入，支持发展具有世界级水平的大学，改善学校的基础设施和研究设施，促进创新性研究的发展。拨付的研究资金，2009～2010 年度为 8 亿澳元，2010～2011 年度为 14 亿澳元，2011～2012 年度为 16 亿澳元。2012～2013 年度为 18 亿澳元，其中，7 亿澳元用于大学研究，11 亿澳元用于超级科学行动项目。从教育投资基金中支出 21 亿澳元，用于学校基础设施建设。基础设施建设的投入分为三轮，关注教学设施与研究设施改善，为更多学生进入高等教育作准备，此项预算旨在改善研究资助严重短缺的局面。与此同时，澳大利亚联邦政府还实施了一系列与科学研究相关的计划。

1. 实施专项研究拨款计划

实施专项研究拨款计划，支持高等教育机构的科学研究和提升研究能力。具体内容涵盖研究培训计划、研究基础设施、联合研究参与、可持续

研究、卓越科研项目、澳大利亚研究生奖、国际研究生研究奖学金、商业
化培训计划等。高等教育机构获得的拨款数额依据其在研究领域的表现和
能力，主要体现在出版物同行评审结果和研究成果的传播量，研究生的产
出和完成率等。高等教育机构在项目、项目团队、学生、设备和基础设施
等方面具有相当大的自主权。

表 5 - 5   2011 年高等教育研究经费总支出

高等教育机构	研究培训计划（澳元）	研究基础设施（澳元）	联合研究参与（澳元）	可持续研究（澳元）	商业化培训计划（澳元）	总计（澳元）
昆士兰科技大学	16080734	3558510	8841642	2153470	206926	30841282
皇家墨尔本理工学院	13744456	1802416	5553970	1186533	117023	22404398
南十字星大学	3486329	300724	1697924	339797	48493	5873267
斯威本科技大学	6671549	1417114	2526754	998604	71849	11685870
澳大利亚国立大学	32868095	14140140	15890184	8034624	354437	71287480
南澳大利亚弗林德斯大学	10205038	3225024	6058593	1819193	117872	21425720
阿德莱德大学	28583944	13231057	15286266	7135598	0	64236865
墨尔本大学	70578754	30361619	37573669	17392804	782711	156689557
澳大利亚圣母大学	330136	58603	179650	66217	22480	657086
昆士兰大学	55288264	23673488	29164616	10817075	637573	119581016
悉尼大学	63814876	28149661	35522427	14626528	709891	142823383
西澳大利亚大学	32482896	13526971	16218755	7051050	342897	69622569
巴拉瑞特大学	1887109	181519	881510	205103	0	3155241
堪培拉大学	2758030	555089	1754092	572040	0	5639251
新英格兰大学	7075998	964879	2965119	795464	0	11801460

续表

高等教育机构	研究培训计划（澳元）	研究基础设施（澳元）	联合研究参与（澳元）	可持续研究（澳元）	商业化培训计划（澳元）	总计（澳元）
新南威尔士大学	55556075	21449461	29405167	11593490	616776	118620969
纽卡斯尔大学	14706808	5481602	8538861	2912950	0	31640221
南澳大利亚大学	11700272	2711901	7283889	1694439	144244	23534745
南昆士兰大学	2340347	276090	1180925	311962	0	4109324
塔斯马尼亚大学	14249072	5553624	8091343	2663686	0	30557725
悉尼科技大学	9718959	2080042	4837101	1334522	133330	18103954
阳光海岸大学	725910	127008	462990	143511	0	1459419
西悉尼大学	7318974	1495747	3045803	1174187	89574	13124285
卧龙岗大学	11609226	3552964	5667685	2239263	147302	23216440
维多利亚大学	4766600	222164	2354571	251029	64789	7659153

资料来源：Australian Government Department of Education and Training, "Higher Education Report 2011 - 2013," 2014, p. 82。

2. 支持可持续性项目与卓越科研项目

澳大利亚政府持续投资大学的可持续科研项目，加强大学科研的基础设施建设，通过额外的资金投入来支持大学研究经费，合理分配和有效利用资源，确保大学科学研究的可持续性。为了争取额外的资金，大学变得更具责任心，资金将更好地反映大学取得的成绩。政府 2009～2010 年投资了 3100 万澳元，而 2012～2013 年投资了 2.01 亿澳元。

澳大利亚的卓越科研项目（ERA）按国际标准，结合澳大利亚自身特色，提供关于科研绩效评估的框架，对澳大利亚大学的不同学科领域的绩效进行评估。2009～2013 年澳大利亚联邦政府共投入了 3600 万澳元。

3. 投资联合科学研究项目

联合科学研究项目旨在强调大学之间的合作研究活动的重要性，同时还包括企业、科研团体等，只要能致力于科学研究，都可以成为合作的对象。联合研究将支持与终端用户接触，增加科研合作，改善澳大利亚联合科学研究相对于其他发达国家落后的局面。

建立协作研究网络（CRN）旨在鼓励高等教育机构，特别是澳大利亚的区域性高等教育机构，与大学建立合作关系，将发展科学研究作为主要的任务。这项措施的实施提高了资源的利用率，促进了教师和学生在不同高等教育机构之间流动，提高了技术能力，加强了机构之间的科研工作的联系。2012～2013年，联邦对该项目投资了2100万澳元。

4. 实施国家合作研究基础设施战略

国家合作研究基础设施战略支持具有国家意义的、大规模的、最先进的、世界级的研究基础设施，这些基础设施无法由单一的研究机构创建和购置。该战略旨在支持卓越科研项目，吸引了来自州政府、大学、研究机构和行业企业的共同投资。为30000余名澳大利亚和国际研究人员提供支持，并为222所院校雇用了1500名高技能研究人员和技术专家。自2005年成立以来，国家合作研究基础设施战略通过汇集稀缺的研究资源，推动了澳大利亚参与全球科研合作，实现了高等教育机构、科研团体与行业的合作研究，产出了大量高质量的研究成果。

（五）高等教育国际化

澳大利亚政府特别重视高等教育国际化，2010～2013年，澳大利亚政府分别拨款5915万澳元、5797万澳元和5721万澳元，用于促进和支持澳大利亚的国际教育部门，内容涵盖国际奖励、奖学金和学生流动。① 国际化的目的是提高澳大利亚国际部门的地位，加强区域链接，加强国际社会对澳大利亚专业资格和技能的认可，以及对澳大利亚海外专业资格和技能的认可。此外，针对高等教育国际化的具体实施还出台了专门的法律法规，以维护国际学生的利益和保障国际学生的学习质量。

1. 制定留学人员教育服务立法框架

随着越来越多的海外学生涌入澳大利亚，为了促进国际教育正常有序地发展，保障海外学生的利益，同时增加澳大利亚各大学的经费收入，由

① 魏艳、王盈：《经济动因驱动下澳大利亚高等教育国际化策略及启示》，《世界教育信息》2019年第5期。

教育署负责管理海外学生教育服务条例的立法架构，通过立法规定了为国际学生提供教育和培训的高等教育机构的责任和标准，并为国际学生提供学费保护框架。

联邦政府于 2000 年出台了《海外学生教育服务法》。[①] 该法的主要内容为：如何对提供海外课程的高等教育机构和留学生进行管理，增加维护国际学生利益的条款，制定针对国际学生违法行为的条款。凡是向留学生提供课程的机构必须登记注册，联邦政府要对其进行各种评估，各州和地方政府也要对此进行审核，只有符合要求才可向留学生授课。为规范招收海外学生的高等教育机构的行为，联邦政府于 2007 年又出台了《招收海外学生的教育与培训机构及注册审批机构的国际行业规范》，对国外学生的福利和管理等方面又作了具体规定，进一步保障了海外学生的权益。

2011 年和 2012 年通过对立法的修订又实施了几项改革，特别是将教育机构注册标准的重点放在风险管理、财务可行性和提供令人满意的教育能力上。2012 年的一项核心改革是引入学费保障服务，该服务提供了一个更公平、更简单的学费保障体系。建立法定机构来监督高等教育、职业教育和培训部门，高等教育质量和标准署与澳大利亚技能质量管理署（ASQA）保障国际学生能够享受到高质量的高等教育。

2. 服务国际学生

《海外学生教育服务法》的一个关键目标是为国际学生提供广泛有效的保护。澳大利亚的学费保护服务是世界上独一无二的，目的是确保学生的教育投资安全而有保障。保护国际学生的另一个核心是确保他们得到高质量的教育服务，支持他们适应澳大利亚的生活。2012 年和 2013 年，教育署、教育质量和标准管理署、技能质量管理署以及州和地区政府有效地维护了高等教育机构的质量和诚信。

在学生管理方面，澳大利亚联邦政府和相关部门合作开发了"海外学生管理系统"，对留学生的信息进行管理，如学生入境情况、课程注册、学校的出勤率、学习成绩以及各种获奖等。系统面向社会开放，透明度较高，有利于联邦政府对留学生进行管理。[②]

---

① The Parliament of Australia Enacts, *Education Services for Overseas Students Act 2000*, p. 33.
② 赵丽：《澳大利亚高等教育国际化分析》，《中国高等教育》2019 年第 11 期。

3. 实施澳大利亚国际学生奖学金计划

澳大利亚国际学生奖学金计划是澳大利亚政府具有竞争力的、以成绩为基础的奖学金计划，为亚太、中东、欧洲和美洲的公民提供在澳大利亚进行学习、研究或专业发展的机会，也为澳大利亚人在海外从事同样的工作提供机会。奖学金旨在建立澳大利亚在教育方面的卓越声誉，支持澳大利亚高等教育和研究部门的国际化，并为来自海外和澳大利亚的优秀个人提供机会，提高他们在各自领域的生产力和专业知识。具体包括：在澳大利亚和选定的合作国家或地区的个人和组织之间建立持续的教育、研究和专业联系；为高成就人士提供机会，提高他们的技能，增强他们的全球意识；为澳大利亚人提供高质量的教育和培训，并在研究和创新方面达到领先地位做出贡献；通过国际学习、研究或专业发展经验，提高澳大利亚人的生产力。奖学金包含澳大利亚亚洲研究生/本科奖学金、伊丽莎白女王二世钻石奖学金、研究生奖学金、职业教育培训奖学金、研究奖学金和行政奖学金6个类别。

4. 实施国际学生交换计划与海外短期流动计划

澳大利亚政府通过国际学生交换计划鼓励澳大利亚年轻人融入其他国家的社会和学术文化，同时也为国际学生提供在澳大利亚学习和体验的机会。不断支持澳大利亚高等教育机构与海外机构加强联系，进行多样化合作。澳大利亚政府认识到本科生进行国际交换的益处，自 1993 年以来一直资助澳大利亚高等教育机构，补贴学生参与国际交流。2011 年，澳大利亚政府向国际学生交流项目拨款近 1000 万美元，支持澳大利亚高等教育机构与海外机构之间建立国际联系，并丰富参与学生的国际经验。国际学生交换计划的主要特点是学费减免和学分转让。

海外短期流动计划（Short – Term Mobility Programme，STMP）资助符合条件的澳大利亚高等教育机构，支持澳大利亚学生在亚太、中东、欧洲和美洲进行短期国际交流体验。其目的是增加具有与研究领域相关的国际流动经验的学生数量，解决学生流动过程遇到的困难。通过参与，鼓励学生考虑长期的流动计划。帮助高等教育机构提供多样化的流动项目。加强澳大利亚高等教育机构与海外参与院校或组织的合作。

表 5 - 6　国际学生交流与流动补贴

单位：万美元

奖项类别	留学澳大利亚的国际学生（2011 年）	留学海外的澳大利亚学生（2011 年）	留学澳大利亚的国际学生（2012 年）	留学海外的澳大利亚学生（2012 年）	留学澳大利亚的国际学生（2013 年）	留学海外的澳大利亚学生（2013 年）
国际学生交换计划	590	1369	746	1112	187	200
短期流动计划	n/a	1066	n/a	1155	n/a	613
总计	590	2435	746	2267	187	813

　　资料来源：澳大利亚教育与培训部，见 Australian Government Department of Education and Training, *Higher Education Report 2011 - 2013*，2014，p. 107。

5. 实施优秀语言教师奖学金计划

优秀语言教师奖学金（The Endeavour Language Teachers Fellowships, ELTF）是澳大利亚政府为帮助在职英语教师和职前英语教师参加短期海外学习项目而设立的，目的是提高他们的语言和文化能力，进而帮助他们成为更好的语言老师。ELTF 计划每年一月份为符合资格的在职教师或职前教师提供为期三周的海外学习课程。这些学习项目通常在亚洲、欧洲或中东进行，根据澳大利亚政府的国际教育优先次序，学习地点每年都会发生变化。

（六）经费配置

联邦政府主要通过各类拨款计划为高等教育教学活动和资源购置提供资金。联邦政府每年向公立大学和国家重点地区的一些私立高等教育机构提供资金资助，资助形式为联邦拨款计划（Commonwealth Grant Scheme, CGS）、其他拨款（Other Grants）和联邦奖学金拨款（Grants for Commonwealth Scholarships），为部分或全额付费学生提供贷款，以及为困难学生和特殊学生提供助学金。

1. 联邦拨款计划

联邦拨款计划将之前所有学科领域资助相同额度，改为根据学科领域确定不同的生均经费资助额度，同时根据各高校办学特色和国家重要领域进行相应的拨款，将三年为基础的拨款制度改为年度拨款，并签订拨款协议，要求大学遵守联邦政府的办学纲领，并凸显办学特色和优势。2011 ~ 2013 年不同学科的全日制学生生均拨款见表 5 - 7。

表 5 – 7　2011 ~ 2013 年不同学科的全日制学生生均拨款

单位：澳元

序号	学科领域	2011 年	2012 年	2013 年
1	法律、会计、管理、经济、商业	1793	1861	1933
2	人文	4979	5168	5369
3	数学、统计数据、行为科学、社会研究、计算、建筑环境、健康保健	8808	9142	9498
4	教育学	9164	9512	9882
5	临床心理学、联合健康、外语、视觉和表演艺术	10832	11243	11681
6	护理	12093	12552	13041
7	工程、科学、测量	15398	15983	16606
8	牙科医学、兽医、农业	19542	20284	21075

资料来源：Australian Government Department of Education and Training, *Higher Education Report 2011 – 2013*, 2014, p. 24。

联邦政府根据学科成本的高低进行拨款，2013 年，牙科医学、兽医和农业生均拨款最高，为 21075 澳元；工程、科学和测量学科次之，为 16606 澳元；人文学科生均拨款额较低，为 5369 澳元；法律、会计、管理、经济和商业最低，为 1933 澳元。培养一名牙科医学学生的费用相当于培养 10 余名法律专业的学生。从时间上看，学科的拨款额度逐年增长，法律、会计、管理、经济和商业学科从 2011 年的 1793 澳元增长到 2013 年的 1933 澳元。牙科医学、兽医和农业从 2011 年的 19542 澳元增长到 2013 年的 21075 澳元。[1]

2. 其他拨款

其他拨款主要是支持高等教育的重要领域，特别是针对国际社会普遍关心的高等教育问题，给予重点资助。如高等教育公平、高等教育质量、教师养老金、科学研究、创新人才培养、校际合作、高等教育开放性等问题。联邦政府颁布了《其他拨款指南》，详细列出了各领域的目标、拨款要求、拨款方法等。

3. 联邦奖学金拨款

目前澳大利亚高等教育的奖学金主要有以下几种：联邦奖学金、联邦

---

① 姜蓉：《澳大利亚高等教育经费筹措研究》，陕西师范大学硕士学位论文，2015，第 20 页。

教育成本奖学金、搬迁奖学金和起点奖学金。联邦奖学金分为标准奖学金和研究生研究奖学金。标准奖学金是针对全日制本科学生，要求学生学业优秀，且家庭收入低于规定的社会低收入标准，或家在农村、偏远地区。这一奖学金又包括联邦学费奖学金和联邦住宿奖学金（Commonwealth Accommodation Scholarships，CAS）。2004 年实行时，联邦学费奖学金为每位学生 2000 澳元，联邦住宿奖学金为每位学生 4000 澳元，之后根据物价变化作出相应调整。研究生研究奖学金提供给从事研究性高级学历学习，且具有卓越学术才能的全日制学生。也可提供给一些特殊的部分时间制学生，如家庭经济特别困难的学生。

联邦教育成本奖学金（Commonwealth Education Costs Scholarships）也是以全日制的成绩优秀的本科学生为资助对象，学生离开家乡去外地求学的住宿费由政府支付，住宿的资助是每年每人 4000 澳元，直到四年毕业。根据 2008 年的预算，政府决定增设奖学金来扩大资助的范围，让更多的学生享受到奖学金的资助以顺利完成学业。

从 2010 年 1 月 1 日起，澳大利亚政府开始发放搬迁奖学金，是对领取青年学生津贴和远离家乡独自一个人生活的大学生发放资助，在大学的第一年为每个学生提供 4000 美元。它将取代联邦住宿奖学金，而现有联邦住宿奖学金接受者将继续获得奖学金。在 2009～2010 年，对额外的 16428 名弱势群体学生和需要离家学习的学生发放搬迁奖学金。

从 2010 年 1 月 1 日起，澳大利亚政府开始发放起点奖学金，起点奖学金对学习成绩优秀的本科生发放，每人每年 2000 澳元，资助四年，每年的学期初发放。除此之外，起点奖学金也针对退伍军人计划资助的大学生，对这些本科生提供物质帮助。

澳大利亚的奖学金形式较多，也在不断进行改革。随着创业教育的发展，澳大利亚又增加了另一种奖学金机制——学生创业奖学金，取代联邦教育成本奖学金（CECS）。所有接受联邦教育成本奖学金的学生将继续接收资助。这项奖学金的资助金分两个学期支付，每学期都是在开学时发放。2012～2013 年有 173300 名学生接受此项奖学金资助。

4. 学生贷款制度

学生贷款制度有效地促进了澳大利亚高等教育的公平性和开放性。《2003 年高等教育资助法案》提出，政府不再规定高等院校应向学生收取费用的具体数额，而是根据不同学科领域成本规定了最高限额。① 学校可以灵活地确定学生应缴费用，但不能超过最大限额。学生如果在入学之初缴纳费用，或缴纳 500 澳元及以上，则可享受 20% 的折扣；如果申请贷款，则由联邦政府直接把这部分费用交付给学校。贷款的偿还有两种形式，一是自愿偿还，可得到 10% 的折扣；二是通过个人收入所得税的形式强制偿还，如果学生毕业后收入达到规定的标准，则自动偿还，否则不用偿还。根据澳大利亚的高等教育贷款计划，大多数家庭经济条件较差的国内学生，都可以通过政府贷款支付学费。② 贷款的种类根据高等教育机构类型和学习层次不同而有所差异，包含联邦高等教育供款 – 高等教育贷款计划（HECS – HELP）、全额自费 – 高等教育贷款计划（FEE – HELP）、海外学习 – 高等教育贷款计划（OS – HELP）等。

　　HECS – HELP 主要针对选修联邦政府资助的课程而无力支付全额学费的学生，学生必须是澳大利亚公民或澳大利亚永久签证持有人，其最大的特点是可以按收入比例还款。学生毕业后其收入达到一定标准，以个人所得税的形式偿还贷款，且强制执行，如果收入未达到标准则不用偿还，2015 ~ 2016 年度，最低收入标准为 54126 澳元，2019 ~ 2020 年度则降低到 45881 澳元。2013 年，约有 85.7% 的需要缴纳费用的学生获得了 HECS – HELP 贷款。

表 5 – 8　2019 ~ 2020 年度高等教育学费贷款的还款率

2019 ~ 2020 年还款收入（澳元）	还款率（还款收入的百分比）
低于 45881	0
45881 ~ 52973	1.0%
52974 ~ 56151	2.0%
56152 ~ 59521	2.5%
59522 ~ 63092	3.0%
63093 ~ 66877	3.5%
66878 ~ 70890	4.0%
70891 ~ 75144	4.5%

① 李婧：《澳大利亚新助学贷款计划起争议》，《比较教育研究》2008 年第 2 期。
② 齐兰芬：《教育资助若干问题研究》，天津古籍出版社，2011，第 113 页。

2019～2020 年还款收入（澳元）	还款率（还款收入的百分比）
75145～79652	5.0%
79653～84432	5.5%
84433～89498	6.0%
89499～94868	6.5%
94869～100560	7.0%
100561～106593	7.5%
106594～112989	8.0%
112990～119769	8.5%
119770～126955	9.0%
126956～134572	9.5%
134573 及以上	10%

资料来源：Australian Taxation Office，"HELP and TSL Repayment Thresholds and Rates," https://www.ato.gov.au/rates/help，- tsl - and - sfss - repayment - thresholds - and - rates/？= top_10_rates，accessed June 18，2019。

FEE - HELP 是针对全额自费学生设立的贷款计划。此外，FEE - HELP 贷款名额中 20% 的费用是用于资助学生根据自己的兴趣选择非联邦政府资助课程。此项计划需要学生偿还 120% 的贷款，但如果学习研究生课程则可以免付利息。在 HECS - HELP 计划下，联邦针对学生的贷款金额是没有限制的，而 FEE - HELP 的贷款金额有限制。OS - HELP 主要资助合格的全日制公立高校本科生在海外学习 12 个月的学位课程所需的生活费和交通费。2013 年，大约有 860000 名学生通过高等教育贷款计划支付高等教育学费。

5. 助学金

为了实现高等教育的公平与平等，澳大利亚政府还为有困难的学生提供相应的助学金，资助的人群主要包括来自社会经济地位低的学生、偏远地区的学生、家庭经济状况困难的学生。澳大利亚当前的高等教育助学金主要有两种：澳大利亚助学金（ABSTUDY）和青年补贴（Youth Allowance）。ABSTUDY 是澳大利亚联邦政府资助学生的一个新计划，它在原有的高等教育资助计划、成人中等教育资助计划和中等教育奖学金计划的基础上建立起来，并于 1989 年起全面实施。制定此计划的目的是鼓励在完成初等、中等教育之后 16 岁以上的青年继续求学深造，为国家造就更多的专业人才。政府希望学生最大限度地去接受高等教育，充分发挥其聪明才智，而不是过早地结束学业。青年补贴主要资助的是全职就读于本科和研究生课程项目、接受更高等教育的 16 岁到 24 岁的年轻人。从 2010 年 1 月 1 日开始，学生申请青年补贴和 ABSTUDY 的父母收入测试阈值提高，从年收入 32800 澳元提高到 42559 澳元，与家庭税收利率相一致。

原住民支持计划（Indigenous Support Program）主要是向符合条件的高等教育机构提供资金，以协助满足原住民学生的特殊需要。申请该项目经费资助的高等教育机构，必须提供证明，切实提高了原住民学生的入学率、参与率和成功率，切实提高原住民制定决策的参与率，有一套针对原住民的就业策略。该项目每年拨款的依据是各高等教育机构提供的针对原住民的规划和绩效报告。2011 年至 2013 年，联邦政府投入该项目的总经费分别为 36073000 澳元、37443000 澳元和 38904000 澳元。

高等教育参与和合作计划是 2009 年 10 月 15 日公布的项目，其目的是为所有经济困难的学生提供公平接受高等教育的机会，并提高其质量。该项目的核心是提高经济困难本科生的入学率和保持率，项目计划到 2020 年时，澳大利亚本国本科生中有 20% 是来自经济困难家庭。HEPPP 项目经费预算主要分为两类，一是参与经费，二是合作经费。参与类经费鼓励大学帮助贫困学生做好学习上的准备，实时监控学生成绩，增强贫困学生入学和完成整个本科学业的动机。合作类经费用于鼓励大学与利益相关者密切合作，通过各种合作让更多的学生了解大学的相关政策，树立这些学生申请某所大学的信心，并且制定长远的战略不断增加经济困难学生的招生数。为了保证大学确实开展了相关的合作活动，要求申请资助的大学必须报告自己与多少所高中学校有合作关系，帮助多少高中生来学校了解情况等。2010 年在此项目投入的经费总额为 42306135 澳元，2015 年为 145950515 澳元，2021 年为 138009092 澳元（见表 5-9）。

表 5-9 高等教育参与和合作计划的资金分配

单位：澳元

机构	2010 年	2015 年	2021 年
澳大利亚天主教大学	753012	2971834	3004141

续表

机构	2010 年	2015 年	2021 年
巴切洛土著高等教育学院	133139	0	0
达尔文大学	333389	1477685	1873057
查尔斯特大学	2060770	7728689	6043560
中央昆士兰大学	1208896	5097120	5587401
科廷大学	1069984	4343871	4686825
迪肯大学	1412213	4903663	5172361
伊迪丝·考恩大学	1006121	3334052	2947359
澳大利亚联邦大学	439828	1640957	2327168
弗林德斯大学	989884	3279170	2782016
格里菲斯大学	1653776	5710421	5474421
詹姆斯·库克大学	1112740	4176483	3629134
拉筹伯大学	1597670	5062819	4895414
麦格理大学	599667	2383230	2691855
莫纳什大学	1614267	4420706	3570065
默多克大学	773578	2696054	2438119
昆士兰科技大学	1559424	4651208	3909111
皇家墨尔本理工大学	1437650	4338383	4667941
南十字大学	1191216	3443815	2696869
斯威本科技大学	532196	3825241	4739070
澳大利亚国立大学	204399	374566	477615
阿德莱德大学	812365	2708402	2613060
墨尔本大学	930711	2003175	1691706
新英格兰大学	1143409	4391893	4369426
纽卡斯尔大学	1962630	6939767	5213157
昆士兰大学	1358091	4116113	2903983
澳大利亚悉尼大学	1179851	2794841	2341140
西澳大利亚大学	403026	1358317	1153737
堪培拉大学	259423	978263	821261
新南威尔士大学	1062046	3298379	2724969
南澳大利亚大学	1887220	6004037	5910798
南方昆士兰大学	1532183	6113800	5002396
塔斯马尼亚大学	1485999	5853113	7021809
悉尼科技大学	1009187	2877163	3200456

续表

机构	2010 年	2015 年	2021 年
阳光海岸大学	503692	1872832	2736894
卧龙岗大学	907258	3482232	3053449
维多利亚大学	1505843	4575746	3340786
西悉尼大学	2679380	10722475	10296563
总计	42306135	145950515	138009092

高等教育参与和合作计划要求申请拨款的大学制订具体的实施计划，可以独立开展活动，也可以与其他学校、州政府、职业教育机构等其他组织合作开展活动，提高"公平群体"学生的入学率和成功率。活动包括：培养上大学的愿望，对高等教育的理解和认识；通过多种途径进行学术准备；低社会经济地位学生的教育计划；设置包容性准入程序，特殊准入方案；改变教学和学习方法，使低社会经济地位的学生受益；通过导师、同伴支持、辅导等途径进行持续的学术支持；监测和评估活动的有效性和影响。

高等教育残疾人支持计划（Higher Education Disability Support Program）主要是为了消除残疾学生入学障碍，使他们能够参加高等教育。该计划共有三个子项目。一是"残疾学生辅助支持子项目"，也称残疾学生特殊需要子项目。该子项目要求大学必须严格执行对残疾学生的核查，明确这些学生的特殊需要，购买自适应软件、计算机设备和其他专业设备。如为视力障碍的学生补贴盲文和录音带等替代格式材料费用；为听力障碍学生提供翻译服务。二是"地区残疾人联系子项目"，其目的是在各地区加强职业教育部门与大学之间的联系，指导残疾学生了解自身获得帮助的途径和方式，提高残疾学生的教育质量。三是"以绩效为基础的残疾人支持资金子项目"，旨在进一步鼓励高等教育机构实施吸引和支持残疾学生的战略。资金分配根据高等教育机构招收的残疾学生人数，以及学生的留用率和成功率来确定。

（七）质量保障

1991 年 10 月联邦政府发布了《高等教育：90 年代的质量与多样化》，标志着澳大利亚进入了高等教育质量保障与多样化发展阶段。[①] 此报告的主

---

① 任文杰：《澳大利亚高等教育质量保障体系探讨》，《江苏高教》2018 年第 6 期。

要内容为：一是建立高等教育质量保障机制。高等教育培养的学生应具有批判性思维和适应性技能，能够满足劳动力市场的需要，要求课程教学需进行重大改革。二是促进高等教育机构教学水平的提高。提高教师待遇，提高研究数量，增加研究生的生活补贴等。三是促进高等教育参与的公平性，并建立高等教育机构之间的学分转移系统。在学术模式和职业模式之间建立学分转移系统，用以保证学生在两者间进行切换。四是保障高等教育机构的多样性。接受高等教育的学生群体类型多样，年龄和层次结构差别较大，高等教育机构应采用不同模式去迎合各种学生的需求，在课程设置、学生需求、教职工构成、产业变化、国际化等方面应具有更大弹性和多样性。

1. 创建 AQF

1995 年，教育、就业、培训和青年事务部创建了澳大利亚学历资格框架（Australian Qualifications Framework，AQF），主要职能是对非义务教育的教育机构进行注册登记，认证所有的高等教育机构，为职业教育、高等教育提供一整套学历晋级的标准，确保高等教育系统的完整性。它将教育和培训部门（包括从事职业教育和培训以及高等教育机构）的资格纳入单一的国家资格框架。

2. 成立 AUQA

2001 年 4 月，澳大利亚大学质量保障署（AUQA）成立，是监控、评估和报告澳大利亚高等教育质量的国家质量保障机构。该机构设有由 12 名成员组成的指导委员会，其中，5 名由高等教育机构首席执行官指定，6 名由教育部长提名，联邦教育部长和州教育部长各提名 3 人，还有 1 名首席执行官，建立初期由联邦教育部长提名，后经选举产生。AUQA 自成立共运行了 10 年时间，直至 2011 年被 TEQSA 替代。其职责是对澳大利亚高等教育机构定期进行教育质量审核，并向政府和社会公众发布审核报告，从而保障高等教育的整体质量。运行期间，注重内部检查与外部检查监督相结合，在定期给政府汇报工作情况的同时，还对机构自身的动作情况与工作成效尤进行自我评估，形成了一个强健高效、制度健全、办事稳妥的质量保障系统，为澳大利亚高等教育的发展做出了较大贡献。

3. 成立 TEQSA

目前，澳大利亚高等教育机构必须根据《2011 年高等教育质量和标准机构法》第 3 部分注册，并在国家高等教育机构名册上登记。澳大利亚成立高等教育质量和标准署（The Tertiary Education Quality and Standards Agency, TEQSA），专门负责澳大利亚高等教育机构的注册，符合标准且通过审核的高等教育机构可以顺利注册为正规、合法的高等教育机构，以此保障高等教育机构的质量。

根据 2008 年的《布拉德利评论》提出的建议，2011 年 7 月 30 日，《2011 高等教育质量和标准署法案》获得国会的一致通过，高等教育质量和标准署正式建立，并从 2012 年起开始运作并行使其质量监督职能。TEQSA 结合了州、地区开展的监管活动以及澳大利亚大学质量保障署开展的质量保障活动，根据高等教育标准框架要求高等教育机构进行登记注册。TEQSA 还对高等教育机构开设的课程进行认证，确保学生在澳大利亚任何一所高等教育机构都能接受高质量的教育。同时，还开展高等教育机构风险监管，提供咨询建议，发布信息等工作，实现对高等教育的质量监管。

澳大利亚制定统一的《高等教育质量标准框架》，作为高等教育机构课程认证、登记注册以及风险监管的准则。《高等教育质量标准框架》是基于国家高等教育发展指导方针和澳大利亚学历资格框架等修订而成，是高等教育机构注册和运营的基本标准。一个合格的高等教育机构必须具备：高等教育强大的显示记录；良好的财务状况；没有不符合标准的历史；符合标准的、低风险的未来。[①] TEQSA 对于整个行业的标准的保障需要时间跨度，因为有的高等教育机构在教育领域成立时间相对较晚，但是可能会实现发展，这就要求 TEQSA 考虑其阶段性发展。一些高等教育机构已经在该领域具有较长的发展历史，但由于行业变化较快，它们的地位也在不断改变。这些变化需要 TEQSA 对高等教育机构能够进行跨越时间和跨越行业的理解，判断高等教育机构是否符合标准。

四　澳大利亚高等教育发展创新的基本经验

（一）广泛咨询，政策法律具有针对性

联邦政府为保证高等教育的发展方向，出台了大量政策法律。每项政

[①]　张微雨：《澳大利亚高等教育质量保障体系研究》，广西师范大学硕士学位论文，2019，第 42 页。

策发布前均进行了大量咨询调研。1998 年《韦斯特评估》的出台，专家小组广泛征集了国内国际人士的意见，举办了一系列圆桌会议，研究了近 600 份意见书。最终形成报告《终身学习：高等教育融资与政策研究》，并于 1998 年 4 月发布。2002 年《澳大利亚高等教育评估》报告的形成，也在首都和部分区域中心举办了 48 个论坛，收到了 700 多份书面意见。2008 年《布拉德利评论》在进行审查时，专家组与高等教育机构、州和地区政府、企业、行业和公众进行了广泛协商，收到了 450 多份正式答复和意见书。它还委托公共和私营部门就资金、研究、人口统计、参与国际问题提交各种报告。广泛调查需求驱动的拨款制度对澳大利亚高等教育机构的影响，并就拨款安排提出建议。该调查由肯普 - 诺顿（Kemp - Norton）先生于 2013 年底至 2014 年初主持。咨询过程包括公开提交意见，与主要利益相关者，包括大学、非大学高等教育机构和学生组织等在内的代表进行访谈。

每一项政策都是针对当前较为棘手且急需解决的问题，1988 年出台《高等教育资助法案》，是针对高等教育规模扩大，弱势群体进入高等教育的机会较小，进而提出了相应的经费资助政策，确保高等教育的公平。《2003 年高等教育资助法案》的出台是依据纳尔逊评估出台的报告《处在十字路口的高等教育》出现的问题，解决高等教育的资金压力，并提出经费改革的备选方案。政府在 2003 ~ 2004 年预算中增加了联邦对高等教育的投入，于 2005 年具体实施。针对需求驱动的拨款制度，也调查了相应问题，如当前的拨款制度并不支持院校在教学质量和学生选拔上的竞争。建议需要一个更灵活的学生收费制度。一些学生愿意为更符合他们需求的教育支付比目前学生学费更高的费用。私立大学和非大学的高等教育机构在高等教育体系中发挥着重要作用，尤其是针对本科以下课程，但它们被排除在需求驱动的经费拨款之外，限制了它们的创新空间，需要构建一个更灵活的高等教育系统，确保需求驱动系统得以生存的财政可持续性。建议不应该重新设定本科学士学位名额的上限；工程和医学科的最高资助率应根据成本进行再次审查；所有高等教育机构及其相关课程经高等教育质量标准机构批准后，均应具备参加联邦资助计划的资格；接受联邦资助计划的非大学高等教育机构应与公立大学一样受到限制；高等教育本科以下学历课程应纳入需求驱动体系；对联邦资助计划的限制应该从研究生课程中取消，这些课程具有明显的社区效益，但对毕业生提供的经济回报有限。其他研究生课程应在完全全额收费的基础上提供。

政策法律重点关注高等教育质量、经费保障、科学研究，提升澳大利亚高等教育的全球竞争力。为确保高等教育教学质量，1995 年建立澳大利亚学历资格框架，1997 年根据不同学科成本确定学生收费标准，1998 年建议增加学费弹性和需求驱动的资金，2001 年澳大利亚大学质量保障署成立，2002 年成立专门的国家学习与教学机构（National Institute for Learning and Teaching）。为增加公立大学的资金收入，1998 年在公立大学引入全自费的国内学生名额。为进一步解决资金问题，2005 年建立联邦拨款计划和联邦支持领域（Commonwealth Supported Places，简称 CSP），协商经费安排和机构绩效，增加学生学费，开始实施全额自费高等教育拨款计划，并扩展至私立高等教育机构。改变学科经费类别。根据工作场所的生产效率和国家治理协议，推行新的资金安排以加强科学研究，保障高成果产出，2001 年成立了澳大利亚研究理事会（Australian Research Council，ARC），专门负责分配研究资金。扩大政府竞争性研究经费，加强科学、技术、工程和数学等领域，引入研究生教育贷款计划（Postgraduate Education Loans Scheme，PELS），引入研究培训计划，为研究领域提供竞争性拨款。2008 年 VET FEE - HELP 开始实施，为职业教育机构学生提供学费贷款。2012 年，全面引入学士学位的需求驱动经费系统。

（二）管理体制灵活，特色优势明显

澳大利亚政府实施了一种联邦和各大学之间的新型契约关系，契约包括两个部分，一是覆盖教学方面，二是涉及科学研究。创新工业、科学和研究的部长将负责科研工作，而教育署长负责教学和学习的相关问题。这两个部门将与每个大学协商合作，制定反映大学特色和能力且符合政府要求的任务。促进高等教育机构提高绩效的同时，提升国际竞争力。绩效包含了教学、科学研究和社会服务质量，以及来自弱势群体的学生的参与率、毕业率。契约将促进高等教育机构的活动与国家的重点活动保持一致。

招生制度灵活而平等。澳大利亚也是采取组织高考的方式来进行大学入学选拔。除了高考成绩外，学生高中阶段的成绩、综合表现也是大学录取的重要参考。对于某些没参加高考的学生，也可直接向大学申请，就读人文社科专业。任何对大学感兴趣的人，包括退休人员，都可以申请学习大学课程。澳大利亚实行灵活的转学制度，只要学生符合学习此专业的条件和要求就可转学。学生在大学毕业后，由于工作需要，还可以重新回到大学学习。学制灵活，能适应不同类型和层次的职业要求。就高等教育而言，有专科文凭、副学士学位、学士学位、研究生证书、研究生文凭、硕士学位、博士学位。学历资格框架衔接了各级各类学校的学历和课程。允许学生弹性学习和就业，并保留已修过的学分，鼓励学生继续学习。

（三）全方位改革，提升教学质量

澳大利亚形成了一套完善的教学质量评估方法。设定一定标准，并依据此标准对教学质量进行评估是澳大利亚教学质量评估中最为实用，也是最具有可操作性的策略。在澳大利亚，高等教育机构分为两种：一是自我认证的大学，这些大学在课程设置和其他计划上有较大自主权；二是非自我认证教育机构，它们通过中介机构进行认证，并调整教学研究事务。

在联邦政府层面，联邦政府负责提供财政支持、监控重要信息的发布。成立了澳大利亚大学学习和教学委员会，诊断教学活动中存在的主要问题并提出对策，鼓励和支持教学改革，寻求并推广有效的教学模式和方法，促进教学质量的提高。在课程建设上，引入更多职业教育与学习内容，学习范围广泛，并加强为博士阶段的学习作准备。学生选择一个专业方向学习，但其中1/4的学习内容需要在其主干课程以外学习。减少学士学位种类和数量，将原本96个学士学位压缩为文学、理学、商学、生物学、环境和音乐6个学士学位。

在高等教育机构层面，高等教育机构自身不断进行改革，设立学术委员会和管理委员会，重点针对课程设置、教学评估和论文等进行监督和指导，并结合学生的就业情况调整课程与教学。创新大学教学理念，主张因材施教，科目和课程的难度应依据学生的文化背景、兴趣和能力进行调整。致力于学生素质的培养，着重培养学生的创新能力、专业态度和沟通能力。满足学生的兴趣，尊重个人选择。课程设置参考名校课程设置的同时，将知识体系、社会需求和学生兴趣相结合，强调专业性和灵活性。针对现有课程，学院每三年进行一次课程审议，决定是否需要修改更新。

（四）以建设一流大学为目标，科学研究成果显著

在科学研究方面，澳大利亚政府提出了国家研究所计划（National Institutes Programme）支持国家研究所。为资助高等教育机构的研究和提升研究能力，实施了研究基础设施拨款（Research Infrastructure Block Grants）、联合研究参与（Joint Research Engagement）、大学的可持续性卓越科研计划（Sustainable Research Excellence in Universities）、高等教育研究项目计划（Higher Education Research Programme，HERP）。为资助学生的研究训练，实施了研究训练计划（Research Training Scheme）和商业化培训计划（Commercialisation Training Scheme）。

各大学以世界一流大学的标准为参照，制定自身发展战略，加强与世界一流大学合作，提升学术研究水平。联邦政府将各大学的科学研究状况作为衡量大学学术地位和办学水平的最重要指标，并作为研究经费拨付数额的依据。澳大利亚的八校集团成员是澳大利亚享誉世界的八所顶尖研究型大学，即墨尔本大学、蒙纳士大学、澳大利亚国立大学、悉尼大学、新南威尔士大学、西澳大利亚大学、阿德莱德大学和昆士兰大学。[①] 八校集团获得了澳大利亚研究委员会拨款总数的72%。各大学常组织科研交流活动，要求教师积极参与科研，同时鼓励学生参加，将教学过程和科研过程融为一体。八校集团无论是在学术水平、文献引用度还是国际师资等方面，均处于世界领先地位。在2015QS世界大学排名中，八校集团的八所大学均位列世界大学排名前100名。其中，澳大利亚国立大学排名第22位，2009年的排名成绩是第17位。墨尔本大学排名第33位，悉尼大学排名第37位，昆士兰大学排名第43位，排名最靠后的阿德莱德大学也排在第100位。澳大利亚八校集团对澳大利亚的影响力巨大，承载着澳大利亚高等教育的水平和发展方向。

澳大利亚的研究型大学是澳大利亚高等教育科研成果产出的主力军。澳大利亚国立大学每年大约80%的预算用于研究活动。澳大利亚国立大学的科研专家曾多次获得包括诺贝尔奖在内的世界级学术大奖，澳大利亚获得的15个诺贝尔奖中，有6位获奖者来自澳大利亚国立大学，80%的教师

---

① 徐晓红：《论澳大利亚八校联盟高等教育国际化战略及启示》，《高教探索》2013年第5期。

拥有博士学位。墨尔本大学也是一个优秀的研究机构，在科学研究中不断强化核心知识学科的研究成果，开辟科学研究的新思路，支持重要和创新领域的非常规研究范式，有 3 位诺贝尔奖获得者和 4 位澳大利亚总理都毕业于墨尔本大学。新南威尔士大学有近 100 个科研项目培训中心，包括艾滋病毒流行病国家研究中心、脱离危险科学研究中心、南半球最大的综合癌症研究中心、气候变化研究中心等全球最关注的热点研究领域。

（五）以产业促发展，高等教育国际化程度较高

澳大利亚最初吸引国际学生的方式是以奖学金的手段，资助来自南亚和东南亚的学生，对部分发展中国家实施教育援助，提升澳大利亚的国际影响力。1974 年，澳大利亚政府取消海外学生的学费，1979 年，决定向海外学生征收 30% 的额外费用。因此，在 80 年代前，澳大利亚的教育国际化可以看成澳大利亚政府进行的对外教育援助。受经济危机的影响，政府决定将教育纳入经济活动范围。1985 年，澳大利亚政府实施"教育出口"政策，各高等教育机构向在澳留学生收取全额学费。随着政府资助数量的减少，高等教育机构开始不断扩大国际学生的招生量，在带来经济利益的同时，提升学校的国际地位。在国际学生数量增长的同时，澳大利亚政府开始重视国际化教育的质量，为国际学生建立"行业道德实施准则"，排除不合格的教育机构，保护国际学生的利益。1991 年推出《海外学生教育服务法案》，为海外学生教育出台专门法律，授权高等教育机构自主招收国际学生，帮助学生获取签证，推动了澳大利亚国际化的极大发展。为推广澳大利亚的国际市场，澳大利亚政府于 1994 年，成立了澳大利亚国际教育组织，提供专业性的顾问咨询和建议，特别是针对六大合作国家，中国、印度、韩国、印度尼西亚、马来西亚和泰国。提供多种奖学金，如澳大利亚发展奖学金、澳大利亚领导力奖和奋进奖学金等。

21 世纪以来，在推动教育国际化的进程中，澳大利亚政府从推广营销、立法和质量保障方面提供大力支持，在国际学生的招募和海外项目的开展上成绩显著。由于缺乏限制，导致一些问题的产生，如国际学生教育质量问题，国际学生留澳时间超过法定时间等。2000 年重新拟定了《海外学生教育服务法案》，该法案用特定的方法保证国际学生资金；强化了学生信息管理；对违反规定的做法设定了严厉的惩罚。

澳大利亚大学在高等教育国际化进程中发挥了重要作用。澳大利亚各大学与日本、瑞典、奥地利、泰国、马来西亚、中国等许多国家的高校签订了合作协议。① 协议包括学生与教师交流、合作研究、资格认可、信息共享等内容。1998 年，澳大利亚的 39 所大学和 4 所高等教育学院与海外签订了 2800 多项有效协议，积极推出国际教育服务。大多数国际教育服务项目是让学生先在本国学习几年，再到澳大利亚学习，部分大学还与海外教育机构合作建立海上校区。1997 年，澳大利亚高等教育机构在海外合作办学项目的国家和地区最多的是马来西亚，有 174 个；其次为新加坡，116 个；中国香港 110 个，中国内地 17 个；印尼 14 个。

澳大利亚把教育特别是高等教育视为产业，其高等教育国际化经历了资助阶段、商贸阶段和国际化三个阶段。在教育产业理论的指导下，大胆向国际学生开放高等教育与培训体系，加大力度吸引外国留学生，特别是亚太地区国家的学生。澳大利亚大学创收的主要来源之一为招收外国留学生。2005 年，留学生学费收入 33 亿澳元，比 2004 年翻了一番。发展到 2014 年，约有 140 万学生进入高等教育机构学习，其中，近 35 万人是留学生，占总入学人数的 25%。国际学生在澳大利亚高等教育学生中占较大比理。2014 ~ 2015 年度学费收入大约 180 亿澳元。

（六）以质量和公平为核心，经费配置合理

为提升高等教育质量和确保高等教育公平，澳大利亚政府提供了种类繁多的奖学金、助学贷款和助学金。为保障大学生受高等教育的权利，联邦政府开展高等教育贷款计划，面向低收入家庭提供助学贷款。这种贷款最大的特点是"以学生收入为基础"进行还款，若学生工作后收入达到还款的最低标准才以所得税的形式进行还款。此种制度不仅为经济困难学生提供了接受高等教育的经济保障，同时又使其免于承担贷款风险和还款压力。

澳大利亚政府通过 HELP 帮助符合条件的学生支付其高等教育的费用。2013 年，澳大利亚政府支持高等教育机构通过 HECS – HELP 和 FEE – HELP 帮助约 86 万名学生支付其完成高等教育所需的费用。HECS – HELP 为联邦资助的地方国内学生提供贷款，为他们提供助学金。FEE – HELP 帮助经批

---

① 刘岩：《澳大利亚跨境高等教育质量保障政策的嬗变与启示》，《外国教育研究》2019 年第 2 期。

准的高等教育机构自费学生支付学费。此外，OS－HELP 帮助符合条件的英联邦支持的学生进行部分海外学习，SA－HELP 帮助符合条件的学生支付全部或部分学生服务和便利设施费（Student Services and Amenities Fee，SSAF）。此外，还有旨在帮助弱势学生的资助计划。包括联邦奖学金计划、高等教育参与和合作计划、高等教育残疾支持计划和原住民支持计划等。

从 2012 年起，澳大利亚建立需求驱动体系。澳大利亚所有大学将根据学生的需求来得到政府的支持，联邦政府同意为每一个经过承认的国内公立大学本科学生提供资助，解除了对课程和学生数量的限制。这就意味着政府将对所有参加任何一个合法的、经过认证的高等教育课程的国内学生提供由联邦政府给予资助的学习指标。大学若没有对有指标的学生进行课程教学，就拿不到政府的资助。改革的过渡期是 2009～2011 年，联邦政府在这段时间对学生招收进行限制，仍然保留招收上限，避免高等教育机构扩招过快。从 2012 年开始，逐渐放开学生招收数量限制，鼓励高等教育机构走向多元化发展，招收更多的学生。重要的是，需求驱动系统包括研究生和本科课程，需求驱动的资金旨在让大学在应对学生需求和劳动力市场需求方面享有更大的灵活性。

2009～2010 年，澳大利亚政府提供了 4 亿美元的结构调整基金，帮助大学为需求驱动系统作准备，进行必要的教学改革，发展新的项目形式，建立长期稳定的财政机制，确保学生获得高质量的教学和学习资源。如南昆士兰大学在"美国大学生联合会扩大和丰富学生参与度"项目中获得 4893.1 万澳元的资助，西悉尼大学在"一个协作学习网络：通过学生选择满足学生需求"项目中获得 2980.1 万澳元的资助，维多利亚大学在"健康跨专业教育：课堂、诊所和职业"项目中获得了 2290 万澳元的资助。

（七）参与主体多元，高等教育质量有保障

澳大利亚高等教育的教学质量保障，不同利益相关者均有参与。澳大利亚是一个由 6 个州和 2 个领地组成的联邦国家。州政府主要制定大学的条件和标准，对大学和无自我认证权的院校提供高等教育相关课程的认证，协调大学与外部团体之间的关系，负责国际合作办学的审批和海外高等教育机构的动作，以及国外学历鉴定等。作为政府角色的代表，澳大利亚学历资格框架设定了大学教学质量评估标准，在保障大学教学质量中起到积

极作用。从 2012 年起，联邦政府资助所有学士学位的国内学生进入公立大学学习高等教育课程。在需求驱动的资助体系下，高等教育机构自身决定它们将提供多少学士学位以及在哪个学科。联邦政府出台了"澳大利亚教学奖""澳大利亚评优基金"，同时设立"国家高等教育教学研究院"，以促进高等教育机构的教学和科研水平。

几乎每个大学均建立了大学质量管理框架，来监督质量目标的实施，确保质量的保持和持续改进。结合学校的实际，制定切实可行的大学发展战略，并在此基础上制定院系乃至个人目标。针对大学职能的教学、科研和服务社会维度，分别制定质量保障程序，出台正式文件和规定并监控具体实施过程。针对质量保障的实施效果从个人、系、学院到大学进行分层评估。针对评估发现的问题，结合大学在评审过程中搜集的建议，提出整改计划，完善和提高质量。学生也参与到教学质量保障中，教学评估活动要求学生参与，实时记录学生的反馈，包括教师教学过程、教学效果和学校事务等，保证教学质量的提高。

第六章　加拿大高等教育

一　加拿大高等教育概述

　　加拿大是世界高等教育水准最高、体系最完整的国家之一，目前共有93 所大学，122 所大学学院，400 多所社区学院、实用技术学校和极少数私立职业学校，毛入学率高达 50% 以上，居世界前列。加拿大多所大学在世界大学排名中名列前茅，在 2018 年 "QS 世界大学排名" 中，加拿大大学进入世界一百强的有四所，进入四百强的有 15 所。一系列卓有成效的举措的实施，使加拿大成为世界上国民受教育程度最高的国家之一。加拿大每年教育经费投入占 GDP 的 7.1%，在 2017 年美国新闻与世界报道（U. S. News & World Report）公布的 "全球最好教育质量国家"（Best Countries for Education）排名中，加拿大在参与排名的 80 多个国家中名列第一，排在其后的依次是美国和德国。在 2016 年世界经济合作与发展组织的数据中，25 ~ 64 岁的加拿大人中有 56.3% 的人拥有大学本科学历，该数据在发达国家中稳居第一，其后分别是日本（50.5%）、以色列（49.9%）。①

　　加拿大的高等教育机构分为大学（University）、大学学院（University College）、社区学院（College）、职业技术学院（Career College）等。其中，大学基本是公立综合性大学。联邦政府对综合性大学主要采取科研资助与绩效挂钩的政策。由于各省之间的经济、文化、民族结构等差异显著，大学之间的实力差距与获得联邦资助的金额差异呈正相关性，这对加拿大大学的多元化发展产生影响。比如，多伦多大学、麦吉尔大学、不列颠哥伦比亚大学、麦马斯特大学等，因经费充足，且联邦与省级政府高度重视，享有较高程度的自治传统，能最大限度保障学术活动的独立性，这类学校

---

① 唐小松主编《加拿大发展报告（2018）》，社会科学文献出版社，2019，第 220 页。

颁发的学位证书具有相当程度的含金量。而其他类别的高等教育机构，比如学院，则类别多样，体系各异。总的来说，加拿大高等教育的重心偏向于公立学院，只存在少量的私立学院，而且许多公立学院只提供证书、文凭，并没有学位授予权。加拿大的私立学院主要以职业技术学院、职业技术专科学院和神学院为主，有些通过与大学签订协议的方式，选拔其中一部分学生到大学继续深造。绝大部分私立学院，更注重培养学生在某个领域的专门技能，帮助学生顺利进入劳动力市场。

加拿大的学位及证书主要包括以下几种类型。（1）文凭证书（Diploma），一般由社区学院（College）和专业学院（Institute）颁发，学制多为 2～3 年，学生毕业之后可以将部分学分转入其他正规大学继续深造，或继续在学院学习文凭后课程（post - diploma）。（2）学士学位证书（Bachelor），一般由大学（University）或大学学院（University College）颁发，学制 3～4 年，可获得普通学士学位或荣誉学士学位（Honorary Bachelor Degree），荣誉学士学位学习时间通常要长于普通学士，学习内容带有科研成分，课程学分设置也不同于普通学士。（3）硕士学位证书（Master），一般为 2～4 年，时间长短取决于所修课程数目及有无论文要求。一般文学硕士或理学硕士相对时间较长，通常要做论文，通过答辩后获得学位。专业硕士则时间较短，如计算机、商学硕士等，一般为一年半左右。（4）博士学位证书（Doctor of Philosophy），一般 3～5 年不等。一般由导师带领进行研究工作，个别学科学生也会选修一些相关课程，主要以完成学位论文为主，学位论文通过毕业答辩后获得学位。

加拿大高等教育的特色在于，为满足地方需要，加拿大各省能自由地设立各类特色学校，并充分保障学校的独立和自治，使其充分发挥创新活力进行办学与科研。

加拿大高等教育的特色源于其大学自治理念。尽管公办大学是加拿大高等教育的基本方向，但在内部管理上，一直严格遵循大学自治的理念。公办大学与大学自治在加拿大高等教育中呈现出协调发展的态势。联邦政府虽然在财政上实施支持，但学界普遍认为政府也同时遵循大学自治的理念。当今时代，通过私有资本力量办学逐渐成为世界高等教育关注的热点，传统的大学理念在加拿大也受到一定程度的冲击。对此，以加拿大高等教育协会为代表的加拿大学界，通过定期的阶段性评估，结合大学自身需求和其他社会因素，在办学理念上做出平衡和调试，使其既能充分满足大学自身发展，又能兼顾社会利益和政治考量。当前的加拿大学界普遍认为，"自治"是加拿大大学理念体系中的一个独特元素。但在自治性的表述方式上，加拿大学界仍存在不尽相同的见解，但这并不会影响当今加拿大高等教育机构对自治性价值的追求与向往。①

二　加拿大高等教育的发展历程

加拿大高等教育的发展已有三百余年历史，在"二战"结束后迎来高等教育繁荣时期。联合国开发署根据人均收入、人均寿命和教育程度三项指标综合评选，加拿大自 1990 年起连续七年被评为最适宜人居的地方，其中得分最高的项就是加拿大教育，尤其是高等教育中的多项指标长期居发达国家前列。值得关注的是，加拿大高等教育对加拿大的经济社会发展也做出了巨大贡献，高等院校在自身发展的同时积极服务经济建设，其国内生产总值（GDP）也长期居世界前列。

（一）缓慢发展期（"二战"前）

加拿大高等教育的创立与宗教有密切关系。初期的高等院校，主要由英法传教士为培养牧师设立，因此与教会有密切联系。这一阶段由于教会派别的不同，加上省政府对学校没有拨款义务，高等教育发展缓慢。后来受欧洲工业革命、达尔文进化论和宗教改革的影响，加拿大高等教育开始了世俗化进程。长期以来，加拿大高等教育发展深受法国、英国、德国、美国等国高等教育的影响，随着自然科学的进步，重视古典课程的传统逐渐衰落，自然科学课程受到重视。20 世纪以来，美国高等教育制度体系对加拿大影响很大，加拿大高等教育的学科设置、文凭制度、学位课程等均与美国趋于同质化发展。

（二）迅速发展期（1945～1970 年）

"二战"后，同世界主要发达国家一样，加拿大高等教育进入发展快车

---

① 廉睿、高鹏怀：《加拿大"大学理念"的孕育历程及其全球意义》，《黑龙江高教研究》2016 年第 9 期。

道，其办学规模、效益、质量均得到飞速提升。首先是办学层次和类型丰富，既有专科、本科、研究生教育三个层次的扩充，又有全日制、成人、函授等多种教育的补充，还有各种类型的高等院校，满足了当时经济社会发展对各类人才的需求，推动了加拿大在战后经济的复苏。这一时期迅猛发展的高等教育，为加拿大在战后一跃成为工业强国提供了重要的人才保障，可以说没有这一时期高等教育在人才培养规模、数量和质量上的飞跃，就没有加拿大当前在世界发达国家中的地位。

（三）危机并存的调整期（1970～1990 年）

这一时期加拿大高等教育受国内外局势的双重影响，进入危机并存的调整时期。一方面，在 20 世纪 70 年代中东石油危机对世界经济的冲击下，加拿大经济进入高通胀期；另一方面，加拿大西部省份的崛起令国内分裂主义抬头，国家对高等教育的投入和关注低于此前，尽管这一时期高等教育仍保持发展，但在校生人数、课程设置、经费来源、就业问题均成为加拿大高等教育在这一特殊阶段不得不面临的现实问题。

（四）改革发展期（1990 年至今）

这一时期，为了提高高等教育的竞争力，加拿大推出一系列改革措施，包括对课程质量的评估和强化，对高等教育布局的优化，对授予学位的院校的扩充，对高等教育发展的规划及指导，对高教系统内部层次结构的过渡衔接，对学分认定、学术标准及教学质量的监督审查等。同时，国家也从长远的战略规划着手，增加对高等教育尤其是科研的投入，增加对加拿大自然科学与工程研究委员会、加拿大社会科学研究委员会、加拿大医学研究委员会等三大基金会的拨款，增加学生贷款资助额度，放宽学生还贷条件，设立加拿大创新基金等，为新世纪高等教育改革发展注入了活力。

三　加拿大高等教育发展创新的主要措施

（一）法律与章程

"二战"后加拿大高等教育发展进入繁荣期，离不开联邦政府颁布的一系列扶助高等教育的政策法案。比如，通过颁布《退伍军人再安置法案》《技术与职业培训资助法案》，确保战场上返回国家的军人能够进入高校提高文化素养，为经济复苏培养了一大批人才；出台《加拿大学生贷款计划》《国家住宅法案》，资助高等院校及高校学生，也是联邦政府干预和调节高等教育的重要措施。与之相匹配的是，各省政府也十分重视教育调查、评估和规划，专门成立了一批咨询机构，为发展高等教育提供决策依据。20世纪90年代以来，政府对大学的影响力减弱，修订《大学法案》，取消了大学教师参加工会组织的限制、扩大了大学各个方面自主权。

此外，加拿大大学章程的制定和实施是加拿大保障和执行大学制度建设的重要举措，大学章程充分吸收了大学主管部门的意见并经由立法机关审议通过。加拿大的大学章程建设起步较早，从决策机构、管理机构、学术机构三方面对大学权力做了规定。由于加拿大各省有自己独立的办学法律或条例，高校制定大学章程时必须以这些法律或条例为指导，在其约定的制度框架内运作。比如，阿尔伯塔省的阿尔伯塔大学，其大学章程的法律依据为阿尔伯塔省颁布的《高等教育学习法》，这是该省高等教育最重要的法规，规定了高等教育的管理体制和运作模式，明确省政府参与大学治理的范围和程度，阿尔伯塔大学在大学章程中规定专设一名副校长，专门处理学校与省政府关系。可见，加拿大的高等教育法律与大学章程的协作运行，既规定了大学的治理结构和运行机制，也为大学依法自主办学提供了保障。

（二）管理体制

早在20世纪60年代，加拿大就将拥有"高入学率的高等教育系统"作为高等教育发展的重要议题，并且把高等教育纳入国家经济社会发展战略。这为加拿大成为世界上受教育程度最高的国家之一奠定了基础。此外，加拿大与其他国家相比，还具有相当程度的特殊性。作为一个典型的"马赛克"式多民族国家，提高高等教育入学率，也是加拿大政府努力为原住民和其他弱势群体增加入学机会的保障措施。

加拿大高等教育有明确的公办导向。加拿大高等教育机构，已经逐步演化为社会公共机构的重要部分，同时也履行公共职能。这与美国高校有很大区别。美国顶尖大学通常是私立大学，美国政府没有过多干涉的权力，这与私立大学可以自由接受捐赠有直接关系。尽管加拿大高校也接受私人捐赠，但私人团队不允许过多对高等教育机构进行干涉。加拿大甚至在宪法和相关法律中规定，不允许大学成为私人财产，否则是违宪或违法行为。所以加拿大高校，许多被冠以公立大学或省立大学的官方办学标签。当然，加拿大也存在一定数量的私立性质的大学，但其社会地位无法与公办高校相提并论。

对于高等教育，加拿大联邦政府主要在财政上给予支持，如在拨款、国家学生贷款项目、科研资助等方面。事实上，由于加拿大国土面积巨大，各地区人口密度、工业化水平、资源聚集度等存在极大区别，各省或地区对高等教育的需求也各不相同，所以加拿大关于高等教育的重要决定都是在省级或者地区层面上做出的。比如，在高等教育质量评估方面，各省设有自己的高等教育评估委员会，针对其辖区范围内所有具有学位授予权的高等教育机构做咨询和评估。在高等教育国际化领域，由于这是与高等教育自身利益切实相关的一个领域，有学者指出"加拿大的大学在国际化进程中做出了独立的决定，而联邦政府的参与和利益却少得惊人"。①

（三）教学模式

作为世界高等教育水准最高的国家之一，加拿大多所大学的教学水平在世界上名列前茅。

1. 加拿大高校常见的教学模式

（1）小班研讨的研讨课（Seminar）模式

研讨课教学模式在加拿大高校被普遍采用，强调教学与科研并举，强调学生的主体地位，兼具互动性、研究性，以激发学生的批判性思维与创新思维，提高自主学习能力为目的，不仅被广泛应用于研究生课堂，本科生课堂也普遍采取大班讲授法与小班研讨课结合的方式进行教学。

在具体实施中，研究生和本科生的研讨课教学各有侧重。一般而言，对本科生一般采用研讨课教学的初级形式，要求学生阅读和讨论相关主题的文章和图书，能够提出自己的见解和看法。对研究生的研讨课教学则有

---

① A. Shubert, G. A. Jones and R. D. Trilokekar, "Introduction," in R. D. Trilokekar, G. Jones, and A. Shubert（eds.）, *Canada Universities Go Global*, Toronto：James Lorimerand Company, 2009, pp. 7 – 15.

更高要求，在要求学生研读专业领域重要文献的基础上，还要提出问题，具备进行研究、分析的方法，最终为解决问题服务。

由图6-1，可以看到在这样一个系统化程度极高的教学模式中，教师、学生、研讨内容、书面和口头报告、评价等各个环节均包含丰富的内容。但更值得关注的并不是研讨课教学的形式，而是它的研究性教学目标，即让学生在探究过程中获得独立思考的批判性思维能力，这与加拿大高等教育质量评价的主要对象是挂钩的。学生通过寻找和提出研讨的问题，查阅大量资料，对信息进行分析评价，再在课堂上以书面和口头形式进行表达。另外，研讨课的评分标准与讨论过程质量紧密相关，旨在提高研究生自主学习的积极性和培养研究生组织材料、自我表达的能力，被称作过程控制或全面质量管理。

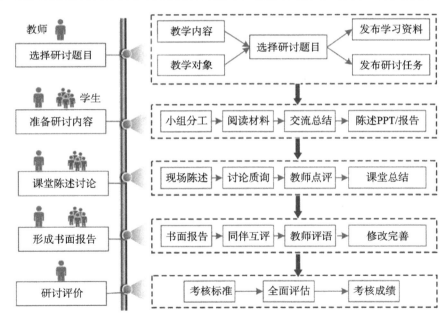

图6-1 教学模式实施过程

资料来源：马桂花：《加拿大高校 seminar 教学模式及其启示——以约克大学为例》，《高教探索》2018年第10期，第59页。

（2）输入输出的 BOPPPS 互动模式

加拿大高校也采用 BOPPPS 互动教学模式。主要以建构主义、交际教学法为理论依据，坚持以学生为中心的教学原则，以反思和互动为教学手段，将一堂课划分为六个阶段——导入（Bridge-in）、制定目标（Objective）、初测

（Pre-assessment）、参与式学习（Participatory Learning）、后测（Post-assessment）、总结（Summary）①，各个环节环环相扣、层层递进，缺一不可。

其中，导入环节直接影响学生的学习兴趣。教师以生动活泼的形式对教学内容进行介绍，以提问和引入案例等方式，使新旧知识相衔接。制定目标环节，主要为学生提供学习目标。一般而言，学习目标必须具体且具有可操作性。一个完整的学习目标通常包含有学习的对象、要解决的问题、要使用到的方法、最终需要的时间等。初测是制定好目标后的摸底测试，通过测试了解学生对基础知识的掌握程度和对本堂课内容的认知情况。摸底测试是一个双向的过程，既有老师对学生提出的目标要求，又有学生反映出的真实情况，便于教师在实际教学过程中调整教学目标，选择学生更能接受的方式进行教学，符合教育心理学中维果茨基提出的最近发展区。②参与式学习，是 BOPPPS 教学模式中最为重要的部分，指师生共同参与到学习的过程中，完成师生之间的对话和交流，形成积极的教学互动，学生可以在课堂上任意打断教师的授课，整个课堂做到完全的民主平等。后测，主要是在授课结束之际对学生知识掌握程度的检验评估，以此衡量是否达到了课堂目标，不同类型的题可采用不同类型的测试方法，测评只是手段不是目的，利用这一手段来促进课堂教学的设计，有利于完成对课堂目标的评估。最后的总结环节，时间不宜过长也不宜过短，内容包括总结本堂课的知识点、需要掌握的学习技巧，布置课后作业以及简单介绍下一堂课的教学内容和准备工作，并针对这节课的效果对下一堂课提出新的要求。

（3）置身情境的体验式教学模式

体验式教学是教师在教学过程中设置一定的教学情境，让学生置身于设置出的教学情境当中，以亲身体验为出发点，从中进行思考，从而进行知识理论的建构，并将理论与实践相结合，让学生在实践中思考和创新，因此在各个学科中得到了广泛应用。③

英属哥伦比亚大学位于加拿大的林业大省不列颠哥伦比亚省，在加拿

---

① 曹丹平、印兴耀：《加拿大 BOPPPS 教学模式及其对高等教育改革的启示》，《实验室研究与探索》2016 年第 2 期。

② 最近发展区理论是由苏联教育家维果茨基提出的儿童教育发展观。他认为学生的发展有两种水平：一种是学生的现有水平，指独立活动时所能达到的解决问题的水平；另一种是学生可能的发展水平，也就是通过教学所获得的潜力。两者之间的差异就是最近发展区。

③ 张育广、刁衍斌：《高校体验式创新创业教育模式的探索》，《中国高等教育》2017 年第 6 期。

大不列颠哥伦比亚大学林学院里，专业课程与林业实践紧密结合，学生将所学知识在实践中进行综合运用，学院每年为学生提供足够的实习机会，安排多种专业实习，注重过程性实习，让学生共同参与、合作。实习环节的最终评分标准，不以学生所记笔记多少来定，而是综合学生的思考能力和努力程度，培养学生的动手能力、思维能力以及善于发现问题并解决问题的能力，教学过程采用启发式、问题式教学，反对"填鸭式"的讲授教学。[①] 其课堂授课方式多样并且教学时间相对较短，每次一节课，缩短授课时间与学生心理机制相符合，有利于避免学生上课疲劳、注意力不集中现象的发生，提高学生听课效率，提高课堂效率。

2. 教学方法

在加拿大高等教育教学模式中运用到多种教学方法，主要有案例教学法、情境教学法、项目教学法、学生汇报展示和反馈教学法。各种教学方法的使用相辅相成、互相补充，提高了教师课堂教学的效率。

（1）案例教学法与情境教学法

加拿大高等教育中最常采用的教学方法，主要是案例教学法和情景教学法。[②] 在前面的 BOPPPS 教学模式的六大环节之一的导入环节，就主要用到以上两种方法。例如：让不同国籍的学生思考同一个经济、政治或者文化问题时，案例教学法通过具体案例引出教学内容，学生根据案例初步建立起知识框架，并结合具体事件做出分析。情景教学法则是教师根据授课内容设置多种教学情境，可以让学生将问题放在自己国家的政治背景下，结合本国国情进行分析，在用知识解决实际问题的同时也培养学生的国际视野。这两种教学方法的不同之处在于前者是利用一个个鲜活的案例，学生可以站在局外人的角度对案例进行分析，且案例包含情景；后者是自己设置情景，将学生设置成情境中的某一个角色，拥有参与者的身份。但是两者的最终目标是一样的，都是为了让学生能够更好地体会学习的内容。

（2）项目教学法

项目教学法是加拿大高等教育课堂教学中必不可少的教学方法之一。

---

① 张瑞、曾燕如：《加拿大不列颠哥伦比亚大学林学类基础实践教学的启发》，《教育教学论坛》2019 年第 25 期。

② 王磊：《加拿大高等教育特色研究——以创造积极的教学环境为中心》，《西部法学评论》2012 年第 3 期。

教师根据课堂教学内容布置小组项目工作，学生自由组成项目小组共同完成项目任务，小组成员分工，课下查找项目作业所需资料并在小组内展开探讨，最终形成报告并在课堂上分享，分享过程中教师和其他学生会就报告内容进行提问，全班学生打分，最终成绩由全班学生所打分数和教师自己的评价组成。小组工作有利于提高学生团队合作意识和项目参与度。

（3）反馈教学法

为方便教师更好地掌握学生的学习情况，加拿大高校把多种反馈方法运用在课堂教学中。[①] 具体来讲，反馈教学有多种实施方法，除了常见的教学结果、学生作业等反馈之外，加拿大高校更看重学生在肢体表达上的反馈。比如手势反馈，学生可以在课堂上通过比画不同的手势，在不突兀地打断教师课堂教学的同时来反馈对教学内容的接受情况。这样既有助于教师及时了解学生的掌握情况，也不会因语言上的反馈而打断教学过程。此外，加拿大高校课堂还普遍使用纸片反馈的形式，在授课结束后通过书面的形式在纸片上评价学习结果、课程收获以及写出还有待解决的问题。

3. 教学环境

教学环境是由多种不同元素构成的复杂系统，主要指班级内部影响教学的全部条件——班级规模、班级气氛、座位模式、师生关系等。总体来看，加拿大高校班级规模一般不大，有助于教师精力的适度分散。教师尊重学生作为"学习者"的身份，尊重学生对学习的自主意识，鼓励学生积极主动地进行探索。在课堂上学生可以直接打断教师的讲课，提出自己的见解；师生共同营造出轻松主动的学习氛围，教师掌握多样化的教学手段，并且有些课程设置了慕课（MOOC）网站[②]，线上教学与线下教学相结合；利用辅助性的教学工具使学生在教师规定的时间内现场作答。[③] 课下辅导答疑很受教师重视，比如教师通常会安排中午的时间专门为学生答疑解惑，学生在课下也经常会主动向老师询问问题，麦吉尔大学规定教师每周用一

---

① 许文静、张翠珍：《加拿大高等教育教学法的研究及启示——基于阿尔伯塔大学教学法研修项目》，《才智》2016年第34期。

② 赵荣钦、刘英、张战平、黄晶、曹连海、魏冲、肖连刚：《加拿大英属哥伦比亚大学（UBC）教学模式对我国高校教学改革的启示》，《高等理科教育》2018年第6期。

③ 高书丽、杨艳芳：《加拿大UBC大学教学借鉴与启示》，《全国商情》（理论研究）2011年第12期。

个小时与学生进行无预约的见面。① 教师可以通过网上教学平台给学生布置作业、分享学习资源等，师生还可以通过这些平台进行交流。

（四）科学研究

1. 加拿大高等教育科研体系的形成与发展

"一战"以后，加拿大的多伦多大学、麦吉尔大学开始招收博士研究生，科学研究成为高等学校的重头戏，其他高校也相继成立硕士、博士研究生院，为更好开展科研工作，1916 年成立了加拿大全国研究委员会。②"二战"后至 20 世纪 60 年代，多数大学实验室加强了人力、物力配备，研究生人数大幅度上升，科学研究形式开始呈现出多样化态势，既有专门的研究机构聘请专职科研人员进行研究，又有高校院系教授带领研究生共同开展研究，也有院系或专门研究机构与社会单位合作开展研究。

加拿大高校在自身发展过程中，出于多种渠道和现实考虑，组建了类型多样、覆盖范围甚广的研究所与研究中心。以不列颠哥伦比亚大学为例，根据不列颠哥伦比亚省特有的地理位置优势，设立北极和阿尔卑斯研究所；围绕学校所在的大温地区的产业布局，设立有高级微电子技术中心、集成电路计算机系统研究中心、冶金加工工程中心、煤研究中心、运输研究中心、西部水研究中心、资源管理科学委员会等；围绕学校自身的特色与优势学科，设立有应用数学研究所、亚洲研究所、国际关系研究所、人类定居研究中心等机构。也有高校以学科的前沿发展为支点，将科研集中于相关领域，如圆周理论物理研究所、国际创新治理中心、量子纳米研究中心和联合国系统学术委员会等。

此外，加拿大高校尤其注重学术道德与学术规范，将其作为高校科研发展的前提。多伦多大学和滑铁卢大学设立了学校学术委员会、学院学术委员会、学术诚信办公室、学术申诉委员会等，要求学生必须通过学术道德考试。也有高校为处理学术不端行为专门设立相应机构，如滑铁卢大学设立学术道德委员会，发布了一系列政策，如第 33 号政策（学术伦理行为）、第 69 号政策（兴趣冲突）、第 71 号政策（学生纪律）、第 72 号政策

---

① 龚懿、王娟、张礼华：《工科院校学生实践能力培养模式探讨——以加拿大麦吉尔大学工学院为借鉴》，《大学教育》2019 年第 8 期。

② 黄小龙：《加拿大大学的科学研究》，《外国教育动态》1991 年第 6 期。

（学生申诉）等，作为学术规范的规章制度和学术不规范的处理条例。① 多伦多大学将研究生学术不端行为的处理等级分为导师级、系主任级、主管院长级、全校审理委员会级四个级别，根据学术不端行为情节的严重程度选择与之相对应的处理级别，院系和全校审理委员会两个级别则确定惩罚措施。

2. 加拿大高等教育的科研管理模式

加拿大的高等教育部门在研究和创新体系中扮演着极其重要的角色，总的来看，加拿大各高校的科研机构处于整个国家的研究基础建设体系的中心地位。但是，不同大学的科研管理模式有所区别。比如，在阿尔伯塔大学，科研管理机构的最高领导是科研副校长，其下属的副校长办公室，是最高科研管理部门和决策部门，直接管理政府与企业的战略合作、科研调查、科研奖励、跨学科研究机构等。此外，学校还组建校外研究活动委员会、科研政策委员会、科研管理委员会等，以便提高综合管理效率。同时，由科研副校长办公室主任担任管理委员会主席，其组成人员相对松散，由不同机构、不同背景的人组成，科研副校长办公室下设科研服务办公室，由业务部门和行政部门组成，行政部门负责提供财务和信息系统管理。

约克大学则做出进一步细分，分管"研究与创新"的副校长是科研管理的最高领导，下设副校长办公室，办公室对副校长负责并管理三个业务办公室，分别是政府关系办公室、研究服务办公室、媒体关系办公室，职能分别是调节学校科研与政府的关系、研究如何申请科研经费、对外宣传科研活动和成果。

3. 加拿大高等教育产学合作的科研模式

产学合作教育（Co-operative Education），一般指高校和社会用人单位、学生、政府合作完成科学研究、人才培养和社会服务。作为全球合作教育的典范，加拿大产学合作教育起源于滑铁卢大学，是教育机构与产业界共同进行人才培养的一种教育模式②，后被加拿大多所高校效仿，成为高校、学生与企业三者之间的桥梁。高校提供到相应企业单位进行实践的人才资源，企业单位为高校人才提供一定薪资报酬。

---

① 李礼：《加拿大高校学术道德与学术规范教育探析——以多伦多大学和滑铁卢大学为例》，《比较教育研究》2012 年第 9 期。

② 查强、朱健、王传毅、杨秋波：《加拿大大学均衡性和产学合作教育的发展》，《高等工程教育研究》2015 年第 5 期。

在产学合作发展的趋势下，为规范高校的产学合作计划，出于对企业负责、对学生本人和学校负责，加拿大成立了课程授权理事会（Accreditation Council），要求学生校外工作的选择必须经过学校的同意。①

在加拿大高校产学合作教育体系中，设有宣传类机构、服务类机构和监督类机构。其代表性机构包括：加拿大学院和大学合作教育协会（Canadian Association for Co-operative Education，CAFCE），用于协调各省高校产学合作工作；产学合作教育和职业服务中心（Cooperative Education & Career Services，CECS），类似于一个"中介"机构，具有双向作用，既为学生寻找恰当的实习工作，也帮助企业单位对接符合其岗位需求的学生。

此外，部分高校为便于管理，在校内另外设置了一些机构作为完善补充。滑铁卢大学还专门设置了相应的从属于学生会的学生理事会（Cooperative Students' Council，CSC），由各院系学生代表组成，并安排一位专职人员负责。

加拿大产学合作教育之所以能顺利实施，除了学校、学生和企业的互相配合和合理衔接外，最大的外在推动力就是政府的税收减免制度。全国范围内，企业单位每接收一位学生就可以免去一定量的税收，在政府的支持下，企业接收更多学生的意愿增强。

加拿大高校与工商企业合作研究在促进社会经济发展的同时，也促进了高教事业的发展。两者的紧密合作主要有以下三个原因。

一是政府的重视与大力支持。为促进高校与工商企业的合作，联邦政府成立了自然科学与教育研究理事会（the Natural Science and Education Research Council）、社会科学与人文科学研究理事会（the Social Science and Humanities Research Council）和医学研究理事会（the Medical Research Council）三大研究理事会。

二是社会经济发展的需要。20 世纪 80 年代以来，世界各国均在进行经济结构调整和经济体制改革。经济发展离不开科学技术，由于企业急需高级人才来避免经济衰退，而高级人才的培养需要大量资金的投入，所以这也是高校与工商企业合作研究的重要原因之一。

三是高校和工商企业自身的发展需要。两者紧密合作，增强了高校科学研究的针对性，高校为企业提供高水平研究成果和企业管理人才，企业

---

① 李桂山、郭洋：《加拿大高校产学合作教育及其借鉴意义》，《国外社会科学》2010 年第 3 期。

为高校输入办学、科研基金，两者互惠互利，共同发展。

高校与工商企业的合作内容主要有合作培养人才、合作研究等方面。合作培养人才主要有三种方式。

第一，企业派出优秀技术人员到对应的高校学习、工作或讲学，高校推荐学生到对应的企业参加工作实践，深入企业内部进行科研调查，完成相关调查报告，通过人员合作交流的形式促进人才培养。

第二，互训人才，高校为企业开展培训班，企业则成为其固定的实习基地。

第三，相互聘请讲师，有些高校会邀请一些专家或某方面的成功人士来学校开展讲座，相应的，有些企业会聘请一些高校的老师去授课。

通过以上方式，加拿大校企之间实现了双赢。2001～2002 年，二十多所高校与企业签订了合作合同，企业资助数亿加元作为研究经费，不列颠哥伦比亚大学与企业开展合作，先后创办了 71 家公司。①

（五）国际化办学

在全球经济、政治、文化交流不断增多的今天，国际交往与合作日益密切，程度日益加深，高等教育国际化已经是一种必然趋势，转变高等教育发展理念，提升课程国际化水平，培养具有国际视野和国际竞争力的人才对国家的发展至关重要，同时也为加拿大劳动力市场提供优质人力资源。据统计，2015 年在加拿大就读的留学生人数达到 353000 人，其中有 51% 计划毕业后在加拿大永久居留，有 95% 表示将推荐其他学生来加拿大学习。②

1. 加拿大高等教育国际化的理念及目的

加拿大把高等教育国际化纳入办学定位的首要位置，与加拿大多元文化的社会背景有直接关系，其核心是培养学生的国际视野与跨文化竞争力，维持加拿大的科技竞争力，维护国家安全及友好睦邻关系。③ 一方面，这可以更好地促进加拿大多族裔群体的"马赛克"文化，符合加拿大的文化定位；另一方面，也是加拿大高等教育争取经费、寻求突破、多元开放的实践路径。

---

① 朱建成：《加拿大高校与企业的合作及对我们的启示》，《长春工业大学学报》（高教研究版）2004 年第 2 期。

② 唐小松主编《加拿大发展报告（2018）》，社会科学文献出版社，2019，第 220 页。

③ 刘一彬：《本土化与国际化的融合：加拿大高等教育发展的特点及其启示》，《学术论述》2010 年第 6 期。

因此，国际化是加拿大政府和各个机构为加强高等教育在国际上的流通、影响力及多元文化发展而采取的重要策略，同时也在全球化进程中，伴随自由资本流动和发展兴起的全球化经济系统、通信系统、运输系统等应运而生。对此，加拿大大学及学院联合会（AUCC）对高等教育国际化做了明确的定义："高等教育国际化是把跨国界、跨文化的视角与高等教育机构的教学、科研和服务功能相结合的进程。"①

加拿大高等教育国际化，以国际课程、学生的国际流动、教师的国际交流、国际间合作开发项目及研究为基本构成。其目的是创造和传播全人类所证实的知识。② 因此，加拿大高等教育国际化不仅仅是简单的国际课程引入及国内外学生、教师交换学习，而是在不断提升课程国际化水平、优化高校国际化相关部门结构与职能、壮大国际留学生与师资队伍的基础上，提高学生外语学习能力、跨学科分析能力及国际视野等，使跨国、跨区域间的合作路径更加广阔，从而提高本国政治、经济、文化实力，为国际问题、他国发展贡献本国力量。

2. 加拿大高等教育国际化的历程

第二次世界大战之后，社会经济状况有所好转，人民生活水平有所提高，加拿大人对待外来事物的态度、视角有所改变，积极参与国际合作、交流的意识逐渐被建立起来，国际化的教育理念也逐渐被导入。

1945～1980年加拿大高等教育国际化处于缓慢发展阶段。随着国际化理念的深入，国际化的教育实践在加拿大也逐步实施起来。20世纪六七十年代，加拿大广泛开展对发展中国家的教育援助项目，辐射范围越来越广。③

1980年至20世纪末，加拿大高等教育国际化进入加速发展阶段。加拿大联邦政府出台了一系列鼓励高校国际化的政策，支持各高校招收更多的国际留学生，教育行业也给加拿大带来了可观的经济效益。1997年9月，加拿大大学及学院联合会作为全加拿大大学的代表，发表了关于国际化的声明，指出全球化进程不仅仅体现在生产、经营及贸易等方面，更是深入

---

① J. Knight, *Progress and Promise*, Association of Universities and Colleges of Canada, 2000.

② AUCC, "Internationalization at Canadian Universities: The Changing Landscape," http://homer. aucc/en/internatindex. html.

③ 伍燕林：《加拿大高等教育国际化：历史与现状》，《煤炭高等教育》2016年第2期。

人们社会生活的方方面面。① 高校应积极面对这场变革，努力把握机遇，使高等教育质量在国际化进程中能够稳步提升，国际视野和观点不仅可以保持高等教育和科学研究的质量，改善生活质量，还可以确保加拿大在 21 世纪的优势地位。20 世纪的最后十年，加拿大大学生跨国双向流动的规模的确有了很大的飞跃。② 留学生人数陡增 25.3%，留学生与在校生人数的比例也在增加。③ 在各大学的发展规划中，国际化被给予了高度重视。不列颠哥伦比亚大学在面向 21 世纪的战略规划中，把国际化列为同人事、教学、科研、社区建设并列的五大工作板块之一。

21 世纪以来，加拿大高等教育国际化进入深化发展阶段。2001 年 6 月，滑铁卢大学已经与 60 多个国家签署了 150 个校际合作协议，其中包括 81 个学生交换协议、31 个科研合作协议、38 个谅解备忘录。④ 在全球化加速发展的这一阶段，加拿大面临越来越多的留学生的入学申请，提高留学生入学率、保证留学生学习质量成为加拿大高校面对的现实问题。一方面，加拿大高校努力将国际化元素通过课程植入的方式，满足不同背景的留学生需求，同时也通过教学方式、教学内容、师资队伍培训等，提高国际化办学水平。另一方面，加拿大高等教育国际化深化发展还体现在"流动性"上，且多为"双向流动"，加拿大本国的学生、教师也越来越积极地学习其他地区的国际课程，参与国际合作项目。不列颠哥伦比亚大学在面向 21 世纪的战略规划中，明确提出发展国际科研合作，教师之间的国际合作研究也促进了教师的双向流动。类似的举措，对加拿大的国际化开放办学提供了思路上的转变。对于加拿大这个以民族多样化和文化多元闻名的国家来说，在日益深入发展的经济全球化背景下，高等教育国际化建设正成为一种能够为地方发展做贡献的重要方式。

3. 加拿大高等教育国际化的措施

（1）高等教育课程国际化

课程国际化是高校开展国际化建设的重要因素，也是实现高素质国际化人才培养目标的主要载体。加拿大高校在立足基本国情、结合办学特色

---

① AUCC, "AUCC Statement on Internationalization and Canadian Universities," 1997.
② CBIE, "The National Report on International Students in Canada," 2000.
③ 吴言苏：《加拿大高等教育国际化的思考》，《学位与研究生教育》2004 年第 6 期。
④ 吴言苏：《加拿大高等教育国际化的思考》，《学位与研究生教育》2004 年第 6 期。

的基础上，充分利用已有的国际化建设相关成果及资源，努力实现课程国际化目标。在立足办学特色的基础上，加拿大高校在课程国际化建设时积极整合已有或可用资源，推动课程内容国际化。加拿大高校为避免课程国际化内容重复或是缺乏创新，多立足学校自身优势与发展实际找准着力点，发挥独有特色。比如，加拿大卡尔加里大学开设的国际课程，是安排学生到国外学习、实习，开拓学生的国际视野，丰富学生的国际经验，为学生提供国际或地区性关系研究等选修课程，让学生有更多机会接触国际事务与相关领域的问题研究，激发学生的参与兴趣，来达到国际化课程建设的目标。

（2）国际办学的组织机构优化措施

加拿大高校设立专门的校内国际事务机构，负责国际学生交流和国际项目等工作，同时也积极开发各类国际学生、国际项目、国际科研合作等交流平台，加强与其他国家高校之间的联系，有力地推进了加拿大高校的国际化发展。例如，在近十年的发展中，多伦多大学成立了多个国际事务机构，积极吸纳国际学生，推进国际化项目，提高了多伦多大学国际化水平。比如，设立国际学生中心，为来校学习的国际学生提供各种服务，同时也为本校具有跨文化兴趣、出国学习与工作的学生服务；设立研究与服务办公室，专门用来争取别国的资金支持，为国际研究服务，提供相关信息；设立城市与社区研究中心，致力于世界及地区跨院校、社区的交流合作。①

（3）以远程教育支持国际化建设

新的信息技术在加拿大高等教育国际化进程中也扮演了相当重要的角色。其中最重要的是新技术应用。过去，远程教育主要为加拿大受地理分布分散影响的人群提供了更多接受高等教育的机会。现在，学生完全可以通过远程教育参加其他国家大学的课程，或者把自己的课程提供给线上的国际学生。比如，通过在线视频会议、讲座等形式，邀请国际学者参与，或者以连线形式整合国际学生，加强课程教学的国际化程度，提高来自不同国家背景学生的接触机会等。

4. 加拿大高等教育国际化的特点

加拿大高等教育国际化的目的是以跨国界、跨文化的视角与高等教育

---

① 唐信焱、吴小伶：《从多伦多大学国际化观照加拿大大学国际化发展》，《世界教育信息》2010 年第 4 期。

机构的教学、科研和服务功能相结合，培养国际化意识和跨文化竞争力，加强国家的科技竞争力，维护国家安全及睦邻友好关系。① 其高等教育国际化主要呈现以下特点。

（1）国际化办学的理念先进

为培养更具有国际竞争力、跨文化合作能力的人才，提高加拿大科学技术水平与综合国力，增强与其他国家友好合作关系，加拿大高等教育办学者与研究者认为高等教育国际化思想不应仅局限于使人员、课程、项目等要素进行流通，其内涵应该更加广阔：培养学生将第二语言运用于本土课程学习的能力，如约克大学先后增加了汉语、日语、朝鲜语等多种语言供学生学习，旨在提高学生第二语言的学习及运用能力；加强与国外高校及机构的双向合作，在合作规模不断提高的同时，合作效益也进一步得到提升；国际化意识不能只存在于大学校长身上，应按照国际科技、学术前沿发展方向，通过制定国际化政策等鼓励方式，创设良好的合作环境，从而引起各级政府、社会各界人士更广泛的关注，达成高校国际化共识。

（2）课程国际化程度高

注重在课程改革发展的过程中，把体现国际化内容的课程与常规的课程、教学法、授课时间、地点、形式等有机结合，这成为加拿大国际化课程培养学生的质量、增强学生国际意识和跨文化能力、吸引高层次留学生、扩大学校海外声望的重要保障。②

第一，从课程国际化方法来看，加拿大高校在课程内容和课程大纲基本不变的前提下，注入易于实施的课程改革。比如，在课程设计中强调引入国际新闻，或对其进行重新思考的问题；在课程实施中强调内容涉及的多元文化背景；课程作业中反馈多元文化视角等。

第二，从课程国际化内容来看，加拿大高校在学生学习内容中增加本专业领域的国际期刊、本专业的跨文化议题等，使学生更好地与国际前沿接轨，更好地"因地制宜"解决问题。

第三，从课程国际化框架来看，加拿大高校课程国际化框架较为完善，

---

① 刘一彬：《本土化与国际化的融合：加拿大高等教育发展的特点及其启示》，《学术论坛》2010 年第 6 期。

② 马立红、王文杰：《加拿大滑铁卢大学国际化的特色与启示》，《黑龙江教育》（高教研究与评估）2014 年第 10 期。

不仅在教师的备课阶段、学生学习的过程中具有国际化特点，在课程评价的过程中也具备国际化特点，如将国际化的评价方法融入课程评价，通过学生对自身国际视野提升与否的主观判断和学校对学生国际化活动、项目完成效果的客观评价，使得最终的评价结果更加公平、有效。

（3）制定政策切实保障国际化水平

加拿大政府与高校制定了一系列政策，切实提高对其他地区、国家的吸引力，也为高校提高自身国际化水平提供保障。

首先，由高校和政府签发互认学历政策，激发部分国际师生到加拿大留学和任教的积极性。加拿大的多伦多大学、麦吉尔大学，中国的北京大学、复旦大学、香港大学，美国的密歇根大学等16所研究型大学于1997年创立了"21世纪大学"，协定成员校之间学生学分相互承认，鼓励学生跨国界流动。①

其次，各高校灵活制定自己的教学、语言、学费及课程国际化等政策，国际化发展方向各具特色。如滑铁卢大学在50周年校庆之际制定了《追求全球卓越：抓住加拿大的机遇——滑铁卢大学第六个十年计划（2007—2017）》，为该校国际化发展指明方向。

最后，实施灵活的资助政策。一方面为国际学生提供便利的签证待遇；另一方面，为国际学生提供各类奖学金资助，吸引优秀生源。主要根据留学生的学习成绩、课外活动和参与社区义务工作等几方面的综合表现颁发奖学金，一个学生可结合自身情况，同时申请不同种类的奖学金。加拿大的签证政策较美国而言更为宽松，报名参加三个月以上的英语语言课程（ESL）或法语语言（FSL）课程学习的学生可以持旅游签证到加拿大学习。

（六）教师队伍建设

1. 高校教师队伍的管理制度

（1）教师的组织机构设立

加拿大主要由高校设立教师组织机构。其中，高等学校教师联合会（CAUT）是一个全国性的教师组织，负责协调全国教师事务，并逐级分设加拿大各省大学教师协会以及各所大学的教师协会。该组织与国家行政管理相分离，致力于全国教师事务的管理，促进全加拿大高校教师之间的互

---

① 陈芳：《加拿大高等教育国际化政策及评析》，《煤炭高等教育》2005年第6期。

帮互助、信息互通和学术思想交流。各级教师协会将加拿大各高校教师联合起来，形成各高校间、各省间以及国家间有效的教育合作。

（2）教师的准入与教师岗位

加拿大高校的教师岗位一般分为三个级别：助理教授、副教授、教授。部分学校也设有讲师、助教、高级助教、高级教师等岗位。讲师一般要求必须具有硕士学位，助理教授要求必须具有博士学位，不具备学位要求的教师必须继续学习直至获取到规定学位。加拿大高校教师一般是来自本国大学的研究生以及英美等国的移民。进入高校教师市场需要先获取高等教育的最低资格——学士学位，再获得高等教育的研究生资格，最终获得高等教育的最高资格即博士学位。如提前进入教师队伍则需要在职继续完成更高一级的专业资格学习直至达到要求。

高校教师一般由各高校自主进行选聘，各高校设校级人力资源与雇佣关系部，各所属学院设人力资源办公室负责教师的选聘。高校人事制度兼顾终身制和聘用制，对大部分教师实行"聘用制"，对部分有突出贡献的副教授和教授实行"终身教职"制度。"终身教职"制度使得教师免受解雇的压力，一定程度上摆脱教师考评带来的负担并且拥有稳定的教师津贴，这为教师创造了一个宽松的学术环境，鼓励他们长期投身科研事业。大学里的讲师或助理教授一般会进行对外招聘，实行"非升即走"政策，即在两个合约聘期内没有实现晋升则要被解雇。

教师受聘入职后将通过接受一系列考评来获取晋升机会，各高校具有自行制定职称评定标准的权力，各高校的具体考评办法不同，但通常通过三个方面对教师进行职称评定：第一方面是学生评价，即考察教师任职期间的教学水平与能力；第二方面是科研能力测评，以教师所发表的学术论文的数量与质量作为衡量标准；第三方面是社会服务。晋升后教师为持续保留自己职称，他们也将继续接受相关考察。

（3）教师的薪酬制度

薪酬制是人事制度的物质基础，加拿大高校教师薪酬由省政府拨款，各高校自主进行薪酬分配，实行的是政府宏观管理下，各高校依据市场价格和需求制定以岗位工资为主体的结构工资制度。[①] 联邦与省政府劳动部门

---

① 徐静辉：《加拿大高校人事薪酬制度研究》，《北京教育》（高教版）2008 年第 10 期。

对薪酬分配进行宏观调控，规定最低工资标准，保证男女薪酬分配公平、调节处理雇主与雇员间的关系，不对高校的具体分配方法进行干涉。各高校以集体谈判模式来决定本校的薪酬分配，谈判一方为学校各级各类工会，其代表教职员工，另一方为政府或校方。薪酬多少由教师岗位级别决定，岗位级别越高工资也越高，教师薪酬由基本（岗位）工资、绩效工资（奖金）、福利三部分构成。教师工资在签订雇佣合同时就已经确立，在由高校规定的各类教师的最低工资与最高工资的基础上，教师实际工资由其学位水平、任职年限、教学水平、科研成就等其他方面决定。

2. 高校教师的权利与义务

教学与科学研究通常是高校教师的两大职责，加拿大大学教师也不例外。首先，具备一定的教学能力、符合专业学科教学要求是进入教师队伍的敲门砖。除此之外，教师还被要求擅长文理渗透，具备多学科、全方位的知识，且能够采取创新性形式开展教学活动。随着科技的发展，国家对人才的要求越来越多样化，要求学生具备多种基本技能与较高能力，于是为满足国家对人才的需求，教授基本工作技能包括培养学生的批判性思维、自我表达等能力。其次，教师的科研能力一直是决定高校教师地位的一大重要指标。由于联邦政府把科技进步作为大学发展的一项长期任务，所以许多教授把科研放在大学活动的中心地位。①

加拿大大学教师在履行自己职责的同时还享有相当的权利。教师具有出席学校董事会议的权利，能够参与学校的行政管理事务，甚至在推荐教学管理人选上也起着重要作用，此外，教师有权以正当理由提出辞职。

3. 加拿大教师队伍的国际化建设

师资来源的国际化是构建国际化师资的基础，它为教师间的交流合作提供条件。来自不同国家、地区的教师有着不同的历史文化背景、具有不同的教学理念与方法以及不同的科研方法与视角，在这样的教师队伍中成长的教师更能够拥有国际化的视野、先进的教学理念与方法以及宽广的科研视角。这对于培养具有国际化素养的人才、促进高校国际地位的提升也具有重要影响。

除了人员配置，加拿大高校为了适应国际化的发展需求，对教师本身提出了更高的要求，其中最为重要的就是教师的专业能力发展。为了提高

① 刘少林：《加拿大高校教师队伍管理制度管窥》，《外国教育研究》1998 年第 3 期。

教师的专业能力，加拿大高校分别从教师培训、教学课程、机构设置等方面为其提供支撑。

教师培训项目为高校教师提供各种课程，要求教师在规定期限内完成不同课程的培训任务，核心课程内容的设置主要以提高教师的专业能力、管理能力、技术应用、教师人际关系的处理等为导向，旨在提升教师的综合素质以满足国际化进程中对教师提出的多样化要求。比如，2001 年 6 月安大略省就以立法形式通过了教师专业培训项目，该项目共设置了 14 门课程，要求教师在五年内完成所有课程。

为了让学生在国际化背景下具备与之相匹配的能力，高校在课程设置方面也凸显出国际化特征。这些课程往往会要求来自不同国家的教师进行教学、用双语或外语授课，以及增加不同国家的补充范例、论文、辅助读物等。在这样的课程要求之下，教师的能力要求也相应被拔高。在机构设置方面，各高校会设置专门的教师发展部门，主要通过咨询和研讨会等形式为教师发展提供支持。

（七）经费配置

1. 经费来源

在加拿大几乎所有大学和学院都是公立机构，所以其大学内部大部分经费都来源于联邦政府的财政拨款。加拿大按照各省的人口比例或个人和企业收入税的一定比例来决定各省高校资金的分配金额。高校依靠于联邦政府与省政府的资金资助，联邦政府通过工程和科学基金、人文社科基金、卫生与健康基金三大科研基金以及学生贷款对高校进行资助；各省政府则按照各高校的学生数量、科研成果、办学效果等为学校拨款，主要提供科研经费、学生贷款与奖学金、基础设施建设费用等。[①] 事实上，大约75%的中等后教育经费来自省和联邦的财政拨款，其余主要来自学生的学费（占运营预算的15%～20%）及其他一些收入。[②] 然而，自 1999～2000 学年开始，加拿大大学的经费来源途径逐渐呈多元化发展态势，经费管理逐渐市场

---

① 刘新民、张盈盈、王本峰：《加拿大高校的筹资机制及对我国大学的启示》，《山东科技大学学报》（社会科学版）2007 年第 5 期。

② 汉斯·G. 舒尔茨、李素敏：《正在变化的加拿大大学财政及管理模式》，《中国高教研究》2006 年第 10 期。

化。一方面，联邦政府面临着教育开支上涨、中等以上教育需求量逐渐增加的困难，需要从其他方面来寻求资金，或通过削减高等教育预算来实现。另一方面，加拿大高校本就拥有较大的自主权，可以采取措施向社会各界进行筹资。在这样的背景与条件下，加拿大大学形成了独特的筹资机制，为高校的高速发展提供了雄厚资金支持，同时也通过这些制度增强了大学的活力、加强了高校与社会的联系。

2. 政府资助

政府资助曾是加拿大高校最稳定的资金来源。据统计，各级政府对高校的经费投入占其总经费支出的80%左右。[①] 加拿大对高校的政府资金投入主要分为两种模式：绩效拨款和社会资金引流。

为了增强大学的责任感、保证大学的办学质量与效果，政府将财政拨款与高校的"绩效"挂钩，这就是所谓的"绩效拨款"。"绩效拨款"主要是通过考核大学是否达到规定的各项指标或各指标的完成度来进行不同金额的拨款。这些指标主要包括毕业率、招生率、学生毕业后就业率等内容。在加拿大实行"绩效拨款"的省份有安大略省与阿尔伯塔省，其余省份的拨款政策也都在本质上与之相似。虽然各省的拨款方式可能不都叫"绩效拨款"，但其考评方法大致相同。该拨款方式向各高校施加压力，将办学质量与政府资助挂钩在无形中促进了大学之间的相互竞争，促进了高等教育的发展；同时政府也可根据不同学校的评估结果进行有针对性的投资。

政府除了自己为高校提供拨款外，还积极从税收、社会资金引流等方面为高校提供其他资金渠道的支持与帮助。比如，为了鼓励学校自行筹集资金，政府规定学校为免征税单位，对学校所从事的商业活动，除货物与消费税（联邦税）外全部免税；为了鼓励家庭成员增加在教育方面的投资，实施学费税收计划、教育税减免计划、教育储蓄计划等；为了鼓励社会力量捐赠教育，政府不仅为捐赠者提供税收优惠，还提供与捐资同等数额的配套资金。[②]

另外，政府还通过资助政策，来对高校的结构布局进行调整。比如，通过调整政府财政预算，解决部分高校本科生比例过高、研究生比例过低的问题，增加对招收硕士生、博士生的投入，减少对招收本科生的支出。

---

① 张澍：《加拿大大学考察的启示》，《北京教育》（高教版）2005年第11期。
② 朱清、乔栋：《国外促进教育发展的税收政策及启示》，《经济纵横》2005年第3期。

此外，为鼓励与促进高等教育的发展，联邦政府还设立专项拨款，保证边缘群体（原住民、残疾人、低收入家庭子女）入学率。为保证教育的公平性，政府还针对较为落后的省份采取一次性财政转移支付。

3. 高校自主筹资

·捐款收入

在高校自主筹集的资金中，校友捐款占的份额最大。良好的校友捐款氛围的形成得益于加拿大高校校友工作的有效推进。加拿大主要通过学校教育、建立校友信息库、建立信息沟通渠道来保证校友捐款的长期有效性。

首先，加拿大高校重视通过学生在校期间的日常教育，引导学生走入社会拥有一定的经济实力后应当回馈社会，积极投身于社会公益事业。所以在加拿大，很多大学生毕业之后都会有回馈社会的愿望，而向母校捐款是实现他们回报社会愿望最便捷、最直接的途径。

其次，加拿大高校认为，好的校友资源不是自然形成的，需要学校与其保持良好的关系。所以，各高校会通过建立校友信息库对校友的信息进行收集、追踪与更新。学生一毕业，就会被纳入系统的毕业生信息网并及时更新其信息，保证校友信息的准确性。

最后，在拥有完整信息网络的基础上，保证与校友形成良好的沟通关系是推动校友捐款工作健康发展的关键因素。大学会与潜在的捐款者建立信息沟通渠道并重视与其的联络，寻求校友对学校发展的长期支持。在操作层面，加拿大大学制订详细的计划，明确校友捐赠资金的具体用途、配备强有力的领导班子来致力于捐款计划的有效实施，这些做法能够让捐款者感受到自己回馈社会的愿望得以实现，从而有利于吸引校友投资并形成良好的合作关系。

除了校友捐款外，加拿大为鼓励社会各界向高校捐款，并且法律规定，任何单位和个人向学校进行捐款，将抵减应交所得税，此项规定大大地提高了社会各界向高校捐款的积极性，此外，高校为了保证此收入来源的持续性与稳定性，也积极设立相应部门专门处理捐款收入。

·社会资金

加拿大高校在发展过程中，从作为公益事业到需要适应市场机制的转变，使得大学研究与教学逐渐显示市场化特性，这也使得大学与企业、社会的联系增强。在研究方面，加拿大所有大学和技术学院以及社区学院都设立了工业联合或技术转让办公室，旨在促进大学研究与企业之间的联合，以及通过将大学科研人员的研究成果转让给私人企业，使之进入市场。[①] 同时，大学要求其研究人员公开其所有具有商业潜力的研究成果，以此来给予研究人员获得联邦研究基金的资格。教学职能也逐渐走向市场化，教学过程与教学成果也开始向市场拓展并转化为大学资金来源。比如，通过开设远程教育课程，争取国内外生源，增加学费收入。

此外，加拿大高校还通过制订明确的战略计划，来明确学校的发展方向。学校根据社会经济发展需要来开设新专业并决定什么专业进行扩招与缩减等，使得筹集的社会资金去向透明化，并且通过各种方式传递给社会投资者，使得其根据自己的喜好和需求进行有针对性的投资。为了使投资者放心，还制定了公开透明的财务制度，使得投资者能够对资金使用情况进行监督，让他们愿意对学校进行投资。

4. 经费管理

·职能机构

加拿大高校具有绝对的自主管理权，在财务方面也不例外，尽管其高校教育经费大多来自政府拨款，但政府很少干预学校的财务管理。加拿大高校主要通过设立财务处为职能机构对学校经费进行管理。加拿大高校的财务部门风险经营和保险管理能力很强，发挥了管理和保护学校的商业合约、法律责任等职能。

此外，加拿大设立的财政委员会主要负责批准年度预算。其预算年度、财务会计年度与学生的学习年度基本一致。高校下设的各二级学院在财务上作为独立的核算单位，具有较大的自主权。二级学院所得到的教育拨款是按照政府拨款、学费的相应比例以及教育成本三部分核算而成，所得的拨款用于日常的教学、科研以及学生管理等工作，同时学院需向学校支付资源如水、电、教室的使用等费用。学校通过相应的绩效指标（KPI）对二级学院进行考核与监管。

·经费预算

制定每一学年的年度经费预算是加拿大高校进行经费管理的方法之一，

---

① 汉斯·G. 舒尔茨、李素敏：《正在变化的加拿大大学财政及管理模式》，《中国高教研究》2006 年第 10 期。

该项工作主要由校内设立的预算管理办公室完成。在制定下年度预算前，校内各单位需向预算办公室提交本单位的年度预算建议，再由办公室根据近几年的预算资料以及该单位前期的实际支出情况等因素，最终制定出下年度预算。由于编制预算方法精细，经费分配也具有一定的稳定性。加拿大高校一般根据学校发展与教育规律编制六年期的预算方案，保证第六年年末收支平衡，允许在此期间有偏差，但二级学院在执行预算方案的过程中如出现超预算，即超出了学校事先规定的±3%，学校将不予调整。

加拿大高校通过设立专门的经费预算管理办公室，对每年度的经费收支进行预算管理，同时制定长期的预算方案，这有助于学校掌控经费情况，稳定学校收支，有利于学校的长期发展。在给予二级学院经费自主权的同时，对其经费使用出具相应的预算方案并规定使用权限，以利于学校对二级学院的监管。

·科研经费管理

加拿大高校 80% 的科研经费来自联邦政府向各研究基金会提供的经费，为保证科研经费真正落到实处，学校对于研究经费的管理十分严格。学校通过专门的部门对科研经费进行管理，科研项目的负责人通过申请，获得经费使用权并掌握自己的经费账号，科研经费不允许用于其他无关用途或者私用。同时，学校的科研机构在确定资金金额前，必须制订相应的预算资金使用计划，此计划必须是符合标准的、适度的。在科研经费的审查方面，加拿大高校在学校内部设立审查部门的同时，由社会审计与资金提供单位对经费进行审查，多种渠道进行内外监管。

2015 年加拿大多伦多大学的财务报表显示，全年其学术支出为 1.52 亿美元，占其总支出的 6%，位列世界一流大学学术支出排行榜的第八位。加拿大高校之所以能够跻身世界一流大学的行列离不开其高校的科研成果，科研水平提升的背后是科研经费投入的充分使用，而严格的经费使用制度正是经费充分使用的重要保障。

5. 贷款政策

加拿大是世界上最早开始实行学生贷款计划的国家之一，历经半个多世纪的不断改革和发展，形成了比较完善的助学贷款体系。其中，由国家主导的加拿大高等教育学生贷款计划 （Canada Student Loans Program，CSLP）占有举足轻重的地位，是加拿大高等教育资助体系中非常重要的环节。

（1）加拿大高等教育学生贷款计划的资助对象

CSLP 的使命是通过提供贷款或赠款，减少经济困难学生的入学障碍，提高其获得高等教育的机会，并且确保加拿大人有机会学习知识和技能以参与经济和社会事务。主要面对的群体是在获得高等教育方面面临许多障碍的人群，包括低社会经济地位人群、生活在偏远地区或农村社区的个人以及有需要承担抚养义务的学生、残疾人和土著群体。但是，不是所有面临障碍的群体都可以作为资助对象来申请学生贷款，加拿大学生贷款分为全日制学生贷款和非全日制学生贷款，均需要满足一定要求。

全日制与非全日制学生贷款的共同申请条件包括：①加拿大公民、加拿大永久居民或特定的受保护群体；②参加加拿大学生贷款计划的省份或地区的永久居民；③通过政府的信用检查；④有经济困难；⑤在校期间保持优秀的成绩。另外，无永久性残疾的全日制学生在校期间至少完成60%的课程，有永久性残疾的学生至少完成40%的课程；非全日制学生至少完成占总学时的20%～59%的课程。

（2）加拿大高等教育学生贷款的资助方式

·加拿大高等教育学生贷款

加拿大高等教育学生贷款是政府向有经济困难的学生及学生家庭提供的一种需要后续偿还的教育资助贷款。学生通过国家学生贷款服务中心网站申请和管理贷款，贷款金额是根据学生经济需求，结合地区分布、家庭收入、学费和生活费、家庭组成以及身体情况等指标综合确定的，使每名学生得到不同额度但符合自身需求的贷款。但贷款金额的上限是统一的，根据最新规定，全日制学生每周最多获得210加元，总额不超过3.5万加元，非全日制学生每年最多4000加元的贷款，总额不超过1万加元。

·加拿大高等教育学习补助金

自1995年以来，CSLP 以学习补助金的形式向符合特定要求的学生提供不需偿还的财政援助，帮助对象包括长期残疾的学生、有永久残疾的学生、高需求非全日制学生、有需要承担抚养义务的学生和学习博士课程的女学生，补助金由学生向居住的省份或地区申请，并由省或地区政府使用联邦标准审查资格和确定赠款数额。

·利息减免和还款援助

利息减免和还款援助包括学习期利息补贴、利息减免（Interest Relief,

IR)、延长利息减免、减少偿还债务（Debt Reduction in Repayment，DRR）和永久残疾津贴。

学习期利息补贴是指在借款人全日制学习或兼职学习期间，CSLP 会补贴贷款积累的利息直到停止学习后六个月。利息减免是 CSLP 为在偿还学生贷款上有困难的借款人提供长达 30 个月的利息减免援助，在偿还贷款时有经济困难的借款人是指每月家庭收入低于既定阈值的借款人，在利息减免期间，加拿大政府支付贷款利息，借款人无须支付本金或利息。延长利息减免是指在 30 个月的利息减免期满，离开学校后五年内，依然经济困难的借款人可申请额外 24 个月的延长利息减免援助。减少偿还债务是借款人在学业结束后五年仍存在经济困难并用尽利息减免援助，可申请减少偿还债务援助来降低贷款本金，目前减免债务的最高金额为 1 万加元或贷款本金的50%，以较低者为准。永久残疾津贴是指因残疾而难以偿还贷款的永久残疾借款人可申请取消还款。

（3）加拿大高等教育学生贷款的申请及偿还

·申请流程

贷款申请需要在开学前两个月递交，在申请资助之前，学生可以通过CanLearn 网站或者所在的省份或地区的学生资助办公室了解关于申请条件、申请方式、资助条件、资助标准等方面的信息。

贷款的申请流程为：①在所在的省份或地区学生资助网站上创建账号及验证学生身份，②根据个人实际需求在线申请贷款，③省政府按照联邦与省政府协议的统一要求来审查学生经济收入和资助需求等相关信息，④审查通过后，借款人将被告知获得的贷款金额以及还款信息等内容，当学生是第一次获得学生贷款时，需要签署学生资助协议来规定还款金额，⑤由借款人所在学校确认借款人的入学情况，并以电子方式签订入学确认书，⑥银行或其他政府指定的机构将发放贷款，贷款将直接打入借款人的金融账号或转发给学校来支付学费，最早将在借款人开学前 1 周到款。

·偿还方式及流程

加拿大高等教育学生贷款计划有两种偿还债务的方法：抵押贷款式还款（Mortgage-style repayment，MSR）和收入式还款（Income-contingent repayment，ICR）。学生贷款的抵押贷款式还款本质上是一种债务合同，MSR合同以最基本的形式规定了偿还时间表，借款人在给定时间范围内（通常为 10～15 年）定期支付固定金额来偿还全部贷款本金及利息。收入式还款是经济学家米尔顿·弗里德曼提出的新还款方案，政府向学生提供财政援助，签订的还款协议基于借款人未来收入的商定百分比。但是，考虑到贷款管理的便利性、违约的内在风险性以及贷款计划管理成本等问题，当前很少采用 ICR 模式，主要还是采用 MSR 模式。

借款人全日制学习或兼职学习期间，加拿大高等教育学生贷款计划会补贴贷款积累的利息直到停止学习后六个月，在毕业后六个月的无须还款期结束时，学生将登录国家助学贷款服务中心网站的个人账号，制定个人还款清单。清单内容包括设定还款利率、还款时间、还款频率等。关于还款利率，学生可以选择固定利率或浮动利率，浮动利率是还款时的最优惠利率，固定利率是选择还款时的基本利率加上 2%。由于利率会随着基本利率的变化而变化，因此，学生可以使用网站 CanLearn 的还款计算机工具来了解利率对贷款的影响。当学生还款时选择浮动利率，后期随时可以更改为固定利率，一旦切换到固定利率，借款人将无法再使用浮动利率还款。还款期限一般为 10 年，但是，由于利息减免和延长利息减免援助，学生可以额外增加 54 个月的还款期。

（4）加拿大高等教育学生贷款计划的管理方式

加拿大高等教育学生贷款计划的管理方式是不断发展的，自实施以来存在三种交付模式。第一种交付模式存在于 1964 年至 1995 年，被称为担保贷款制度，贷款数额由政府担保，贷款通过私人金融机构提供。第二种交付模式存在于 1995 年至 2000 年，被称为风险分担贷款制度，即金融机构仍然提供贷款，但通过和政府签订风险分担协议来提供。

2000 年，政府与银行解除了共同签订的风险分担协议。同时，联邦政府宣布用直接贷款制度来取代原来的学生贷款管理制度，直接贷款制度是指学生贷款由政府出资，银行不再管理贷款的发放，贷款管理的各项权力由政府全权掌握。联邦政府成立了国家学生贷款服务中心（NSLSC）来负责学生贷款的日常管理工作。2000 年以前与银行有还款协议的学生以及 2000 年后贷款的学生都向国家学生贷款服务中心偿还贷款，目前，所有借款人的档案都由国家学生贷款服务中心管理。

（5）加拿大高等教育学生贷款计划的运行机制

加拿大高等教育贷款计划是联邦和省政府、高等教育机构和私人组织等机构计划的集合，该计划建立了若干伙伴关系和合同来管理贷款过程，加拿大人力资源与技能开发部是联邦政府内负责学生贷款事务的部门，主要责任是有效管理各参与组织之间的关系，其职责包括：①制定政策，指导资格、需求评估和债务流程管理；②审计；③公立高等教育机构的认证；④管理投资基金和客户关系。在加拿大，联邦政府部门并不直接介入具体的资助管理工作，而是将其交给社会机构，政府是以引导者、监督者和协调者的身份行使职权。[①]

省级政府以及其他机构的具体工作如下：①参与计划的省和地区根据联邦标准进行学生贷款资格的评估工作，指定有资格纳入 CSLP 的院校以及评估所需资金的范围，维护相关的数据库，将信息传输到信息库和国家学生贷款服务中心；②其他机构，包括一些加拿大邮政网点和高等教育机构，提供诸如核实学生身份和给予学生合格的高等教育教学服务；③加拿大公共工作和政府服务局在签署贷款协议后，负责拨付资金；④在借款人无法找到或不愿付款的情况下，加拿大人力资源与技能开发部收款服务公司（或签约的私人收款公司）将负责收款；⑤国家学生贷款服务中心账户管理活动，从签署贷款协议开始到还款过程结束为止，其间包括验证贷款协议，管理学习中的无息期，谈判和处理贷款还款和债务管理；⑥国家学生贷款服务中心网站提供在线工具，方便学生偿还贷款，使用户能够查询还款状况，申请利息减免，并更新其地址和收入信息；CanLearn 网站提供了有关高等教育的丰富信息，学生可以使用搜索工具链接到各种高等教育机构和计划，以了解更多有关高等教育的信息，该网站还通过贷款还款计算器、教育成本和预算计算器等工具提供有关的债务管理建议；⑦加拿大各个大学一般都设有专门的学生资助办公室，向潜在借款者宣传资助政策，接受学生的咨询并帮助学生准备相关材料等。

（八）加拿大高等教育学生贷款计划的特点

1. 贷款资助体系稳定

加拿大设有联邦级学生贷款计划 1 项、省级学生贷款计划 8 项和联邦补

---

① A. J. McLean, "Formative Evaluation of the Canada Student Loans Program," *Final Report*, 36 (6), 2002, pp. 578–583.

助金计划 7 项，这些计划涵盖了从联邦级到地方级的大多数学生并拥有完整而独特的系统，以确保绝大多数有需要的学生可以获得足够的经济支持。同时，这些计划有强制且稳定的法律体系支撑，使得计划在整个实施过程都有法可依，切实保证计划的实施。

2. 贷款优惠政策多样

加拿大高等教育学生贷款计划中有多样的优惠政策，不同的助学贷款对应不同的优惠方式，而获得的优惠程度则因人而异，同时，多样的优惠政策也使学生还款方式多样，一个学生的贷款往往叠加多种优惠政策，使得不同的学生有不同的贷款结构。

3. 政府与社会机构共同承担主体责任

加拿大高等教育学生贷款计划是由联邦和省政府、高等教育机构和社会机构等联合制定，各方都发挥不可或缺的作用，政府部门负责政策和资格标准的制定、监督审计、资金筹集，加拿大国家学生贷款服务中心负责日常管理工作，政府与社会机构共同承担主体责任，在学生资助工作上各自发挥所长、优势互补，有力支撑学生贷款管理工作。

4. 需求评估过程简单且人性化

学生申请贷款时会进行需求评估，贷款申请人获批的金额基于对需求的评估以及现有资源和费用津贴等因素。CSLP 在考虑联邦政府标准的基础上，更注重区域差异和某些群体的额外需求，例如土著学生、离家上学的学生和需要承担抚养义务的学生等。需求评估的过程也简单明了，实施容易，一般各省均适用。越来越多的低收入学生获得接受高等教育的机会更容易了。

（九）质量保障

1. 加拿大高等教育具有完备的质量保障体系

首先是国家层面的高等教育质量保障体系。加拿大大学及学院联合会（AUCC）采取准入制度，对全国范围内的高等教育机构实施一种无形的监管。AUCC 尽管不是一个认证机构，但因其历史地位与积淀，它明确要求只有符合其基本标准的机构才能拥有加入 AUCC 的资格。

其次是地方层面的省级高等教育质量保障体系。加拿大目前有 4 个由省级政府建立起来的质量保障机构，通过立法的形式对高等教育质量进行管理和确认，分别是安大略省高等教育质量评估委员会、阿尔伯特省学校质量委员会、不列颠哥伦比亚省学位质量评估委员会、沿海诸省高等教育委员会。各省级机构在高等教育质量的评估方法、标准和专家委任方面相似，但在立法、机构组成等方面存在差异。

再次是校际层面的大学联合组织自我保障体系。加拿大有 3 个区域联合性质的高等教育质量自我保障体系。魁北克省大学校长联盟，分别通过新专业评估委员会和专业评估审计委员会对专业进行评估。安大略省大学联合会，对本科专业进行周期性质量评估，对研究生培养和学术项目做出质量保障。曼尼巴托省和萨斯喀彻温省大学审计委员会，主要监控本科教育在学术审核上的频率、质量、效果等，并提供建议。

最后是专业认证机构。加拿大非常重视对专业学位的认证，其公立大学的质量保障形式一直与专业认证有悠久的历史关联。这些外部的专业机构对学位进行严格审核，主要通过建立教育质量评估标准，审定相应教育机构是否达到标准。加拿大专业认证机构的一大特征是，其成员来源丰富多样，既有全国性协会的地方成员、认证学校的教育工作者，也有有威望的从业者或普通公众，甚至在读学生和临近毕业的学生代表，也可以是专业认证机构的成员。

2. 学习成果评估体系建设

加拿大高等教育质量的发展，与其高校富有特色的学生学习成果评估体系密切相关。加拿大高校普遍对学生学习成果评估进行了广泛的探索与实践，建立了富有特色的高校学生学习成果评估体系，在评估内容方面，构建起了高等教育系统、院校以及学科（专业）等不同层面的学生学习成果体系。在评估方法方面，形成了由标准化测试、评价量规、表现性评估以及问卷调查四种类型构成的多元化学生学习成果评估方法体系。

（1）加拿大大学生学习成果评估的内容

加拿大在院校层面，绝大多数高校把批判性思维能力、问题解决能力、沟通交流能力等高阶思维与认知能力作为学习成果评估的重要对象。但对于具体类型的高校而言，对学生学习成果的内容和要求有不同侧重。比如，加拿大的应用型高校更重视学生就业所需的基本技能。在安大略省，应用型学院要求其毕业生必须具备"沟通能力、计算能力、批判性思维和问题解决能力、信息管理能力、人际交往能力、自我管理能力"6 个方面的基本就业技能。① 与之相对，研究型大学更看重学术能力所涉及的基本素养。比如，女王大学制定的学生学习成果框架包括五个方面的要素，但更侧重于学生的个人品德，将"正直诚实"放在首位，其余四方面包括：知识与智能、探究与实践能力、自我管理与人际交往能力、社会责任与社区参与。而圭尔夫大学对学习成果做出界定时，更看重各项国际高校普遍认同的学术研究能力，包括批判性思维与创造性思维、沟通能力、全球理解能力、职业伦理素养、信息技术素养和阅读素养。

（2）加拿大高校学生学习成果评估的方法

·标准化测试

加拿大高校通常采用的标准化测试包括：高等教育学习成果评估（AHE-LO）、大学学习评估 +（CLA +）、批判性思维评估测试（CAT）、HEIghten批判性思维测试、新生入学考试等。这些考试的内容与大学生学习成果的核心要素紧密相关，分别由不同机构提供测试内容，各高校根据自身办学定位做出选择和组合。

其中，AHELO 是国际学生学习成果评估项目，由经济合作与发展组织（OECD）推出，考察内容包括学科专业知识和通用技能两大类别，主要测试本科学生毕业时学到了什么，具体能做什么。

CLA + 由美国教育援助委员会开发，在线对大学生学习成果进行增值性评价，主要聚焦于大学生的批判性思维、问题解决、科学推理、写作交流这四种高阶思维能力。

CAT 是由美国田纳西理工大学开发的测评工具，主要评估学生的批判性思维、创造性思维（信息评价和解释能力）、问题解决能力、沟通能力。其中涉及的批判性思维能力测试，主要从信息评价和解释两个方面进行。

HEIghten 批判性思维测试，由美国教育考试服务中心开发，专门针对批判性思维进行评估，是一种在线测评工具。

·评价量规

评价量规（Rubric），一般由评价指标、评价标准及评价等级相结合，以二维表格的矩阵形式来构成的一种结构化的学习成果评价工具。评价量

---

① 蒋家琼、郑惠文、龚慧云：《加拿大高校学生学习成果评估的内容、方法及启示》，《大学教育科学》2020 年第 3 期。

规也是加拿大高校学生学习成果评估比较常用的工具，它的特点是，可以从知识、技能、态度等方面进行考察，体现学生在认知和非认知领域的学习成果，较好地将定量评价和定性评价融合到一起。

与上述的标准化测试不同的是，加拿大只有部分高校借鉴了国外知名的评价量规。比如，女王大学以美国的本科教育学习有效评价量规为基础，结合学校自身课程、专业要求对学生的问题解决能力进行评价。① 而更多高校，则看重自主研发的评价量规，这增加了高校对学习成果进行评估的灵活性，与标准化测试互为补充。比如，多伦多大学的高等教育研究团队，开发了一套分析型评价量规，对应问题分析、调查、设计、沟通、团队合作这五个方面能力的学习成果。

· 表现性评估

学生在学习活动中的真实表现，也是加拿大高校十分重视的评价对象。加拿大高校常用的表现性评估方法主要包括以下几种。

一是针对课堂的表现性评估。通过观察学生在课堂上的表现，包括课堂活动、综合考核、课堂评论、模拟情境中的真实任务等环节，评价学生的实际能力。

二是外部表现性评估。对学生在实践活动过程中的真实行为进行考察，反映学生在实习、社区实践项目中的真实行为表现。

三是档案袋评定法。把反映学生在一定时期内学习过程与进步状况的真实资料，以文件形式呈现、用档案袋汇总保存，据此对学生一定时期内学习过程与进步状况进行较为全面的反映。

四是顶点课程项目，即通过要求学生展示将所学领域的知识和技能应用于现实生活的能力来判断学生是否达到了高校要求的目标。②

· 问卷调查

加拿大高校使用最为广泛的学习成果评估方法，是一种针对在校大学生、校友、雇主等不同群体开展问卷调查的间接评估形式，侧重评估学生的非认知学习成果和通用性能力。在加拿大，常用的调查工具有：高校自

---

① 陈凡：《大学生可迁移技能评价：方法和影响机制——以加拿大女王大学为例》，《外国教育研究》2017 年第 3 期。

② 蒋家琼、郑惠文、龚慧云：《加拿大高校学生学习成果评估的内容、方法及启示》，《大学教育科学》2020 年第 3 期。

主开发的调查（如女王大学开发的可迁移学习情况调查）、本科生就读经验调查、加拿大全国大学生学习投入度调查、社区学院学生参与度调查等。问卷调查因其形式灵活多样、实施便捷、成本效益比较高等优点受到许多高校重视。调查对象除了在校学生，针对全国范围内的毕业生跟踪调查，也是加拿大高校学生学习成果评估的重要组成部分，主要评估毕业生的职业胜任能力。此外，一些高校还看重对雇主满意度的调查，以电话的形式征求雇主对其所聘用学院毕业生的能力素质的反馈。此外，还有一些调查，采取对学生自我报告、自我陈述等间接形式来实施，反映学生在校期间的学习活动参与情况、个人的学习收获以及对学校整体的满意程度等。

四　加拿大高等教育发展创新的基本经验

（一）高度非中心化的管理模式

从管理层面来看，联邦政府和地方之间对高等教育的协同运作，对加拿大高等教育发展影响重大。加拿大多伦多大学安大略教育研究院著名学者格兰·琼斯（Glen A. Jones）曾指出，加拿大高等教育发展的最大启示在于，加拿大高等教育系统允许地区差异，并让当地政府在高等教育的发展中发挥重要作用，这一模式具有多方面的收益。各省级区域充分发挥了高等教育管理上的灵活性特点。加拿大的高等教育常被人理解为 13 个相当不同的省级和地区体系的总和。①

（二）教学科研服务的均衡发展

加拿大各级政府致力于促使大学以积极状态均衡发展教学科研和社会服务。一方面，虽然联邦政府对高等教育承担领导责任，但各省拥有办学自主权，大学内部实行高度自治，制定灵活的院校管理制度，社区学院层次的日益分化，教育机构与社会各界合作密切，这些令加拿大高等教育充满活力。另一方面，加拿大政府一直从公共利益考虑出发，对学位授予权实行公共垄断，建立新大学、授予新学位要严格受政府控制，大学的学位

---

① 转引自钱旭鸯《加拿大高等教育协同治理的现代性分析——联邦政府的角色转变与治理实践》，《比较教育研究》2019 年第 11 期。

授予数量和种类也在教育质量评估范畴内。这种管理形式通过建立特殊的批准机制来调控大学的扩展，不但确保了高等教育质量，也在一定程度上限制了大学间的竞争。

（三）弹性化教学管理和问题导向的教学目标

加拿大高校在课程设置方面严格把关，在修读学分、教学考核等各方面有相对统一的要求。其课程体系涉及范围与中国内相似，包含公共基础课和专业基础课，选修课和实践教学，但完全采用弹性学分制，在学习内容上没有强制要求，毕业年限也没有统一规定，学生可跨学院和专业选择课程，可根据自身需要进行调整，大大地调动了学习自主性。课程设置灵活性强，增大了学生的选择面；自主择师并试听，有利于促进个性化教育，实现因材施教。另外，加拿大高校的教学模式与教学方法的采用普遍以学生的问题解决能力、批判性思维养成，学生间的合作交流互动，在真实环境下的体验等为基本原则。

（四）课程形式高度与国际接轨

加拿大的高等教育国际化建设，尤其注重课程形式与内容的国际化接轨程度。以立足自身发展定位为前提，以加深学生对本土与全球密切相关的理解，获得跨文化学习成果，加拿大采取以下策略：通过跨学科的团队合作、小组互访等培养多元文化意识；依托先进技术手段将国际专家学者引入课堂，与学生互动讨论；经由多种途径采集全球案例，对其分析以激发学生思考全球经济、环境政策、政治事件等对本土的影响；实地考察当地企业，了解全球发展对企业的影响及其应对策略；邀请相关工商界人士入校给予嘉宾演讲的资格；提供相关国际认证的课程学习等。

（五）丰富多样的国际化办学形式

加拿大高等教育国际化形式由以往的单向、单一方式逐渐向多样化、灵活化、有效化发展。第一，加拿大高校与境外高校及企业建立合作关系，加拿大教师通过境外教学或远程开放式教学的方式，使境外学生可以充分利用加拿大高等教育课程、师资等资源，提升自身能力，加拿大教师也在其过程中丰富了自身的国际化教学经历。第二，通过招收国外的学生及教师使校园文化氛围更为国际化、多元化，注重其与加拿大学生文化学习的交融度，使其校园生活更加丰富，同时也培养了学生对他国文化的尊重与包容心态。第三，鼓励加拿大高校学生到国外参加项目、企业实习等，培养自身的国际视野，努力将所学专业知识运用于与国际背景有关的问题解决，提高自身竞争力。比如，安大略省很多大学都建立起国外学习交流网络，帮助加拿大学生寻找国外就学与工作机会；滑铁卢大学多次选送学生到国外参加"无国界工程师"项目。

（六）国际化办学重视对本土的服务和合作关系

加拿大大学高度自治，院校管理制度灵活，但不同的大学在国际办学过程中都十分重视根据自身实力情况，在不同的发展阶段将国际化与本土化相结合。安大略大学理事会（Council of Ontario Universities）每七年对成员学校的本科课程进行审查。在审查中，该理事会注重评价工具与本土需要的切合性，评价国际化办学过程与学校的价值观、人才培养目标等相联系，这在很大程度上为高校国际化办学进行规范，在多元化发展的过程中，确保不偏离最核心、根本的办学宗旨。另外，有的高校的办学定位就是努力使自身成为"为公众的利益"服务的一流大学，把学校的本土化与国际化和谐发展放在首要位置，将自身定位于服务于社区的同时，面向其他地区，让利益相关群体更好地了解自己，促成更好的服务与合作关系。

（七）以批判性思维和问题解决为导向的评价

在标准化测试领域，加拿大高等教育对学习成果的评估，都离不开围绕批判性思维和问题解决能力，这方面标准化测试的开发与应用也趋于成熟。女王大学甚至同时使用多种标准化测试工具，从多个方面对不同学科专业的学生进行批判性思维等认知技能的评估。尽管测试的研发机构大多在美国，但评估测试所偏重的内容和主题，都聚焦于学生的批判性思维水平、问题解决能力等是否在高等教育阶段得到有效提升。

第七章　瑞士高等教育

一　瑞士高等教育概述

瑞士高等教育最早可追溯到 16 世纪。当时由于宗教改革，急需大量的牧师和教士，为此政府在巴塞尔创建了一所技术学院，专门为宗教界培养人才。后来，这所学院逐渐发展壮大，又增添了法学系和医学系。[①] 经过数百年的岁月洗礼，瑞士高等教育已经跃升至世界前列，成为各国争相效仿与借鉴的典范：根据 OECD 在 2013 年发布的研究报告，瑞士的高引论文（即进入世界前 10%）占到了该国科研论文总量的 19.6%，位居世界第一；[②] 按照上海交通大学 2013 年的世界大学排名，瑞士是世界前 500 强大学分布最密集（单位人口）的国家，约 50% 的瑞士大学生就读于世界前 200 位的大学，这一数字高居世界第一。[③]

学者胡安·弗朗西斯科·佩雷罗（Juan-Francisco Perellon）曾评论道："如果要用一个词来形容瑞士高等教育体系的特征，那这个词一定是'多样化'。"[④] 确实如此，无论从组成成员、管理体制，还是从资助体系、法律框架来看，瑞士高等教育体系都体现出了显著的多样化的特点。瑞士的高等教育机构大致可分为两类：第一类是苏黎世联邦理工学院（Swiss Federal In-

---

① Gaële Goastellec, "Higher Education Systems and Institutions, Switzerland," In J. C. Shin, and P. Teixeira eds., *Encyclopedia of International Higher Education Systems and Institutions*, Dordrecht, Springer Science + Business Media, 2017, https://link.springer.com/referenceworkentry/10. 1007%2F978 – 94 – 017 – 9553 – 1_389 – 1, accessed June 11, 2019.

② OECD, *OECD Science Technology and Industry Scoreboard 2013*, OECD Publishing, 2013, p. 56.

③ C. B. Philipp, *Seven Principles of Success: The Story behind Swiss Innovation*, Swiss Business Federation, 2013, p. 5.

④ J. F. Perellon, "The Creation of a Vocational Sector in Swiss Higher Education: Balancing Trends of System Differentiation and Integration," *European Journal of Education* (38) 2003, p. 358.

stitute of Technology Zurich）、洛桑联邦理工学院（Swiss federal Institute of Technology in Lausanne）两所联邦学院和十所州立大学；第二类囊括了由中学后机构（post-secondary institutions）在 20 世纪 90 年代升格而成的应用科技大学（universities of applied sciences，UASs）和教师教育大学。两者的职能分工也有显著的区别：应用科技大学主要承担的是本科教育和研究生教育，博士教育则为联邦理工学院和州立大学所"垄断"。①

　　尽管瑞士高等教育体系为二元结构，但瑞士高等教育的良好声誉和荣誉"光环"主要都来自两所联邦理工学院和州立大学，它们的在校生也占据了瑞士接受高等教育人数的绝大部分。瑞士教育研究协调中心（CSRE）2014 年的调查报告显示，有接近 2/3 的高等教育在校生在联邦理工学院和州立大学攻读学位，只有不到 1/3 的学生在应用科技大学就读，另有 7% 的学生选择了教师教育大学。② 从高等教育机构的区域分布来看，不同区域的高等教育资源极不平衡：高等教育机构有半数左右坐落于瑞士的法语区，其人口仅占瑞士总人口的 1/4，而且该地域对高等教育机构的潜在文化影响也有别于德语区。法语区的高等教育机构更关注通识教育，这与德语区的高等教育机构更强调职业教育的倾向形成了明显的反差。③ 然而，瑞士规模最大的高等教育机构却位于德语区：苏黎世大学（the University of Zurich）是瑞士规模最大的大学，学生人数超过了 21000 人；紧随其后的是苏黎世联邦理工学院，它大概拥有 13000 名学生。瑞士规模最小的大学当属卢塞恩大学（University of Lucerne）、瑞士意大利大学（University of Italian Switzerland）和纳沙

---

① Gaële Goastellec, "Higher Education Systems and Institutions, Switzerland," In J. C. Shin and P. Teixeira eds., *Encyclopedia of International Higher Education Systems and Institutions*, Dordrecht, Springer Science + Business Media, 2017, https://link. springer. com/referenceworkentry/10. 1007% 2F978 - 94 - 017 - 9553 - 1_389 - 1, accessed June 11, 2019.

② "Center Suisse de Coordination Pour la Recherche Education," Cited in J. C. Shin and P. Teixeira, eds., *Encyclopedia of International Higher Education Systems and Institutions* (Dordrecht, Springer Science + Business Media, 2017), https://link. springer. com/referenceworkentry/10. 1007% 2F978 - 94 - 017 - 9553 - 1_389 - 1, accessed June 11, 2019.

③ Gaële Goastellec, "Higher Education Systems and Institutions, Switzerland," In J. C. Shin and P. Teixeira eds., *Encyclopedia of International Higher Education Systems and Institutions*, Dordrecht, Springer Science + Business Media, 2017, https://link. springer. com/referenceworkentry/10. 1007% 2F978 - 94 - 017 - 9553 - 1_389 - 1, accessed June 11, 2019.

泰尔大学（University of Neuchatel），它们的学生人数都没超过 5000 人。①

自 20 世纪 80 年代以来，民主化进程的推动使高中辍学学生有机会进入大学和联邦学院学习，进而导致大学生的数量大幅增长，但瑞士高等教育却长期保持着"精英化"的特征。而且，从 21 世纪前 10 年的发展状况来看，瑞士高等教育规模扩张的最大驱动力来自邻国。瑞士高等教育具有"公立""精英化"的特点，高校不收取学费，也没有严苛的选拔机制（除了入读学生必须具有高中毕业证书外），因此对周边国家的高中毕业生具有较强吸引力。换言之，瑞士高等教育规模的相对增长并非表明呼吁高等教育入学机会增加的政治诉求得以满足，而是民主化和地理优势两个因素起作用的结果。② 瑞士长期坚持"精英化"的高等教育发展策略也使得国民中拥有第三级教育学位的人数相对稳定：2011 年，瑞士 24～64 岁的人中，仅有 24% 的人拥有第三级教育 A 类的学位。就算把拥有第三级教育 A 类和 B 类学位的人加到一起，其占比也不过是略微超过 30%。③

有关统计数据表明，2020 年，接近 70% 的瑞士适龄人口接受了高等教育，即 272600 名学生在高等教育系统进行了注册。大多数的大学毕业生（95%）在完成本科阶段的学业后继续攻读硕士学位，2020 年共有 15396 名学生攻读学士学位，14684 名学生攻读硕士学位，4424 名学生攻读博士学位。应用科技大学却呈现出另一番景象：仅有 24% 的学生继续攻读硕士学位，2020 年共有 13982 名学生在本科项目注册，3471 名学生在硕士项目注册，更多的本科生则直接进入了劳动力市场。④

---

① "Center Suisse de Coordination pour la Recherche Education," Cited In J. C. Shin and P. Teixeira eds., *Encyclopedia of International Higher Education Systems and Institutions*, Dordrecht, Springer Science + Business Media, 2017, https://link. springer. com/referenceworkentry/10. 1007%2F978 – 94 – 017 – 9553 – 1_389 – 1, accessed June 11, 2019.

② Gaële Goastellec, "Higher Education Systems and Institutions, Switzerland," In J. C. Shin and P. Teixeira eds., *Encyclopedia of International Higher Education Systems and Institutions*, Dordrecht, Springer Science + Business Media, 2017, https://link. springer. com/referenceworkentry/10. 1007%2F978 – 94 – 017 – 9553 – 1_389 – 1, accessed June 11, 2019.

③ "Center Suisse de Coordination pour la Recherche Education," Cited in J. C. Shin and P. Teixeira eds., *Encyclopedia of International Higher Education Systems and Institutions*, Dordrecht, Springer Science + Business Media, 2017, https://link. springer. com/referenceworkentry/10. 1007%2F978 – 94 – 017 – 9553 – 1_389 – 1, accessed June 11, 2019.

④ Office Fédéral de la Statistique, "Degré tertiaire, hautes écoles," https://www. bfs. admin. ch/bfs/ fr/home/statistiques/education – science/diplomes/degre – tertiaire – hautes – ecoles. html, accessed June 25, 2021.

　　如前所述，瑞士高等教育因其独有的优势吸引了邻国大量的学生前来就读，所以瑞士高等教育也呈现出鲜明的国际化特征。据 2019 年 OECD 的相关统计，国际学生占瑞士本科新生的 11%，硕士新生的 31%，博士新生的 59%。一半以上的国际学生来自邻国，他们致力于取得研究型的高级学位。① 在国际学生中，最常见的一种情形是这些学生已经在其他国家完成了硕士阶段的学习，来瑞士的目的是为了取得博士学位。②

　　瑞士是一个联邦制的国家，由 26 个州组成，各州对管辖区域内的初等教育、中等教育、教师培训和大学教育拥有管理的职能，但是不同的州教育体系迥异，因此瑞士高等教育治理体系也不能一概而论。近年来，随着欧洲高等教育格局的变化和瑞士教育改革的不断推进，瑞士高等教育治理体系呈现出两大发展趋势：第一，瑞士大学的自主权逐渐扩大。瑞士的大学是归属州政府管理的，由于州政府和大学之间已形成了一种契约化的关系（即州政府与大学建立契约，大学承诺完成政府设定的发展目标，遵循相关制度和规范，政府对大学实施监管以及为其提供资源），州政府渐渐放松了对大学的管制，大学因而在财政资源分配和教职工招募方面获得了更大的自主权。③ 第二，管控教育体系的机构开始扮演更为重要的角色。自 20 世纪 60 年代以来，联盟通过向州立大学分配教育经费、利用国家科学基金会（the National Science Foundation，NSF）促进研究资助手段的更新、推动共同治理机构的发展等方式，加强了对高等教育的管理。2001 年，瑞士新改组了"瑞士大学联合会"（Swiss University Conference，CUS），主要负责向各州立大学分配联邦经费以及确定高等教育体系的一些发展规划；"瑞士大学校长联席会"（Conference of Swiss University Rectors）随后亦获准成立，开始负责高等教育发展规划的具体实施。可见，瑞士高等教育体系愈来愈呈现出协同整合的趋势，这种趋势从《2015 年高等教育院校激励与协作法案》（*The 2015 Law on Encouraging and Coordinating HEIs*，*LEHE*）的正式出

①　OECD, *Education at a Glance 2021*, OECD, 2021.

②　Gaële Goastellec, "Higher Education Systems and Institutions, Switzerland," In J. C. Shin and P. Teixeira eds., *Encyclopedia of International Higher Education Systems and Institutions*, Dordrecht, Springer Science + Business Media, 2017, https://link. springer. com/referenceworkentry/10.1007%2F978 - 94 - 017 - 9553 - 1_389 - 1, accessed June 11, 2019.

③　C. Paradeise et al., *University Governance*: *Western European Comparative Perspectives*, New York: Springer, 2009, pp. 153 - 175.

台可见端倪。①

瑞士高等教育以高投入著称，每年的生均高等教育投入达到了 15700 欧元，是欧洲国家的最高标准，尽管如此，政府在高等教育方面的投入也仅占 GDP 的 1.3%。这不仅是因为瑞士的 GDP 长期处于高发展水平，也要归功于其精英化的高等教育体系。② 瑞士高等教育财政体系的另一个突出特征，则是与高等教育的治理结构分不开的。高等教育机构的类型不同，为其提供财政资助的组织也有所不同，所获得的资助力度自然也大相径庭，由此形成了呈"碎片化"结构的高等教育财政资助体系。③ 两所联邦理工学院由联邦政府以整体拨款的方式提供财政支持，州立大学则从所在州的州政府那里直接得到相关经费。对州立大学而言，近年来大学的财政自主权有所扩大：之前大学经费预算属于州政府经费预算的一部分，州政府对大学经费的内部分配拥有一定的话语权；现今只要大学与州教育部长就大学经费的数额达成共识，并经州议会审批通过，该笔费用就会整体划拨给大学，由大学自行决定如何使用。联邦政府也依据《大学资助联邦法案》的规定，每四年向州立大学提供一次一次性的财政补助。从 2001 年起，联邦政府的资助数额由大学的学生数量（占 70%）和获得的竞争性研究经费数额（占 30%）来决定，这也导致了高等教育机构之间激烈的竞争。州政府还根据学生家庭的收入状况，向大学生提供助学金。当然，能够享受助学金的学生比例相对偏低，2014 年仅占所有中学后学生总数的 7.5%，而且随着学生所在州的不同，享受助学金的学生的占比也有所不同（5%~15% 不等），其获得的助学金数额也参差不齐。虽然高等教育经费充足，但不同院校在学费收取方面仍有显著差别：总体来看，大学学费相对偏低且稳定；瑞士意大利大学、圣加仑大学（University of Saint Gallen）等半公立大学的

① Gaële Goastellec, "Higher Education Systems and Institutions, Switzerland," In J. C. Shin and P. Teixeira eds., *Encyclopedia of International Higher Education Systems and Institutions*, Dordrecht, Springer Science + Business Media, 2017, https://link. springer. com/referenceworkentry/ 10. 1007% 2F978 – 94 – 017 – 9A553 – 1_389 – 1, accessed June 11, 2019.

② Gaële Goastellec, "Higher Education Systems and Institutions, Switzerland," In J. C. Shin and P. Teixeira eds., *Encyclopedia of International Higher Education Systems and Institutions*, Dordrecht, Springer Science + Business Media, 2017, https://link. springer. com/referenceworkentry/ 10. 1007% 2F978 – 94 – 017 – 9A553 – 1_389 – 1, accessed June 11, 2019.

③ C. Paradeise et al., *University Governance: Western European Comparative Perspectives*, New York: Springer, 2009, pp. 153 – 175.

学费要高于公立大学；某些大学还向国际学生收取显著高于本国学生的、差异化的学费。①

　　研究经费也是瑞士高等教育机构不容忽视的一块收入，高等教育机构对研究经费的重视以及国家对研究资助工作的调整也助推了研究资助工作的重心上移。学者班宁福（Benninghoff）和莱瑞斯契（Leresche）对此评论道："在过去数十年的时间里，研究活动逐渐变成了'国家事务'（state affairs）。"② 瑞士国家科学基金会之前仅仅是负责资助研究项目，瑞士政府后来赋予它更大的职能——支持新一代的学术人才的培养和发展，国家科学基金会因此成为资助研究项目和研究人员（无论处于学术职业的哪个阶段，无论是博士研究生还是教授）的重要组织。③ 其实从历史上看，瑞士每所大学都设置有自己的学术头衔等级、学术标准和相应的管理机构，国家科学基金会在研究资助方面影响力的不断扩大，其逐步在新一代学术人才鉴别工作中占据了核心地位，在资助学术人才的类别区分、遴选标准和遴选流程方面也逐渐规范化、系统化和常态化。④ 通过推动高等教育机构采纳由国家科学基金会设定的学术头衔和学术职位以及鼓励高等教育机构开发出可资比较的教职工招募程序，瑞士提高了学术劳动力市场的整合度。正如古斯特莱克（Goastellec）和佩卡里（Pekari）所言，"（瑞士的）一般意义上的学术职位和特殊意义上的学术职位都已经成为（国家层面）政治调控的目标"。⑤

---

① Gaële Goastellec, "Higher Education Systems and Institutions, Switzerland," In J. C. Shin and P. Teixeira eds. , *Encyclopedia of International Higher Education Systems and Institutions*, Dordrecht, Springer Science + Business Media, 2017, https://link. springer. com/referenceworkentry/10. 1007% 2F978 - 94 - 017 - 9553 - 1_389 - 1, accessed June 11, 2019.

② M. Benninghoff and Leresche, "J. - P. Le rôle de l'Etat fédéral dans la reconfiguration des territoires de coordination interuniversitaire," Cited In J. C. Shin and P. Teixeira eds. , *Encyclopedia of International Higher Education Systems and Institutions*, Dordrecht, Springer Science + Business Media, 2017, https://link. springer. com/referenceworkentry/10. 1007% 2F978 - 94 - 017 - 9553 - 1_389 - 1, accessed June 11, 2019.

③ Gaële Goastellec, "Higher Education Systems and Institutions, Switzerland," In J. C. Shin and P. Teixeira eds. , *Encyclopedia of International Higher Education Systems and Institutions*, Dordrecht, Springer Science + Business Media, 2017, https://link. springer. com/referenceworkentry/10. 1007% 2F978 - 94 - 017 - 9553 - 1_389 - 1, accessed June 11, 2019.

④ C. Musselin and P. N. Teixeira, *Reforming Higher Education*, New York: Springer, 2014, pp. 189 - 205.

⑤ 转引自 C. Musselin and P. N. Teixeira, *Reforming Higher Education*, New York: Springer, 2014, p. 198。

随着瑞士民主化进程的逐步推进,瑞士的学术劳动力市场规模也渐趋扩大。瑞士联邦统计局办公室的数据显示,2014 年瑞士的大学共有 6558 个全职职位,其中包括 3880 个教授职位和 2678 个其他学术人员职位,如果再加上 21290 个助理人员和其他科技人员的职位,瑞士的大学里全职职位的数量高达 27848 个。① 这一数字比十年前增长了 30% 以上。② 与其他国家相比,瑞士的学术职位也呈现出其独有的特点,即高度的国际化与较低的女性参与度。瑞士有一半的学术人员为外籍人士,这其中又有 51.1% 的人为大学教授,39.1% 的人为其他学术人员;外籍人士拥有博士生和博士后身份的比例比上述比例还高;大学的助教和科研合作者群体中,有 64.8% 的人为外籍人士。学术职位的级别越高,获得该职位的女性越少。在瑞士的女性学术人员中,仅有 20.9% 的人获得了教授职位,31% 的人为其他教师,40.6% 的人为助教和科研合作者,这体现了瑞士的学术圈仍是一个明显的男权社会。③ 由于 80% 的教授都拥有全职职位,而仅有 14% 的非教授职称的学术人员可以获得全职职位,因此瑞士的女性学术人员往往占据的是兼职职位。④ 相较于其他西欧国家,瑞士高等教育体系呈现出稳健的一体化趋势,其中又夹杂着大量的社会不平等现象。20 世纪末以来,政府的促进公平办公室为了降低学术职业里的性别鸿沟,努力为女性创造了更多机会。

综上所述,瑞士高等教育在过去二十年的时间里,除了呈现由单一结构体系过渡到二元结构体系、相对的一体化、学生群体的女性化、高度的国际化、治理结构的集权化、围绕研究经费与学术职位的竞争日趋激烈化等趋势外,还有一个特征值得关注,即对国家机构与法规意见的广泛采纳。之所以出现这种状况,固然与"博洛尼亚进程"的实施有着密切的关系,

---

① Office Fédéral de la Statistique, "Système d'information des hautes écoles universitaires Suisse," https://www. bfs. admin. ch/bfs/fr/home/statistiques/education – science/personnelinstitutions – formation/degre – teritiaire – hautes – ecoles/universitaires. html, accessed June 29, 2019.

② Office Fédéral de la Statistique, *Personnel desinstitutions de formation*, Neuch^atel: OFS, 2016, p. 15.

③ M. M. Taylor, V. M. Soares and U. Teichler, *Challenges and Options: The Academic Profession in Europe*, New York: Springer, 2017.

④ Office Fédéral de la Statistique, "Personnel deshautes écoles universitaires 2008," Cited In J. C. Shin and P. Teixeira eds. , *Encyclopedia of International Higher Education Systems and Institutions*, Dordrecht, Springer Science + Business Media, 2017, https://link. springer. com/referenceworkentry/10. 1007%2F978 – 94 – 017 – 9553 – 1_389 – 1, accessed June 11, 2019.

但也得益于瑞士高等教育自身的发展。①

二 瑞士高等教育的发展历程

瑞士高等教育肇始于 16 世纪巴塞尔的一所技术学院的创立，直到 19 世纪，真正意义上的大学才陆续涌现：1833 年，苏黎世大学正式创办；1854年，享有盛誉的苏黎世联邦理工学院宣告诞生；1898 年，圣加仑大学（University of St. Gallen）正式成立。在此后数十年的时间里，瑞士高等教育的规模并没有出现明显的增长。②

直至 20 世纪 60 年代中期，当法国、德国等邻国大学的学生数量大幅增加甚至出现"井喷"之时，拥有七所大学、两所技术学院、一所社会科学与经济类学院的瑞士高等教育仍在老路上踽踽前行：高等教育规模保持相对稳定；教授们更愿意被视为有教养的绅士而非教育者，因为后者往往需要用工作量和知识的拥有量来评价；在经历了中学的严苛训练后，学生们终于进入了大学，却显得过于警觉和守纪；大学建筑的修缮工作被牢牢掌控在大量涌入的、勤奋的外国劳动者的手中。③ 自 1968 年起，瑞士高等教育开始扩大规模，1974 年瑞士的大学招生数比 1968 年翻了一番，之后仍继续增长。以当时规模最大的苏黎世大学为例，该大学 1960 年的招生人数为3000 人，到了 1974 年，招生人数已经突破了 10000 人，但是依然无法满足应届学生的升学需要，更不用说那些一心想读大学的在读中学生们。与此同时，瑞士政府却不愿意雇佣足够的教授和建造足够的教育设施。因此，瑞士的大学出现了颇具滑稽的一幕：人潮汹涌的学生，负担过重的教职员工以及一种充斥着对瑞士高等教育的未来缺乏信心的氛围。需要强调的是，尽管瑞士采用的是分权制的教育体系，但资助州立大学不仅是各州的责任，

---

① Gaële Goastellec, "Higher Education Systems and Institutions, Switzerland," In J. C. Shin and P. Teixeira eds., *Encyclopedia of International Higher Education Systems and Institutions*, Dordrecht, Springer Science + Business Media, 2017, https://link. springer. com/referenceworkentry/10. 1007% 2F978 – 94 – 017 – 9553 – 1_389 – 1, accessed June 11, 2019.

② Gaële Goastellec, "Higher Education Systems and Institutions, Switzerland," In J. C. Shin and P. Teixeira eds., *Encyclopedia of International Higher Education Systems and Institutions*, Dordrecht, Springer Science + Business Media, 2017, https://link. springer. com/referenceworkentry/10. 1007% 2F978 – 94 – 017 – 9553 – 1_389 – 1, accessed June 11, 2019.

③ D. R. Papke, "Restricted Admissions in Switzerland," *Change* 6 (1974), p. 14.

也是瑞士联邦政府应尽的义务。根据瑞士联邦政府 1874 年颁布的宪法第 1 章第 27 条的相关规定，联邦政府不仅有权建立一个联邦制的大学，也有权资助现有的州立大学及其他高等教育机构。1969 年，瑞士发布了《大学资助联邦法案》（Federal Law on Aid to University，LAU），资助大学成为联邦政府和州政府共同的责任。统计数据显示，法案发布的 10 年后（即 1979 年），联邦政府承担了高等教育支出的 45%。①

对于 20 世纪 80 年代初的瑞士而言，高等教育资源可谓丰富。当时瑞士的总人口只有 600 多万人，却拥有众多的大学或学院：两所联邦制的理工学院——苏黎世联邦理工学院和洛桑联邦理工学院、一所高等教育学院（圣加仑经济社会学院）和七所州立大学（分别为巴塞尔州立大学、伯尔尼州立大学、弗里堡州立大学、日内瓦州立大学、洛桑州立大学、纳沙泰尔州立大学、苏黎世州立大学）。此外，瑞士高等教育机构不仅包括大学和学院，还包括高等技术学院（ETS）、辅助医学和社会训练学校、管理学校、小学与初中教师培训学院、农业学院等。根据瑞士科学委员会的调查，当时的瑞士共有 180 个类似实施大学教育的分支机构，它们提供各种类型的教育，也接受着政府、私人甚至混合型的资助。

对于瑞士高等教育来说，从 20 世纪 90 年代至今，可谓是经历了一个大发展大变革的时期。高等教育体系迎来了许多新成员：1995 年，根据《应用科技大学联邦法案》（*The Federal Law on Universities of Applied Sciences*），60 多所中学后职业技术学院被合并成了七所与州立大学、联邦理工学院地位相当的应用科技大学；1996 年，意大利语区唯一一所州立大学——提契诺大学获批成立；同年，圣加仑经济社会学院正式更名为圣加仑大学，成为一所州立大学；2000 年，德语区的卢塞恩大学（University of Lucerne）正式加入州立大学的行列之中。至此，瑞士形成了由两所联邦理工学院、十所州立大学，七所应用科技大学和若干所高等技术学院组成的高等教育体系。瑞士高等教育领域的二元结构开始形成，两所联邦理工学院和十所州立大学属于学术取向的高等教育机构，应用科技大学和诸多高等技术学院属于职业取向的高等教育机构。

20 世纪 90 年代开始的变革不仅增加了大学的自主权，同时也促进了大

---

① D. R. Papke, "Restricted Admissions in Switzerland," *Change* 6 (1974), pp. 14 – 15.

学管理系统的整合协作。1999 年随着新《大学资助联邦法案》的颁布，各高等教育机构拥有了更大的自治空间。2001 年，瑞士新改组了大学联合会，由于被赋予了某些领域的决策权，大学联合会的地位由之前单纯的建议提供机构提升至协调联邦、州与大学之间关系的关键枢纽，相对改善了以往瑞士高等教育机构由不同层级的政府和不同的法律予以管理的尴尬局面。大学校长联席会作为其执行机构，由各个大学的校长所组成，不仅为高等教育的建设发展提供建议，而且对高等教育政策的调整与实施发挥着重要的作用。[1] 另外，瑞士还推动了高等教育认证与质量保障中心的建立，该中心的诞生，使得瑞士各高校有了规范统一的质量评价机构和评价标准。

此外，为了适应国际化的发展，1999 年瑞士加入了"博洛尼亚进程"，并为实施"博洛尼亚进程"发布了一系列的法律法规，如《瑞士大学联合会的博洛尼亚指导性意见》（*Bologna Directives of the CUS*）、《不同类型高等教育院校校长联席会的渗透性协议》（*Agreement on Permeability between Different Types of HE Institutions of the Rectors' Conferences*）和《瑞士应用科技大学联邦法案》（*Federal Law on Universities of Applied Sciences*）等。[2] 其中，《瑞士大学联合会的博洛尼亚指导性意见》实现了欧洲文凭补充和新的研究结构等目标，《不同类型高等教育院校校长联席会的渗透性协议》为不同类型高校的学生互通提供了坚实的法律依据；2005 年修订的《瑞士应用科技大学联邦法案》则为瑞士的应用科技大学本科和研究生课程提供了法律基础，大大提升了瑞士应用科技大学的办学实力与国际竞争力。

综上所述，20 世纪 90 年代以来，瑞士高等教育蓬勃发展，其中私立高校的表现尤为突出。瑞士联邦统计局的调查结果显示，瑞士各类高等教育机构的数量已攀升至 411 所，相比 30 年前增长了 128%，其中私立高校的数量已超过了公立高校数量，占高校总数的 59%。[3] 2000 年以来，瑞士高

[1] Juan – F. Perellon, "The Governance of Higher Education in a Federal System : The Case of Switzerland," *Tertiary Education and Management* 7（2001），pp. 211 – 224.

[2] Tonia Bieber, "Swiss Reforms in Higher Education: The Poster Child of the Bologna Process," In Achim Hurrelmann et al. eds., *Soft Governance International Organization Education Policy Convergence*, London: Springer, 2016, p. 150.

[3] Federal Statistical Office（FSO），"Educational Institutions Statistics（SBI），" https://www. bfs. admin. ch/bfs/en/home/statistics/education – science/educational – institutions. html, accessed December 29, 2019.

等教育机构的学生人数增加了一倍，应用科技大学和教师教育大学为此贡献良多。① 2017~2018 年度，瑞士高等教育机构共招收了约 25 万名学生。②

三 瑞士高等教育发展创新的主要措施

(一) 不断完善高等教育法律体系，促进高等教育管理的规范化与制度化

瑞士高等教育如此兴盛，与其完善的法律体系和政府不断出台鼓励性政策、制度紧密相关。瑞士的法律体系，从最为根本的《瑞士联邦宪法》(*Federal Constitution of the Swiss Confederation*) 到涉及高等教育领域的各下位法，再到各州政府颁布的规章制度，对瑞士高等教育的类别、学制、专业课程、教学方法、学位授予等各方面无不进行了细致的规定。横向来看，瑞士并未将高等教育视为一个独立的社会部门，而是以法律或政策的方式保证政府综合运用经济扶持、科研鼓励、质量监管等多种手段，共同支持高等院校及下属研究机构（包括职业学校、培训学校和技术学院）的办学和运维。总而言之，瑞士众多法律政策既相互衔接又相互补充，系统和完善的法律体系使瑞士高等教育逐步规范化和制度化。

限于篇幅，笔者接下来选择《瑞士联邦宪法》、《瑞士理工学院联邦法案》(*Federal Act on the Federal Institutes of Technology，Act ETH*)、《瑞士财政资助与协同育人联邦法案》(*Federal Act on Funding and Coordination of the Swiss，HEdA*)（由于其多涉及高等教育领域，因此又被称作瑞士的《高等教育法》）和《研究与创新促进联邦法案》(*Federal Act on the Promotion of Research and Innovation，RIPA*) 四部法案为代表，阐述瑞士是如何运用法律政策的手段来提升高等教育质量的。选取这四部法案的具体原因在于《瑞士联邦宪法》系瑞士联邦的基本法，是包括教育在内的社会各领域事业发

---

① Federal Statistical Office (FSO), "Tertiary Education – Higher Education Institutions," https://www. bfs. admin. ch/bfs/en/home/statistics/education – science/pupils – students/tertiary – higher – institutions. html, accessed December 29, 2019.

② Federal Statistical Office (FSO), "People in Education – 2019 Edition," https://www. bfs. admin. ch/bfs/en/home/statistics/education – science/pupils – students. html, accessed December 29, 2019.

展的基础性法律；《瑞士理工学院联邦法案》详细规范了由联邦控制的理工学院及其研究机构的办学行为，具有较强的代表性和现实意义；《高等教育法》明确规定了瑞士高等教育的性质、组织关系、资金分配、质量保障等内容，是高等教育领域的基本法；《研究与创新促进联邦法案》旨在鼓励和发展瑞士的科学研究及创新，是推动其学术科研走向国际化、迈向顶尖水平的典型法案。

1. 出台《瑞士联邦宪法》，确立高等教育领域分权管理基调

瑞士高等教育模式的根本管理制度便是分权制度，这一制度源自《瑞士联邦宪法》，由宪法确立国家中央与地方的分权关系。《瑞士联邦宪法》的诞生最早可追溯到 19 世纪初。1815 年，瑞士 26 个州签订了联邦条约，确定成立统一的瑞士联邦国家，《瑞士联邦宪法》随即出台，成为保障瑞士分权制度的根本性法案。根据宪法的相关规定，除外交权和军事权仍归属议会外，各州拥有极大自主权，甚至包括州内的立法权。州内的教育管理权也概莫能外。联邦宪法明确规定："各州的教育自治在任何情况下都应当被尊重。"① 正因如此，联邦政府作为最高的权力机关，也并未试图建立一个对联邦各层次教育实施高度统一管理的教育部，而是由各州政府下设的教育局来负责当地教育事业的发展。

需要说明的是，尽管各州可以独立地颁布州内宪法，但《瑞士联邦宪法》对于瑞士联邦而言，依旧具有最上位的法律效力。对于众多下位法而言，《瑞士联邦宪法》始终作为总纲领，对瑞士的高等教育体制起着规范性作用。联邦政府也通过宪法的贯彻实施，掌握了调控各州高等教育制度与实施高等教育改革的权力。

《瑞士联邦宪法》授权的分权管理制度在高等教育领域内得以延续，被称为高等教育中的"二元管理结构"。"二元"体现于两个方面：其一，就国家和地区的关系来说，《瑞士联邦宪法》作出明确规定："联邦和各州共同负责瑞士高等教育的协调和质量保证。"② 因此，高等院校及其所下设的研究机构也是由联邦政府和州政府共同管理。其中，两所联邦理工学院由

---

① The Federal Council, "Federal Constitution of the Swiss Confederation," https：//www. admin. ch/opc/en/classified – compilation/19995395/index. html, accessed November 1, 2019.

② The Federal Council, "Federal Constitution of the Swiss Confederation," https：//www. admin. ch/opc/en/classified – compilation/19995395/index. html, accessed November 1, 2019.

联邦政府直接管理，综合性州立大学交由州政府管理，同时接受联邦政府的质量认证与资金支持。其二，就政府与高校的关系而言，宪法要求政府在规范高校办学行为时，必须充分考虑到高校的办学自主权。分权管理制度是瑞士高等教育体制中的基本管理制度，对于瑞士高等教育而言有两大优势：一方面保障了各州根据自身的区域特点和经济基础进行办学；另一方面也给予了高校充分的办学自主权，高校可以根据自身的需要和基础，力争办出特色与成效。另外，在职业教育、教育资助、教育深造等方面，宪法也有明确的规定，如广泛开设职业教育课程、制定高校补贴标准、完善硕博教育等。总体而言，《瑞士联邦宪法》对于高等教育领域内的规制所涉及的范围较广，不仅为下位法提供了完整的框架，而且其确立分权管理体制带来的高校区域办学和特色办学也是瑞士高等教育兴盛的重要原因。

2. 制定《瑞士理工学院联邦法案》，明确联邦理工学院的办学宗旨与运营机制

为了推动高等教育的发展，瑞士在缺乏大学积淀的基础上建立起两所联邦理工学院，其中，苏黎世联邦理工学院是瑞士第一所由联邦政府成立的高等学府，洛桑联邦理工学院的前身为私立学校"洛桑特别学院"，后归属联邦政府管理。为了便于管理，瑞士联邦于 1991 年 10 月 4 日正式出台《瑞士理工学院联邦法案》，现已经过十余次的修订。该法案的适用范围主要是联邦政府管理下的苏黎世联邦理工学院和洛桑联邦理工学院以及四所受联邦控制的研究机构。《瑞士理工学院联邦法案》对高等学府的办学宗旨和运营机制的定位和规范，为瑞士后来的高校办学提供了基础性参考。

就《瑞士理工学院联邦法案》的内容而言，该法案详细规定了两所联邦理工学院的办学宗旨、教研活动、学生录取、组织结构、资源配置、法定权利与义务等多方面的内容，是为确保两所理工学院的教学活动得以顺利开展而专门制定的法案。该法案规定，两所联邦理工学院应当以服务社会需求为原则，以培养学生的跨学科思维、个人进取心和继续教育深造的意愿为教学目标，为学生独立科学地开展工作而做好准备。除承担一定的教学任务以外，两所学院还要承担工程、建筑、数学等自然科学领域的研究，创办研究机构，建设博士学位授权点等职责。可见，联邦政府给予了两所理工学院以清晰的办学定位和职责使命，即全力保持所提供的教育服务的精英性，努力培养学生的学术研究能力，深入挖掘学生学习的潜力。

在组织结构上，法案要求两所联邦理工学院建立由主席、副主席、研究机构负责人、相关提名代表等成员组成的董事会。董事会下设管理委员会，负责管理两所联邦理工学院的日常事务。在资金保障方面，法案规定，优先满足两所联邦理工学院的教研经费，给予其一定的学生教育经费补助，以四年为一个周期进行财政拨款，实行严格的评估机制。另外，在学院的产权、上诉权、人事数据收集与上报等方面，法案也作出了规定。①

笔者认为，20 世纪 90 年代是瑞士高等教育发展的分水岭，而《瑞士理工学院联邦法案》的出台直接推动了瑞士的高等教育改革。自 20 世纪以降，两所理工学院不断向瑞士的高科技领域输送顶尖的研究型技术人才，现已经培养出 30 余位诺贝尔奖项获得者，并在 2020 年世界大学"QS 排行榜"上位列前茅。② 作为联邦政府自上而下推行的法案，《瑞士理工学院联邦法案》对两所理工学院的定位和规范也成为瑞士各州立大学组织改革所效仿的蓝本。

3. 发布《高等教育法》，全面规范高等教育机构的办学行为

20 世纪末，瑞士逐渐发展出各类特色院校，如以综合学科建设为代表的州立大学，以技术教育为主的应用科技大学，以教师培养为主的教师教育大学，各类大学在发展伊始就长期处于独立分散的状态，譬如：各州按照自己的需求拟定教育目标、培养方案、师资引进、科研方向等。这虽然有助于各州探索最适宜的高等教育之道，却影响着地区之间的师生流动和教研交流。例如：德语区大学的在职教授会因为职称评级标准的不同，其教授头衔无法得到其他语言区高校的认可。为了聚合瑞士高等教育发展方向，联邦政府与各州政府共同协商，并于 2015 年正式出台《高等教育法》。《高等教育法》作为瑞士高等教育部门的法律总纲领，结束了瑞士高等教育的分散局面，全方位规定了高等教育组织结构、质量评估与认证、资金保障、国际合作等各方面的内容，而且还特别说明了应用科技大学的办学宗旨与运营模式。

《高等教育法》适用于联邦和各州高等教育院校及其他科研机构。在组织结构上，《高等教育法》确立了瑞士高等教育机构会议为高等教育部门内

---

① The Federal Council, "Federal Act on the Federal Institutes of Technology," https://www. admin. ch/opc/en/classified - compilation/19910256/index. html, accessed November 1, 2019.

② QS Top Universities, "QS World University Rankings 2020 - Table Information," https://www. topuniversities. com/university - rankings/world - university - rankings/2020, accessed November 1, 2019.

部最高的决策机构，以协调联邦和各州的教研活动，下设高等教育理事会以颁布条例和执行监督。同时，另设联邦认证与质量保障局，分别规范高等教育机构的职能认证和教育质量考核。其中，机构认证主要包括三个项目：标题使用认证，例如大学、科技大学、教师教育大学等；联邦资助认证，例如捐款金额与事宜等；计划认证，如机构发展规划、科研项目等。质量保障方面建立了完善的评估体系，主要涉及从社会现实的发展环境到院校的内部鼓励机制、从师资素质建设到学生的入学标准等。系统完整且职能分明的大学组织机构使得瑞士的高校能够有条不紊地运营和发展。

在资金配置上，《高等教育法》关于高等教育资金配置的规定承袭自20世纪60年代所颁布的《大学援助与合作法案》（简称《大学援助法》，LAU）。《大学援助法》只是简单规定了联邦必须对州立大学和应用科技大学进行经费资助，而《高等教育法》详细地将高等教育机构的运行资金划分为两个部分：一是政府财政拨款，如两所联邦理工学院由联邦政府拨款，州立大学由州政府拨款。此类财政拨款需保证高校及附属研究所的高质量教学和科研，有科学完整的预算及核算过程。二是联邦补助，亦即联邦政府对各高校的科研立项、学生助学、教授工资等项目给予额外补助。充足的经费确保了瑞士高校无论是在教学方面还是在科研方面都能游刃有余，持续保持高质量与高水平。

除此之外，《高等教育法》进一步吸收了1995年推出的《瑞士应用科技大学联邦法案》，规定瑞士须秉持"平等但多样"的原则建立应用科技大学，由联邦和州政府共同出资办学，联邦主控，州政府主治。法案针对应用科技大学的日常管理与运行制定专门条款，要求此类大学需实行教学与应用性科研相结合、理论教育与技能实训相结合，"以其特殊的使命和独立的身份"来培养应用型技术人才，以满足社会人力市场和应用型研究需求，实现瑞士高等教育学术与技术二元并置的局面。

《高等教育法》以将高等教育体系整合一体为目标，整体性规范了高等教育部门的办学和运营，以统一的管理机构、严格的认证及质量评估体系、充足的经费支持等手段，促使高等教育部门实现了真正意义上的合作、协调与发展。

4. 实施《研究与创新促进联邦法案》，鼓励高校和科研院所开展科研创新

《研究与创新促进联邦法案》于2014年正式实施，旨在发展瑞士科研

部门和鼓励科研创新，该法案更加详细地规定了高等教育机构和研究所的任务，并明确了政府对科研工作的资助方式。

在国际合作愈发紧密的新世纪，瑞士一直强调国际科研合作的重要性，并通过《研究与创新促进联邦法案》提出了国际研究与创新政策的总体目标："促进瑞士参与国际研究设施和国际协调研究基础设施的开发和运营；促进瑞士参与研究和创新的国际计划和项目；促进瑞士参与国际组织相应的活动的构思、计划、实施、运作和发展；进一步拓展双边和多边合作研究与合作创新。"①

笔者认为，《研究与创新促进联邦法案》不仅是瑞士科研发展的重要助力，也是高等教育实力更上一层的重要推动力。高等院校作为科研创新的主战场，通过该法案的顺利实施，得以积极开展紧密的跨国合作，提升教育实力和科研能力。

（二）实施高校分类管理，鼓励其合理定位，特色发展

瑞士高等教育管理体系呈现出明显的三足鼎立态势，联邦政府、州政府和大学自身都在高校管理中扮演着重要角色。这种"三角关系"的形成及其稳定状态不仅源自联邦国家体制的影响，也与瑞士高等院校的发展历程以及自身类型复杂多样存在紧密关联。19 世纪中叶，瑞士联邦出于促进国家工业发展的目的，先后开办了苏黎世联邦理工学院和洛桑联邦理工学院。在两所理工学院逐渐发展壮大的同时，各主权州又依据语言分区着手筹备或改革地方大学，以培养地方所需的专业人才，促进各州经济社会的发展。随着中等教育普及率的提高，为了满足国家民众日益增长的接受高等教育的需要，也为了满足工业化社会对应用型技术人才的需求，应用科技大学应运而生。② 自此，瑞士高等教育整体架构基本成型，三种类型的高校由于办学主体与办学目的不同，存在不同的管理模式，即邦办邦治、州

---

① The Federal Council, "Federal Act on the Promotion of Research and Innovation," https://www. admin. ch/opc/en/classified – compilation/20091419/index. html, accessed November 1, 2019.

② Gaële Goastellec, "Higher Education Systems and Institutions, Switzerland," In J. C. Shin and P. Teixeira eds., *Encyclopedia of International Higher Education Systems and Institutions*, Dordrecht, Springer Science + Business Media, 2017, https://link. springer. com/referenceworkentry/10. 1007%2F978 – 94 – 017 – 9553 – 1_389 – 1, accessed June 11, 2019.

办州治和共同管理。

1. 采用二元体制，鼓励高校找准定位，特色发展

瑞士在高等教育领域内坚持分类管理，一方面保证了联邦与州政府的权力分割；另一方面明确了传统大学和应用科技大学在管理上的二元分割。① 联邦和州政府的权力分割主要体现在对两所理工学院和十所州立大学的分权管理上。联邦与州政府协同机制的建立实际上经历了一段漫长的发展时期。瑞士大学建立伊始，管理机制较为松散，联邦与各州互不相干，特别是州政府对大学的管控权很大。为了促进高校自主权的扩大，进一步推动国家高等教育的融合，瑞士科学委员会牵头推行以大学合作为主题的教育改革。联邦政府积极响应此项改革，以两所联邦理工学院为改革先锋，通过其管理结构的调整，建立起统一的质量保障体系，并以资金注入的方式换取州政府进一步放开对大学的管辖权。瑞士大学联合会得以重整，其在高等教育领域的话语权也得以大幅提升。时至今日，虽然联邦政府仍然负责两所理工学院以及下属研究所的日常管理，州立大学也依旧归属于州政府管理，但是二者之间的互动更加频繁，联系也愈加紧密。联邦政府与州政府的分权管理本质上是共同协调中的分权，这种分权制度是如今瑞士高校发展各具特色的重要推动力量。

虽然两类学校的办学主体不同，但联邦政府和州政府都对各自管理的大学拥有极大的管理权。两所联邦理工学院直属于联邦政府，在瑞士科学委员会的监督下分别设立校董会，一方面行使校内事宜的决策权，一方面直接与联邦内阁联系。各州立大学则由各州教育部门依据各自的法律规章制度开展办学，由各自校长联合大学教授组成校内会议，具体执行州参议会颁布的法令政策。换言之，州政府可以最大限度地因地制宜，探索最适合于本州的高等教育模式。

除两所联邦理工学院和州立大学外，随着高等教育规模的不断扩大和社会对专业技术人才需求的持续增加，一种新型大学——应用科技大学应运而生。此类大学以培养特色技术型高级人才为目标，弥补了既有高等教育机构规模小、容纳学生人数少的缺陷。不同于传统大学的分权管理模式，

---

① Tatiana Fumasoli and Benedetto Lepori, "Pattern of Strategies in Swiss Higher Education Institutions," *Higher Education* 61 (2011), pp. 157–178.

应用科技大学的前身是由联邦专业教育与技术部建立的技术学校，自诞生之日起就独立于瑞士高等教育管理体制与大学章程。为了实现高等教育的有效整合，联邦通过《高等教育法》将应用科技大学纳入高等教育体系之内，此举也意味着职业教育被纳入瑞士的第三级教育。联邦拥有对该类学校的所有权，财政与科学教育部通过科研立项拨款的方式支持学校的日常运营，同时按在校学生人数的比例提供相应的奖学金与助学金。州政府划拨土地为大学的建址办学提供土地资源，并承担大学运行的部分费用，各州教育部因而获得大学的协调治理权。

至于传统大学和新式大学的管理，瑞士采取二元分割模式，即依据两类高校的不同定位，进而设置不同的培养目标与课程体系。具体而言，两所联邦理工学院和州立大学又称为传统大学，它们构成高等教育机构 A 类，由联邦和州政府分别管理，以自然科学或综合性学科教学及学术研究为主，设置本科—博士的贯通课程，最高提供博士层级的教育，注重高级尖端人才和精英人士的培养，因此课程的设计理念更注重理论传授及应用；应用科技大学和教师教育大学又称为新式大学，构成 B 类机构，由联邦和各州共同管理，以应用型学科或专业技术型教学为主，课程设置应用性强，偏向实践，下设应用研究机构，最高提供硕士层级的课程。在课程与专业设置方面，为了深入推进高等教育改革，瑞士鼓励不同类别的高校根据自身办学性质开设特色化专业教学，坚持各类大学各有发展侧重，各有专攻。两所联邦理工学院侧重开设自然科学相关的专业，主要涉及医学、数学、物理等学科领域，对人文社科领域的重视度相对偏弱；州立大学属于综合性的大学，专业覆盖面最广；应用科技大学以应用性强的专业技能培养为主，涵盖建筑、服务业、农产品生产等与实践结合紧密的百余种专业。

综上，瑞士各类高校都有着非常精准的定位，整个高等教育体系坚持实现学术与技术的共同发展。实际上，为了实现学术导向教育与职业导向教育的分流，支撑高等教育有条不紊地系统发展，瑞士的人才选拔制度功不可没。瑞士的人才分流并不意味着对人才进行强行的类别与等级的划分，而是根据学生接受教育的类别进行合理区分。传统大学为了保持其精英化教育的特点，每年录取的人数非常有限，承担大众化教育的则是应用科技大学以及职业教育体系之下的专科学院。以职业教育体系为例，瑞士在职业教育部门施行"资格等级证书制度"辅以入学考试的录取方式。职业中学的毕业生通过入学会考，可获得所学相关专业资格证书，并且可以根据考试的结果直接填报各类学校，其中工程技术、建筑、化学及生命科学、农业、商业及设计等领域实行免试入学；① 普通高中毕业的学生则必须拥有一年的实际工作经验才能参加相应的职业等级证书考试，进而申请职业学校。

2. 变革治理体系，不断扩大高校的办学自主权

瑞士高等教育发展史可谓一段从知识传授到知识创新的过程史以及从分散办学到统一管理的治理历程。20 世纪 60 年代，瑞士高校呈现出照本宣科和知识灌输的样态。此时的高校教师只能被称为"教书匠"，他们以烦琐复杂的知识传授为己任，学生们学业繁重。除此之外，多民族国家组成的多语言（官方语言为德语、法语、意大利语、罗曼什语，后又把英语增添为通用语）教学区对教育提出不同的要求，瑞士政府难以从中协调。90 年代后，高等教育普及化的趋势日趋明显，但由于缺少有力的财政支持，大学没有足够的经费新建校舍和招聘教师，导致教室里学生听课席位拥挤，教师的教学压力日甚一日，整个大学都笼罩在一片阴郁之中。② 高校的超负荷运行和社会问题的爆发意味着高校的改革势在必行。为了有效减轻高校负担，契合社会需求，平衡政学关系，实现高等教育的协调发展，瑞士正式开启了高校改革之路，逐步探索出一条以"高校自主权扩大"为核心的办学之道，并取得显著成效。

瑞士高校自主权的逐渐扩大，实际上是瑞士联邦政府基于政府与大学关系的现实状况的理性选择，主要体现在教研自主和管理民主方面。教学自主具体体现在学生的特色培养机制上，科研自主则主要指高校的学术自由权。首先，政府对大学的人才培养体系并没有进行过多干涉，高校主要以人才市场的需求为导向，自行调整学生的培养模式，譬如在现代工业和经济的发展急需应用技术型人才支撑的当下，为了保证职业技术教育能培养出专业素质过硬的学生，瑞士高校在效仿德国教育模式的基础上，创新并推行"三元制"。所谓三元制，亦即学校、课堂教学结合公司（工厂）实训，辅以导师（学徒）制，"集中授课，分别练习，导师负责"是其最大的

---

① The Federal Council, "Federal Act on Funding and Coordination of the Swiss," https://www. ad-min. ch/opc/en/classified – compilation/20070429/index. html#a20, accessed November 1, 2019.

② D. R. Papke, "Restricted Admissions in Switzerland," *Change* 6 (1974), pp. 14 – 15.

亮点。这种教学模式伴随着职业浸入，可以让学生更真切地体会到职业实况，也能更加直接地发现现有技术的不足并得到实训导师的操作性指导。其次，瑞士高校在学术方面不仅得到了政府的鼓励支持，也受到了社会的强烈关注，因此在保证创新之余显得更加地自由与纯粹。不同类别的高校根据自身的发展特色，沉浸于不同的研究方向：两所联邦理工学院的研究领域多以自然学科和理论创新为主；州立大学的学术研究领域虽呈现出广泛性的特征，但也以理论研究居多；相比之下，应用科技大学因其职业技术取向的缘故，科研多以应用项目开发为主，同时偶尔直接受托于企业服务。当面对某些既需要理论高度又需要实践应用的复合型研究问题时，大学之间也会展开深度合作，形成合作创新的联合体。

在高校管理方面，政府并没有向大学让渡出全部的管理权，而是通过法令条文的形式引进第三方机构，实现了高校民主管理与校内自主管理的有机结合。整体来看，瑞士通过《高等教育法》，在改革瑞士大学联合会的同时组建新的管理机构，如成立瑞士高等教育机构会议，作为部门内最高的决策机构，其成员由联邦委员会成员和各州代表组成，专门负责协调联邦与各州的教研活动，特别是制定财务拨款和捐助方案；设置高等教育理事会（原瑞士大学联合会）与全体会议代发和执行机构会议条例，包括拟定学生的入学准则和学费数目、开展统一的继续教育和职业培训、建立流通的学生交换机制和连贯的学制等；保留由全体高校校长组成的校长联席会，负责在高校内部落实政府的相关要求；新建质量认证委员会，由学生、讲师及教授的代表组成，负责高校的认证工作，以监督不同类型学校的办学行为。[①] 在统一管理的基础之上，瑞士通过高等教育联合改革，将大学的内部治理权交予大学。每所院校都成立自己的基金会以管理学校所获得的各类拨款和捐助，基金会可以自由根据学校的发展需要规划相应的开支；成立各自的自治机构，如教授会，来具体负责拟定教师聘任制度，规划科研工作安排，制定学生培养方案等工作。

综上，瑞士高等教育管理体制以分权为特征，形成了分治与共治相结合、政府管理与大学自治相结合、协同配合与特色发展相结合、学术导向

---

① The Federal Council, "Federal Act on Funding and Coordination of the Swiss," https://www. ad-min. ch/opc/en/classified – compilation/20070429/index. html#a20, accessed November 1, 2019.

与职业导向相结合的模式，实现了发展创新。

（三）关注教师职业发展，打造高水平师资队伍

近年来，由于学生人数的不断扩大，高等教育领域的教师数量也随之大幅增长。2016~2017学年，瑞士高等教育机构的教师总人数为27907人（包括教授、有管理责任的讲师和其他讲师）。其中，联邦理工学院和州立大学的教师人数最多，占教师总人数的49%；应用科技大学其次，占比为41%；教师教育大学的教师仅占总教师人数的10%。[①] 随着教师人数的逐年增加，瑞士当局逐渐意识到应将注意力放在提升教师队伍质量上来，因此提出了一系列的举措。

1. 规范学术劳动力市场，明确招聘流程与晋升激励机制

20世纪90年代以来，由于瑞士高等教育领域实施了一系列的变革，瑞士的大学逐渐对内部事务拥有了更大的自主权，各大学对其内部的管理体制、师资配备、教学计划等都比以往拥有更大的自由裁决权。尤为重要的是，师资招聘的决策权力也从瑞士政府的手中，转移到大学的掌控之中。[②] 这使得原先瑞士各州之间学术市场不统一的现象进一步加剧。

学术市场的不统一导致高等教育领域内的师资流动受限以及教师质量不均衡现象的出现，这使得学术市场的整合成为瑞士高等教育领域的改革重点。作为长期给大学提供财政资助的机构，国家科学基金会逐渐在大学师资招聘和晋升结构中发挥出深远的影响。国家科学基金会不仅对研究项目提供资金支持，还设置了众多针对个人的资助项目，帮助不同学术阶段的学者完成其职业理想。正因为对学者实施长期的资金支持，国家科学基金会在新一代学者的选拔与确定上发挥了重要作用。例如，国家科学基金会在博士工作生涯的起始阶段引入了教授资助项目（The Fellow Professors Program），使得博士在毕业后短时间内获得教授头衔成为可能。再者，国家

---

① Federal Statistical Office （FSO）, "Staff in Educational Institutions – 2018 Edition," https://www. bfs. admin. ch/bfs/en/home/statistics/education – science/educational – staff/tertiary – higher – institutions. assetdetail. 6446987. html, accessed May 16, 2020.

② Gaële Goastellec, "Higher Education Systems and Institutions, Switzerland," In J. C. Shin and P. Teixeira eds., *Encyclopedia of International Higher Education Systems and Institutions*, Dordrecht, Springer Science + Business Media, 2017, https://link. springer. com/referenceworkentry/10. 1007% 2F978 – 94 – 017 – 9553 – 1_389 – 1, accessed June 11, 2019.

科学基金会发展了相当数量的终身教职，呼吁各大学提升助理教授的地位，引入终身助理教授（tenure track assistant professors）职级。① 为了配合国家科学基金会的工作，大学也采用与其相类似的职级结构并发展出可比较的招聘流程和规范，从而促进了学术市场的整合。换言之，通过国家科学基金会来影响大学的学术招聘与晋升流程，瑞士由此逐渐形成了一个规范的国内学术市场，其显著特点是有着明确的规划、清晰的招聘流程与晋升激励机制。②

如前所述，由于国内学术市场的整合，瑞士高等教育机构的教师队伍也拥有了相对统一的结构。以两所联邦理工学院为例，教学人员分为全职教授、副教授、助理教授和讲师等类型。其中，全职教授和副教授是由联邦理工学院理事会正式任命并分配其教学范围与教学职能的；助理教授和讲师的终身职位则是少之又少，联邦理工学院理事会对助理教授的聘期为四年，最多可续聘一次。也就是说，非终身职位助理教授在联邦理工学院的最长工作年限为八年。③

除了大学的学术招聘与晋升流程相对规范、统一，瑞士高等教育学术市场也存在着一些其他特点。其一，学术职级不同，学校所设置的全职和兼职岗位的比例也大相径庭。在所有高等教育机构的学术岗位中，兼职岗位的比例达到了 70%，④ 此外，在联邦理工学院和州立大学中，教授职级的全职岗位比例高达 90% 以上，非教授职级的教学全职岗位比例仅占 29%。⑤

---

① Gaële Goastellec and Nicolas Pekari, "Reforming Faculties' Careers: The Swiss Labor Market between Universalism and Particularism," In Christine Musselin and Pedro N. Teixeira eds., *Reforming Higher Education: Public Policy Design and Implementation*, Dordrecht: Springer, 2014, pp. 189 – 205.

② Gaële Goastellec, "Higher Education Systems and Institutions, Switzerland," In J. C. Shin and P. Teixeira eds., *Encyclopedia of International Higher Education Systems and Institutions*, Dordrecht, Springer Science + Business Media, 2017, https://link.springer.com/referenceworkentry/10.1007%2F978 – 94 – 017 – 9553 – 1_389 – 1, accessed June 11, 2019.

③ The Federal Council, "Federal Act on the Federal Institutes of Technology," https://www.admin.ch/opc/en/classified – compilation/19910256/index.html, accessed November 1, 2019.

④ Federal Statistical Office (FSO), "Staff in Educational Institutions – 2018 Edition," https://www.bfs.admin.ch/bfs/en/home/statistics/education – science/educational – staff/tertiary – higher – institutions.assetdetail.6446987.html, accessed May 16, 2020.

⑤ Federal Statistical Office (FSO), "Education Statistics 2019," https://www.bfs.admin.ch/bfs/en/home/statistics/education – science.assetdetail.12607178.html, accessed May 16, 2020.

其二，从总支出成本的结构来看，人员配备成本占据了高等教育机构支出的最大份额。2016年联邦理工学院和州立大学的员工费用支出占到了总支出额的65%，应用科技大学的相应比例为71%，教师教育大学的相应比例则达到令人惊叹的87%。① 其三，由于学校资助来源的多样化，教师工资也由多方资金构成：75%来自高等教育机构的核心预算支出，10%来自国家科学基金会，剩余的15%来自第三方资金支持。② 其四，学校对学术职级较高学者的关注度明显高于较低职级的群体。根据学术职级的不同，高等教育机构为具有教授和其他讲师职级的人员提供了其工资比例的92%，而只为助理人员和科学合作者提供了其工资比例的60%。③

2. 加大国际人才引进力度，增加外籍高水平教师数量

综观瑞士高等教育学术工作者的分类情况，国际教师的高比例数字赫然在列。在最高学术排名中，外籍教授人数占教授总人数的比例超过了半数，高达51.1%，未获教授职称的外籍教师占教师总人数的39.1%，68%的助理人员和科研合作者是外籍人士。④ 这一现象与瑞士的国际化发展战略举措密不可分。首先，瑞士是一个多语言的国家，德语区、法语区和意大利语区的高等教育发展呈现均衡发展态势，且其师资招聘都牵涉周边国家的学者，语言的互通性也使得师资的国际化较易实现。其次，瑞士国家科学基金会对研究项目和学者的资助，以及瑞士大学的现代化程度吸引了相当数量的外国学者来此发展。最后，作为高等教育高度发达国家，瑞士高等教

---

① Federal Statistical Office (FSO), "Statistics of Higher Education Institutions – 2018 Edition," https://www. bfs. admin. ch/bfs/en/home/statistics/education – science/finances – educational – system/higher – institutions. assetdetail. 5126822. html, accessed May 17, 2020.

② Office fédéral de la statistique (OFS), "Personnel des hautes écoles universitaires 2008," Cited in Gaële Goastellec and Nicolas Pekari, "Reforming Faculties' Careers: The Swiss Labor Market between Universalism and Particularism," In Christine Musselin and Pedro N. Teixeira eds., *Reforming Higher Education: Public Policy Design and Implementation*, Dordrecht: Springer, 2014, pp. 189 –205.

③ Office fédéral de la statistique (OFS), "Personnel des hautes écoles universitaires 2008," Cited in Gaële Goastellec and Nicolas Pekari, "Reforming Faculties' Careers: The Swiss Labor Market between Universalism and Particularism," In Christine Musselin and Pedro N. Teixeira, eds., *Reforming Higher Education: Public Policy Design and Implementation*, Dordrecht: Springer, 2014, pp. 189 –205.

④ Gaële Goastellec, "Higher Education Systems and Institutions, Switzerland," In J. C. Shin and P. Teixeira eds., *Encyclopedia of International Higher Education Systems and Institutions*, Dordrecht, Springer Science + Business Media, 2017, https://link. springer. com/referenceworkentry/10. 1007% 2F978 –94 –017 –9553 –1_389 –1, accessed June 11, 2019.

育优越的工作条件，国家大力资助背景下的较高薪酬待遇以及精英化教育所提供的强大的科研背景无一不吸引着世界各国的高级知识分子涌入其中。

（四）推行国际化战略，大力开展国际教育项目和研究合作

瑞士高等教育今天的辉煌，究其原因，不得不提及其发端于 20 世纪中后期的国际化发展战略。在此之前，瑞士高等教育致力于培养神职人员与贵族精英，慢慢脱离了主要知识生产的中心地带。强烈的危机意识使得瑞士教育领域的改革致力于大学的现代化，将改革重心放在诸如培养科学家和工程师等职业岗位的方向上来。然而，现存的制度以及科学家的数量远远不能满足改革的需求，瑞士当局吸引了大量外国学者（以德国人为主）来帮助其恢复长久以来被忽视的跨区域交流，国际化战略由此拉开序幕。[①]瑞士独特的地理位置及其多种官方语言和英语的广泛使用，大大减少了其高等教育在国际化发展道路上的阻力。

1. 加入"博洛尼亚进程"，参与欧洲高等教育区建设

为了跟上高等教育发展的国际潮流，瑞士积极加入了欧盟发起的博洛尼亚进程，参与到欧洲高等教育区的建设之中。"'博洛尼亚进程'的目标是建立一个全欧洲范围内的教育内部市场。通过协调 47 个欧洲国家的学习结构，引进文凭补充、欧洲学分体系和基准程序。"[②]"博洛尼亚进程"各项目标的实施，提高了瑞士高等教育体系的透明度和可比性，使其在欧洲范围内的学位认可度和国际流动性都得以提升。与此同时，"博洛尼亚进程"也为瑞士高等教育拓宽国际市场产生积极影响，各高校在科学研究方面进行了广泛的国际合作。瑞士高等教育院校不断强化与国际一流大学及相关企业研究的接轨，努力寻求合作机会，达成友好合作关系。苏黎世联邦理工学院 2018 年度报告显示，该校在科学研究方面与本国乃至世界各国的私营企业有着广泛的合作，其中国际合作的占比高达 45%，合作公司不乏微软和迪士尼等大型知名企业。苏黎世联邦理工学院甚至还参与了新加坡绿

---

① Franz Horváth, Karl Weber and Martin Wicki, "International, Research Orientation of Swiss Universities: Self – regulated or Politically Imposed," *Higher Education* 40 （2000）, pp. 389 – 408.

② Tonia Bieber, "Swiss Reforms in Higher Education: The Poster Child of the Bologna Process," In Achim Hurrelmann et al. eds., *Soft Governance International Organization Education Policy Convergence*, London: Springer, 2016, p. 173.

化工程的建设项目，以减轻城市热岛效应带来的酷热。[①]

2. 搭建国际平台，推动教育国际交流与合作

由于全球化趋势的推动，各主权国家纷纷将科技创新作为新世纪展示实力的重要指标。为了给科技发展提供助力，瑞士出台了《研究与创新促进联邦法案》，以立法的形式成立国家科学基金会和联邦创新局，以法律手段来确保研究经费的充足。此举既鼓励了高校根据自身特色进行科研创新，又积极搭建了国际合作平台。瑞士国家科学基金会不仅是促进科学研究的重要组织，其在外还开展国际研究合作，是连接瑞士国内与国际研究领域的重要纽带。此外，瑞士国家科学基金会对学者和学生的个人资助政策，对高等教育国际化战略的实施带来了积极影响。除了对学历和学习年限有一定的限制，国家科学基金会是否向学者和学生提供资助，主要依据被资助者的学术潜力。[②] 国家科学基金会的这一政策吸引了众多国家的学者来瑞士发展。以两所联邦理工学院和十所州立大学为例，截至 2018 年底，外国工作人员的人数占教职工总人数的比例达到了 48.8%，其中，拥有教授职位的人数比例更是高达 51.1%。[③] 由于大批的外国学者进入瑞士高等教育机构担任教师，外国学者在瑞士高等教育领域的影响力也逐步扩大。同时，较低的学费和入学要求也吸引了大量外国留学生进入瑞士高等教育机构进行学习。据统计，截至 2018 年，苏黎世联邦理工学院的国际学生总人数占学校学生总人数 39.4%，其中博士生人数的占比更是高达 72.9%。[④]

（五）改革财政资助体系，提高经费使用效益

一直以来，瑞士高等教育都以巨额的公共资金投入而著称于世，其生

---

① ETHZ, "ETHZ Annual Report 2018," https://ethz.ch/content/dam/ethz/main/eth – zurich/Informationsmaterial/GB18/ETH_GB18_EN_low.pdf, accessed May 12, 2020.

② Gaële Goastellec and Nicolas Pekari, "Reforming Faculties' Careers: The Swiss Labor Market between Universalism and Particularism," In Christine Musselin and Pedro N. Teixeira eds., *Reforming Higher Education: Public Policy Design and Implementation*, Dordrecht: Springer, 2014, pp. 189 – 205.

③ Federal Statistical Office (FSO), "Staff in Educational Institutions 2018," https://www.bfs.admin.ch/bfs/en/home/statistics/education – science/educational – staff/tertiary – higher – institutions/universities.html, accessed December 29, 2019.

④ ETHZ, "ETHZ Annual Report 2018," https://ethz.ch/content/dam/ethz/main/eth – zurich/Informationsmaterial/GB18/ETH_GB18_EN_low.pdf, accessed May 12, 2020.

均经费投入为欧洲各国之冠，2013 年度高等教育领域人均教育支出达 32200 瑞士法郎。近年来，瑞士接受高等教育的学生人数不断增加，绝大多数学生都进入了联邦理工学院和州立大学：2016 年，联邦理工学院和州立大学共招收学生 14.85 万人，这一数字比五年前增长了约 10%。同期，高等教育费用的上涨幅度超过 12%，达到 80 亿瑞士法郎。[①] 为了使各高等教育机构在发展过程中得到更加充足、更为有力的资金支持，瑞士当局多次对高等教育的财政体系进行改革和完善。

1. 扩大资助范围，确保高校办学经费充足

在 19 世纪 70 年代以前，瑞士国内高等教育机构的治理模式，基本上是州政府的直接管理与大学自治相结合。根据其所属关系，各高等教育机构的经费投入都由各州具体负责，联邦政府仅直接掌控苏黎世联邦理工学院。此时的高等教育机构的经费来源极其单一，在教育管理和资助方面，联邦政府与州之间互不交叉。1874 年宪法授予联邦政府参与州立大学资助的权力，然而此项政策直到 20 世纪 60 年代末《大学资助联邦法案》的正式颁布执行后，才得以全面实施。与此同时，该法案将洛桑联邦理工学院转变为联邦政府直接管理的第二所联邦理工学院，允许联邦政府通过直接发放补贴的方式对州立大学进行资助，或者通过国家科学基金会间接拨给其研究经费。当时，州立大学 30% 以上的经费都是通过这两个渠道获得的。[②] 其时，瑞士高等教育的财政体系初具雏形：两所理工学院完全由联邦政府通过整体拨款的形式给予资金支持；州立大学的教育经费则由联邦政府和州政府共同承担；当时还未纳入高等教育体系的职业技术学院（应用科技大学前身）则不属于联邦政府的财政资助范围之列，由所属的州政府和专业协会共同管辖，共担运维经费。

1999 年新《大学资助联邦法案》的颁布，为瑞士高等教育财政体系改革提供了新的法律框架。联邦政府发放的高等教育经费由教学经费和研究经费组成，其中教学经费以瑞士大学联合会规定教学时间内的学生人数为依据，

---

① Federal Statistical Office （FSO），"Education Finance – 2018 Edition," https：//www. bfs. admin. ch/bfs/en/home/statistics/education – science/finances – educational – system/higher – institutions. assetdetail. 4482591. html, accessed May 16，2020.

② Juan – F. Perellon，"The Governance of Higher Education in a Federal System ：The Case of Switzerland," *Tertiary Education and Management* 7 （2001），pp. 211 – 224.

占总经费的70%。研究经费取决于大学在第三方（包括欧盟在内）取得的资金数额，占总经费的30%。《州际合作协定》的签署为加强州之间大学管理事务的协调与合作铺平了道路。① 跨州求学的学生，其学费由生源州负责。此外，生源州政府还根据学生家庭的收支情况给予其一定的奖学金支持，但受资助的学生比例较小，5%～15%不等，因州而异。② 从那时起，大学的财政资助由联邦政府、州政府、生源州政府以及第三方投资共同负责。从图7－1可得知，联邦政府主要资助的是两所联邦理工学院，州立大学、应用科技大学和教师教育大学的主要经费来源于各大学所在的州政府，第三方私人资金也占到了大学经费总额的20%左右。

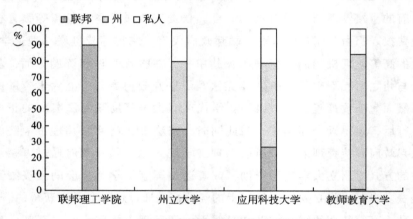

图7－1　2016年高等教育机构的财政资助情况

资料来源：Federal Statistical Office, *Education Finance 2018 edition*, Neuchatel：FSO, 2018.

2. "普惠"与"奖优"并举，激发高校办学活力

2015年1月1日开始施行的《高等教育法》对瑞士高等教育的财政体系作了进一步改革，确保高等教育机构在充足的公共资金支持下从事高质量的教学和研究。该法第41条规定，高等教育机构的财政资助应由联邦和州共同负责，同时，高等教育机构也应寻求获得足够的第三方资金来扩充

① Juan－F. Perellon, "The Governance of Higher Education in a Federal System：The Case of Switzerland," *Tertiary Education and Management* 7（2001）, pp. 211－224.

② Gaële Goastellec, "Higher Education Systems and Institutions, Switzerland," In J. C. Shin and P. Teixeira eds. , *Encyclopedia of International Higher Education Systems and Institutions*, Dordrecht, Springer Science＋Business Media, 2017, https://link. springer. com/referenceworkentry/ 10. 1007%2F978－94－017－9553－1_389－1, accessed June 11, 2019.

其教育资本。与原有资助法案不同的是，《高等教育法》第 47 条对联邦政府的资助方案进行了分类，其资助类型共分为基础补贴（basic contributions）、建筑物建造和使用支出补贴（contributions to cover expenditure for construction and use of buildings）、项目补贴（project contributions），每一种资助类型都有对应的资助条件及符合条件的机构，譬如教师教育大学只能获得特别项目补贴。[①]

对于基础补贴，根据学校类型的不同，其资助方式也大相径庭。联邦理工学院、州立大学和应用科技大学的基础补贴由教学补贴和研究补贴组成。高等教育部门内的其他机构则通过签署绩效协定，获得不超过其运营成本 45% 的联邦补贴。从这点可以看出，瑞士当局在提供财政资助的同时，并未放弃追求高质量的教学及研究成果，在一定程度上激发了大学办学的积极性与主动性。瑞士政府根据研究型大学自身的发展情况与研究任务给予资助，增强其办学的灵活性。

联邦政府和州政府给予的建筑物建造和使用支出的资助主要用于高等教育机构建筑物的建造和日常运维，此举极大地减少了大学在扩张硬件设施时所带来的经济压力，保障了一定水平的教学和研究资金，而政府给予项目资助的目的是鼓励大学间多进行有利于高等教育发展的协同与合作，增加高等教育机构之间的人才交流与信息流动。"教师教育大学获得项目补贴必须有应用科技大学或一级大学的参与"[②] 这一规定，更是淋漓尽致地体现了上述观点。与这类大学的合作，有助于教师教育大学获取更加先进的科研经验与教育理念。

最新颁布的资助条款有以下明显特征。

其一，政府资助范围扩大，重在"普惠"。在制度认可的前提下，高等教育机构及高等教育部门内的其他机构只要提供公共教育服务、对现有机构进行补充扩展和代替以及进一步执行高等教育机构的任务，都有资格获得联邦的基本资助，包括私立大学和职业技术学院等。截至 2018 年底，私

---

① The Federal Council, "Federal Act on Funding and Coordination of the Swiss: Higher Education Sector," https://www. admin. ch/opc/en/classified – compilation/20070429/index. html#a20, accessed November 1, 2019.

② The Federal Council, "Federal Act on Funding and Coordination of the Swiss: Higher Education Sector," https://www. admin. ch/opc/en/classified – compilation/20070429/index. html#a20, accessed November 1, 2019.

立学校获得资助的比例已高达 1/3。

其二，更加注重对受资助机构的质量评估，强调"奖优"。资助的发放并非仅在符合条件的前提下就可进行，法案更加关注高等教育机构在获得资助之后所取得的绩效表现，以确定下一步的资助计划。对于在质量评估中获得良好评价的学校，政府会酌情奖励部分资金，以鼓励其更加努力。

其三，高等教育理事会作为决策机构的地位得以进一步提升。资助发放的最后决策权或重要意见的提出都是由高等教育理事会在机构主管部门和联邦委员会的辅助下进行的，这体现了联邦政府通过对高校的资助，进一步增强对高等教育的宏观把控以及确保公共资金的谨慎有效使用的政策初衷。

其四，更加强调机构间的竞争与合作，尤其表现在研究资助的第三方资金获得和特别项目资助的要求方面。通过对高等教育机构与其他机构或高等教育机构间合作的研究项目的资助，鼓励高等教育机构开展自主研发与创新，有利于激发高校的创造活力及其竞争与合作意识。

（六）加强质量保障工作，完善高校内部质量认证体系

一直以来，瑞士高等教育的质量保障都被视为大学本身和州政府的特权，因此质量保障的方法多样，并缺乏一个统一的评价标准。为了抓住国内高等教育发展的重大机遇，瑞士于 1999 年 6 月签署《博洛尼亚宣言》，参与建设"欧洲高等教育区"。《博洛尼亚宣言》要求采用一种易于识别、可供比较的学位制度，采用一个基于学士和硕士的学位制度，建立欧洲学分转换体系，促进师生、研究人员、管理人员的流动以及质量保障的合作。[①] 建立"欧洲高等教育区"的客观需要使得建立一个统一的质量评估体系的诉求显得尤为迫切。

1999 年新《大学资助联邦法案》的通过，使得瑞士高等教育领域呈现多样化质量保障体系的现象受到了一定程度的遏制。联邦政府在瑞士大学联合会中设立了一个特定的机构——瑞士高等教育认证与质量保障中心（OAQ），负责高等教育机构的质量保障和认证工作，以确保其教育质量和

---

① Voldemar Tomusk, *Creating the European Area of Higher Education: Voice from the Periphery*, Dordrecht: Springer, 2007, p. 20.

研究工作水平。这一专门认证机构的成立，使得瑞士全国上下形成了一套统一的质量保障体系，为国际化战略的实施以及联邦对大学体系的质量监控工作提供了有力支撑。自 2006 年以来，联邦和各州每四年发布一次全国教育报告，分别列出高等教育机构在各方面的表现以及在教学和研究工作方面的贡献，形成了有效的监督机制。[①]

2015 年《高等教育法》的颁布，更是为各类高等教育机构的质量保障机制带来了新的法律框架。原有的质量保障与审计工作由瑞士认证委员会授权的瑞士高等教育认证与质量保障中心负责，现改为认证与质量保障局（AAQ）。作为独立的质量审计机构，认证与质量保障局的具体职能如下：（1）制定质量保障指南和标准，在瑞士高等教育机构中执行机构认证和计划认证程序。（2）充当外部合作伙伴，帮助高等教育机构设计合理的内部质量保障体系，维护并提高其教学和研究质量。（3）作为欧洲高等教育质量保障协会（European Association Network for Quality Assurance in Higher Education，ENQA）的成员，进行质量保障与认证的国际合作，在某些特定情况下参与国际评估。[②] 由于计划认证属于高等教育机构的自愿行为，笔者接下来将着重介绍审核高等教育机构内部质量保障体系的机构认证，包括认证要求、质量标准以及认证程序。

（1）认证要求

高等教育机构进行机构认证的目的是得到官方的认可，获得继续使用原有名称的权利以及获得联邦的经济资助。为满足机构认证的要求，各高等教育机构应建立一套完整的质量保障体系，并满足如下要求：①确保在多个领域提供优质的教学研究和服务；②符合《高等教育法》规定的相应办学要求；③高效率的管理结构；④决策民主化；⑤鼓励机会平等和性别平等的任务执行方式；⑥进一步实现经济、环境的可持续发展目标；⑦有效的监督机制等。[③]

---

① Lucien Criblez, "Switzland," In Wolfgang Hörner et al. eds., *The Education System of Europe*, Switzerland: Springer, 2015, p. 810.

② AAQ, "Mandate," https://aaq.ch/en/the－aaq/mandate/, accessed November 1, 2019.

③ The Federal Council, "Federal Act on Funding and Coordination of the Swiss: Higher Education Sector," https://www.admin.ch/opc/en/classified－compilation/20070429/index.html#a20, accessed November 1, 2019.

（2）质量标准

质量保障体系应考虑到高等教育机构的任务和目标，并且充分考虑其特点。为此，用于质量保障体系的资源必须与所寻求的目标相匹配。认证与质量保障局对高等教育机构认证的质量标准包括5个方面，详见表7-1。

表7-1　高等教育机构认证的质量标准

序号	一级指标	二级指标
1	质量保障战略	1.1 大学制定统一的质量保障战略。该战略包含质量保障体系的基本要素，以确保大学的活动与文化质量的长期发展。
		1.2 质量保障体系在考虑大学的类型和特定特征的基础上，验证大学是否履行其职责。
		1.3 质量保障流程明确，并规定大学所有成员，尤其是学生的参与，质量保障的责任分配清晰、透明。
		1.4 大学应定期分析质量保障体系的适应性，并进行相应调整。
2	管理	2.1 质量保障体系应确保大学能够履行其使命和战略目标。
		2.2 质量保障体系应提供与当前相关的定性与定量信息，为大学提供战略决策依据。
		2.3 质量保障体系应确保大学的代表团体具有适当的参与权，并确保具备独立运行的条件。
		2.4 大学在履行其职责时应考虑经济、社会和环境的可持续发展。质量保障体系应确保大学在这一领域设立目标并予以实施。
		2.5 大学应确保机会平等和实际的性别平等，质量保障体系应确保大学在这一领域设立目标并予以实施。
3	教学、研究和服务	3.1 大学的活动（主要涉及教学、研究和服务）应与其类型、具体特征和战略目标相对应，并且在大学职责范围内按照自由和独立的原则进行。
		3.2 质量保障体系应定期评估大学的教学、研究和服务，以及在这些领域取得的成果。
		3.3 质量保障体系应考虑到与"欧洲高等教育区"相关的原则和目标。
		3.4 质量保障体系应根据大学的任务制定符合录取的标准、学生成绩评估标准和颁发最终文凭的标准，并且确保这些标准系统、透明，且被一致地定义、传达和应用。
4	资源	4.1 大学应在其主管部门的许可下，确保其人力资源、基础设施和财务手段能够持续经营并实现其战略目标。财务资源和融资条件的来源和分配应透明。
		4.2 质量保障体系应确保全体人员符合大学的类型和特点，并且进行定期评估。
		4.3 质量保障体系应确保大学支持其全体员工，特别是新一代科学家的职业发展。

续表

序号	一级指标	二级指标
5	内外部信息交流	5.1 大学应公开其质量保障战略，并且确保员工、学生和必要时的外部利益相关者都知晓与质量保障过程及其结果相对应的规定。
		5.2 大学应定期公布有关活动、学习项目和所授学术学位方面的真实信息。

资料来源：The Federal Council，"Ordinance of the Higher Education Council on Accreditation within the Higher Education Sector，" https：//www. admin. ch/opc/en/classified - compilation/20151363/index. html，accessed November 1，2019。

（3）认证程序

认证程序主要包括以下几个步骤。①自评阶段。第一，高等教育机构向瑞士认证委员会提交书面申请，若审核通过将交由瑞士认证与质量保障局进行质量评估。第二，成立专门的质量审计小组，高等教育机构需对自身的质量保障工作进行自评，并形成书面的自我评估报告。②外部评估阶段。瑞士认证与质量保障局成立外部专家评审小组，通过高等教育机构提交的自评报告和对其进行现场访问情况得出初步的评审报告，必要时对高等教育机构提出质量改进的建议。③建议提交阶段。认证与质量保障局根据高等教育机构的自评报告和专家组的评审报告，向瑞士认证委员会提交认可建议书。④决定阶段。瑞士认证委员会根据认证与质量保障局提供的资料，对受评估的高等教育机构进行认可决定并予以公布。高等教育机构一经认可，将拥有7年的有效期，而后再进行二次认证。①

可见，以上计划认证的具体细则在各个维度上对瑞士高等教育机构进行了一个全方位的质量控制，让机构在追求教学与研究质量的同时不脱离正确航线。高等教育质量保障体系的完整构建，使得瑞士国内各类高校能够齐头并进，时刻保持危机意识，是瑞士高等教育质量维持较高水平的一大有力举措。

---

① The Federal Council，"Ordinance of the Higher Education Council on Accreditation within the Higher Education Sector，" https：//www. admin. ch/opc/en/classified - compilation/20151363/index. html，accessed November 1，2019

四 瑞士高等教育发展创新的基本经验

（一）完善制度建设，进一步规范高等教育领域的办学行为

瑞士高等教育领域内存在一套完整的法律体系，从根本之法《瑞士联邦宪法》起，到《高等教育法》与其诸多下位法，瑞士通过合法制度的形式塑造了适合其高等教育发展的外部生存环境和内部运行机制。

瑞士通过宪法为高等教育领域奠定了分权管理的基调，不仅明确了联邦政府与州政府在高等教育领域内的权力与责任边界，更进一步推动了瑞士高等院校的分类发展和特色办学。由联邦直接管理的两所理工学院有针对性地建设理论性强、逻辑性强的自然学科，由各州负责运营的地方高校主要往综合性大学的道路发展，并因地制宜地开设特长学科及专业。

瑞士颁布的《高等教育法》层次更深、范围更广地规范了高等教育办学和治学行为。除传统的学术型联邦学院和州立大学之外，由双轨制所衍生出来的职业教育催生了多种形式的新式应用型大学，例如应用科技大学、教师教育大学等。传统大学和新式大学的运营都得到《高等教育法》的规范和保障。另外，法律对于高校自主的认可，使瑞士高等教育领域内府学关系缓和，政府简政放权，高校获得更多特色发展的自由和可能性。

除去办学和学校管理之外，瑞士法律体系全面考虑到了诸如科研立项、教学服务、质量保障、资金规划等高校发展的各个方面。详细完整的制度结构和法律体系是瑞士高等教育逐步强盛与实现特色发展的基本保障。

（二）推行简政放权，促进高等教育机构分类发展与特色发展

瑞士高等教育之所以能发展出特色并享誉全球，是因为其开辟出一条独具特色的发展路径，涉及高校的管理模式、发展机制、府学关系等多种层面。从中，笔者提炼出最具代表性的两点。

1. 双轨并行，推动高等教育机构多元化发展和人才培养模式的多样化

瑞士高等教育能呈现出如今丰富多元的样态，与之积极发展职业教育息息相关，政府和高校共同努力不断促成高等教育领域内"学术与技术"双轨并置、双驾齐驱的局面形成。双轨制的成功实施在保证高等教育机构

类型的多样的同时，也帮助瑞士实现了人才的良性分流。

首先，高校分类发展是双轨制实行的前提保障。如前文所述，瑞士高等教育院校由于办学机构特性的不同，其目标定位和发展方向有所不同。两所理工学院专注于高精尖技术领域的探索；州立大学更加综合，偏向于复合型人才的培养；联邦与州政府共同管理的应用型大学特色种类更多，包括教师教育大学、应用科技大学及各类职业专科院校，它们重点服务于应用技术人才的培养。传统大学与新式大学在人才培养方面有不同的定位，前者以学术为主，后者以技术为重，二者共同发展为国家人才培养提供了更多的可能性。

其次，瑞士高等院校保持学术与职业的互动式发展，充分利用丰富的高校类型，使人才培养机制更加灵活与合理。与传统意义上双轨学制导致社会等级分流不同，为了促成高等教育多元化发展和建立人才的良性流动机制，瑞士并没有严格地将学术与技术分离，而是构造起一个双轨互动的空间。例如会考制度中，普通教育背景的学生取得职业证书之后也有选择技术型大学的权利。普通教育背景的学生可以向职业教育流动，职业技术教育的学生也可以参与应用型研究，入读学术型大学。瑞士充分保障了学生教育途径中的多种可能性，也尊重学生在学术与技术道路上的选择与兴趣。

2. 扩大大学自主权，促进高校结合自身优势特色发展

瑞士高校的自主权很大部分来自政府的让渡和许可，政府和高校的权力平衡正是瑞士高等教育发展出特色并享誉全球、瑞士科研学术居世界顶级水平的重要因素之一。瑞士政府应许高校尽可能大的自治权利以求能最大限度地实现院校特色化办学，这些自主权主要体现于财政自主支配、高校自我管理、教学自主安排、学术研究自由等多个方面。

从财政自主来说，一方面政府划拨固定经费之后并不限制大学的开支途径，高校可以根据自身的实际需求来规划财政支出，换言之，高校可以按照自身的学校定位大力地建设特长学科和特色专业。另一方面，政府也许可大学接受来自社会的专项资助，这类资助由于通常聚焦于某特定领域的研究或生产技术的研发，因此大幅提升了高校特色学科的建设水平，也减轻了政府的财政负担。相较于国家的统一规划，高校的经济自主为其长久性的特色化发展奠定了基础。因为学校自己更清楚自己的发展目标和近期规划，

所以在作为发展基础的经济自主得到保证的基础之上，瑞士高校在学科建设、科研立项、后勤保障等诸多其他方面获得了更大、更灵活的创新空间。

在自我管理方面，瑞士高校内部成熟的校自治组织构成了有机的系统整体。各组织成员综合性极高，既有来自教学技术岗位的教授、普通助教，也有行政管理人员，甚至后勤工作者、学生等。多样的校级组织人员构成使高校能够全方位地了解学校各子系统的运行程序和困难，并做出更有利于学校建设的合理决策。不同的校内管理组织有序分工，根据组织内部不同的运行机制负责学校的不同事宜，协作推进学校有条不紊地开展教学和科研活动，例如校内基金会掌管学校资金的收纳和支出、教授会协商教师的晋升机制和资薪结构、学生会专注学生的需求和建议反馈等。另外，行政管理人员的选拔和任命也会受到政府的监督和管理。

就教学自主来看，双元制是瑞士高校教学模式中最突出的表现之一，也是瑞士实现特色专业培养技术人才的一项重要经验。双元模式就是一种学校与企业（工厂）合作教学的方式。双元制的实施将高校与社会紧密地联系起来，实现校、企在人才培养"交易"中共赢。就高校而言，一方面，双元制无疑缓解了高校培养专业应用型人才的压力，因为高校受到资金、场地等方面的实际限制，在为学生开设实训课程时显得心有余而力不足；另一方面，高校以"企业的实际生产为方向、以企业的市场认证为标杆"来制定人才培养方案，使之培养出的人才更加贴合社会的需要，打破了高等教育以往因以繁重的知识传授为己任所塑造出的"象牙塔"形象。从企业利益的角度来看，高校输送过来的学生作为成熟的劳动力不仅素质更优，更符合企业发展的需要，而且其培养成本更低；既充满学习和工作的热情，又能带来帮助企业迅速更新理念和优化生产线的技术。瑞士政府通过放权于大学，让高校自主探索出一条人才培养的路径，并产生积极的社会效益，改善了社会生产与高等教育分离的局面。

在学术自由方面，瑞士之所以能实现科研兴盛、学术兴旺，很大程度上与高校的学术自由、科研自由分不开。作为科研战略基地之一的高等院校，在学术方面没有受到瑞士政府的过多干预和管理。相反，瑞士政府极其鼓励和支持高校能够根据学校特色开辟出属于自己的研究领域和发展路径。正如前文中所提及的，两所联邦理工学院以高端技术和科研理论创新作为自身的特色，被界定为研究型高校；州立大学是综合型大学，其学术呈现出多样化、多层次的特点，既有形而上的理论层面的研究，又有面向操作性强的技术层面的应用及服务；应用科技大学更多专注于理论的实践应用，积极面向一线生产的客观需求，支撑生产技术的革新。此外，瑞士还凭借着较高的薪酬待遇和较高的学术岗位大力引进科研人才，在人才引进标准上只考量科研人才的科研能力与学术业绩，而不考虑其国界、族裔、信仰与性别等因素。

（三）加强师资建设，厘清教师的职业发展路径和晋升通道

为了打造具有国际竞争力的高等教育，瑞士当局清楚地意识到教师的基础性作用。作为联邦性质的国家，瑞士高等教育的地方自主权和学校自主权普遍较高，因此导致了在教师招聘流程及其晋升渠道上的大不相同，进一步形成了区域间和校际教师质量的差距和流动受限等问题。为了缓解这一状况，瑞士当局通过瑞士国家科学基金会以资金注入形式进行宏观调控，使得高等教育学术市场分散的招聘与晋升流程得以系统整合。除了解决师资质量不均和流动受限的问题之外，瑞士国家科学基金会还通过对个人的大力资助，为学者走上教师岗位并快速获得相应职称提供了极大便利。从瑞士政府的一系列做法中，我们可以总结出以下经验。

第一，发挥政府的宏观调控作用，给教师职业发展助力。毫无疑问，瑞士政府在加强师资建设方面发挥了极大作用。国家科学基金会通过项目补贴的方式给学校以相应的研究资金。学校通过研究项目，向国家科学基金会申请相应的资金补贴，以期获取更多的研究资金。更多研究资金的获得使得教师在进行学术研究的同时，有了更大的空间和更多的可能性，这为教师取得研究业绩和职称评定提供了巨大助力。

第二，加大对年轻学者的资助力度，为高校的师资力量注入鲜活的生命力。瑞士国家科学基金会大力实施面向学者个人的资助项目，旨在帮助处于职业生涯不同阶段的学者解决经济上和研究中的困难。初出茅庐的年轻学者得以有机会在短时间内获得教授头衔，学术领域内论资排辈的现象大为缓解，更加鼓励了学者坚定地从事学术研究。瑞士国家科学基金会还针对某些个人自主研究项目，持续性提供 4～6 年资助，使得研究人员可以心无旁骛地进行原创性研究。从如此种种的资助项目可以看出，瑞士致力于打造一个几乎单纯凭借学者个人能力来实现职级晋升的职业发展模式，

这对于大多数满怀着憧憬的年轻教师来说无疑是重大的发展机遇。

（四）扩大教育开放，大力引进国际人才和推动教育合作

坚持合作是瑞士发展高等教育、提升教育实力的关键之一。瑞士对内推动校际联合，坚持以强校带动弱校发展，以传统大学推动新型大学发展；对外积极开展国际合作，始终秉持开放的态度，努力寻求国际合作的机会，踊跃搭建国际合作平台。如今，瑞士高等教育模式在国际上的影响力颇大。笔者认为，瑞士高校国际化之所以取得如此显著成果，主要涉及两种路径：一是以高回报引进技术人才；二是积极推动国际教育合作。

1. 开放全面科研合作，引进科研技术人才

随着全球化的不断加强，信息共享成为立足国际的必然条件，跨国知识网络的建立被视为协助国家可持续发展的重要因素。瑞士本就是极度重视科研创新的国家，在全球化的推动下，科研领域的国际合作显得更加迫切。瑞士通过全方面寻求国际合作领域、以有效的聘用机制争取国际人才等多种途径，已然成为国际科研技术领先国家。

瑞士的国际科研合作有两大突出特点：合作领域广和国际化人员构成比例高。在合作领域方面，瑞士高校的科研合作对象不仅仅只有海外高校，还涉及许多全球性企业研发部，例如联邦理工学院与国际企业的诸多科研合作，同时还形成了不同科研目标和领域的各类国际大学联盟。宽泛的国际合作使得瑞士科研实力不断提高，并能够始终保持在国际学术前沿。在国际化人员构成方面，瑞士凭借着优越的地理位置和雄厚的经济实力，大力引进国际性人才，并确立了国际研发岗位工作人员招聘机制。同时，瑞士给予国际工作者优厚的待遇和充足的研究经费，瑞士科研领域内过半数学者、专家等科研人员来自外国。另外，瑞士鼓励女性研究者参与学术探讨和科研实验，以同等的待遇和资源引进女性学者。大量国际工作人员的参与缓解了瑞士国内高技术研发人员短缺问题，提高了瑞士的科技研发能力。

2. 开展国际合作，促成强势专业海外联合办学

瑞士国际联合办学既涵盖本国高等院校在海外开办分校，也包括引进海外优秀的办学经验。目前，瑞士已与中国、美国、英国、俄罗斯等多个国家达成了国际合作，共同鼓励高等院校开展跨国项目。

瑞士支持的高校国际合作项目形式丰富，包括合作留学项目、交换生、

学分互认、师资交流等多种途径，以中国与瑞士的高校合作项目为例，上海工程技术大学高等职业技术学院和瑞士库尔技术与经济应用科技大学联合开设了国际商务专业（旅游与商务管理方向）；中瑞酒店管理学院与瑞士格里昂酒店管理大学、理诺士国际酒店管理学院都开设了留学项目；桂林旅游学院酒店管理专业部分师资获得瑞士洛桑酒店管理学院的认证教师资格……另外，瑞士高等教育的国际合作还包括了海外分校的引进，如瑞士与美国合作的日内瓦韦伯斯特大学是韦伯斯特大学最大的一所海外分校。

高等教育国际合作办学对瑞士而言，既可以宣扬自己国家的教育主张，将某一领域中的成功经验分享至别国，使瑞士模式得到国际认可，提高瑞士在国际高等教育领域中的影响力；也可以吸收别国的先进教育思想和经验，弥补自身薄弱领域的不足。另外，通过国际合作办学，瑞士接纳的大量外国留学生也成为其潜在劳动力。

（五）改革资助体系，确保办学经费充足与使用高效

瑞士各类大学由于所属关系和类型的不同，所受到的资助水平也有很大差距，这导致了各类大学在发展程度上的参差不齐。意识到此类问题后，瑞士相应改革了资助体系，大部分大学都可以得到来自联邦政府及当地政府的联合经济支持。这为原本经济相对落后地区的大学带来了福音，保证了它们的教学及科研水平。解决了办学经费差距悬殊的问题之后，瑞士再度通过《高等教育法》，规定了联邦资助金的申请细则，打造了资金来源的多样化、资金组合多元化以及集竞争性与合作性于一体的高等教育公共资助模式，进一步促进了经费的高效使用。

瑞士高等教育经费来源由联邦政府、各大学州、第三方资金和极少数学费组成。外部资金来源的多样化即成本分担，意味着某一资助来源方所承受压力的缩小，有利于高校获取长期稳定的外部经费投入及学生入学经济压力的减小，间接推动了教育公平。据学者布鲁斯·约翰斯通（Bruce Johnstone）归纳，成本分担的合理性主要体现在三个方面：第一，受政府财政紧缩的影响，高等教育对政府拨款之外的资金有着客观的需求，发展中国家高等教育机构对此的需求尤其迫切；第二，从社会公平的角度来看，高等教育的受益对象有责任分担部分的高等教育成本；第三，从自由主义

经济学的角度出发，成本分担能提高效率。[①]

资金组合的多元化是指瑞士联邦的资助由基础补贴、建筑物建造和使用补贴及项目补贴组成。在给学校提供维持其正常教学活动的教学补贴的前提下，联邦政府还不忘鼓励高校进行科学研究，给致力于基础研究和应用研究的高校以研究补贴，减少在其他领域额外支出的负担。将基础补贴分成教学补贴和研究补贴，同时保障了教学与科研经费的使用，防止了重科研、轻教学等不良现象的发生。

竞争性与合作性为一体的公共资助模式主要体现在瑞士国家科学基金会对研究项目的补贴，以及联邦通过质量审核结果给予的公共资助上。获得更多第三方研究资金的高校更加容易获得丰厚的研究补贴，校际合作研究项目也是获得研究补贴的另一种方式。竞争与合作为主题的资助特色，使得瑞士在间接资助手段的作用下，激励大学合理地使用资助经费助推教学与研究的发展，进一步提升瑞士高等教育的整体质量。

（六）开展质量认证，形成高校自我评估与自我改进的良性循环

高等教育质量保障不仅关系到高校的长远发展，学生个人的素质提升，更加牵涉整个社会的科技文化发展。21 世纪前，瑞士高等教育领域内的质量保障体系尚未形成，全靠不同大学所在州的考核和部分学校的自觉评估，具体做法因机构而异。鉴于 20 世纪末欧美国家兴起的高等教育质量保障活动，全世界纷纷把目光投放到加强自身高等教育的质量管理上来。与此同时，"博洛尼亚进程"的要求以及资助预算的限制使得瑞士于 2001 年催生了一个全国统一的质量保障体系，并设立瑞士认证与质量保障中心，让这样一个专门机构监督和协助各高校建立自己的质量保障体系。经过十几年的发展，新的质量审计机构——瑞士认证与质量保障局产生，对瑞士高等教育质量保障体系做出了进一步完善，使得瑞士高校逐渐形成自我评估与自我改进的良性循环，为瑞士高等教育质量的不断改进持续提供了重要保障。

1. 促进各高等教育机构建立一个完善的内部质量保障战略

有了特定的质量保障战略，大学就有了明确的发展目标，质量保障战

---

① D. Bruce Johnstone, "Cost Sharing in Higher Education: Tuition, Financial Assistance, and Accessibility in Comparative Perspective," *Czech Sociological Review* 3 (2003), pp. 351 – 374.

略在大学的教学和研究等方面做出了具体细致的要求以及评价准则。大学
的质量保障战略必须是符合本身发展特色以及现状的，设立过程本身也有
利于大学自省，只有对自身有了充分清晰的认识，大学才能制定出利于其
发展的相关战略。瑞士高等教育机构认证标准指出，大学质量保障流程与
权责分配应清晰明确，必须确保所有人员尤其是学生的参与，此举有利于
大学民主自治。

2. 发挥大学在质量评估过程中的主动性与积极性

在瑞士认证与质量保障局对大学进行机构认证的过程中，大学需要进
行认证申请，并有自评环节，在外部认证专家人员的确认上，大学也可对
其进行合理质疑，必要时还可申请取消个别专家的参与资格。显然，瑞士
高等教育机构在接受质量评估时，并不只是一个消极的角色，而是充分地
发挥了自身的主观能动性，这有助于联邦在对其进行质量评估时，充分考
虑到各高校自身的办学特色及发展特点。

3. 注重学生在质量保障体系中至关重要的作用

从大学内部质量保障程序明确要求学生的参与，到专家评审小组中学
生专家的参与，不难看出瑞士当局在关注学生在大学内部管理机制内话语
权方面的努力。学生作为大学主要的利益群体之一，拥有充足的主动性和
创造性，能够提出一系列基于学生视角的意见和建议，使大学更好地服务
于学生，并提升教学和管理质量。

4. 关注质量文化的创建与发展

"质量文化"一词始于 2002 年开始的欧洲"大学质量文化工程"，该工
程一共实施了三轮，先后有来自 36 个欧洲国家的 134 所高校参与，瑞士联
邦作为资助国也参与其中。① 在确定"质量文化"一词时，欧洲大学联合会
（EUA）认为，质量保障不单单包括自上而下的官僚式质量管理，而应该成
为一个高等教育机构中集体的共识。"质量文化"强调了质量保障与提升是
一种集体的共同责任和价值观念，包括学生与教师在内的所有成员都应该

---

① European University Association，"Developing an Internal Quality Culture in European Universities：Report on the Quality Culture Project 2002 – 2003，" http：//www. ffzg. unizg. hr/kvaliteta/wp – content/uploads/2015/10/B302 – eua_ developing_ internal_ qculture. pdf，accessed December 29，2019.

参与其中。① 瑞士认证与质量保障局在质量保障标准中也指出，高等教育机构的质量保障战略必须确保质量文化的长期发展，瑞士对于质量文化的重视程度不言而喻。

---

① European University Association, "Quality Culture in European Universities: A Bottom - Up Approach," https://eua. eu/downloads/publications/quality% 20culture% 20in% 20european% 20universities% 20a% 20bottom - up% 20approach. pdf, accessed December 29, 2019.

参考文献

著作

安德烈亚斯·弗利特纳编著《洪堡人类学和教育理论文集》，胡嘉荔、崔延强译，重庆大学出版社，2013。

安延：《通往精英之路——法国大学校与中国留学生》，商务印书馆，2015。

陈洪捷：《德国古典大学观及其对中国的影响》，北京大学出版社，2015。

陈永明：《教育经费的国际比较》，天津教育出版社，2006。

陈玉琨：《教育评估学》，人民教育出版社，1998。

都昌满：《从走近到走进：美国高等教育纵览》，上海交通大学出版社，2017。

贺国庆：《德国和美国大学发达史》，人民教育出版社，1998。

贺国庆、王保星、朱文富等：《外国高等教育史》，人民教育出版社，2003。

蒋广学、朱剑：《世界文化词典》，湖南出版社，1990。

瞿葆奎：《教育学文集·美国教育改革》，人民教育出版社，1989。

林晓：《美国中北部协会院校认证标准与程序研究》，浙江大学出版社，2010。

刘敏：《法国综合性大学治理模式与自治改革研究》，北京师范大学出版社，2015。

吕一民、钱虹、汪少卿、应远马：《法国教育战略研究》，浙江教育出版社，2014。

马立武：《美国高等教育发展与宪法权利保障》，辽宁人民出版社，2013。

彭克宏：《社会科学大词典》，中国国际广播出版社，1989。

彭未名等：《新公共管理理论》，华南理工大学出版社，2007。

齐兰芬：《教育资助若干问题研究》，天津古籍出版社，2011。

唐霞：《英国高等教育质量保证体系》，北京师范大学出版社，2012。

唐小松主编《加拿大发展报告（2018）》，社会科学文献出版社，2019。

田恩舜：《高等教育质量保证模式研究》，中国海洋大学出版社，2008。

王斌华：《澳大利亚教育》，华东师范大学出版社，1996。

王承绪：《国际教育纵横——中国比较教育文选》，人民教育出版社，1999。

王定蕊：《美国高校董事会制度：结构、功能与效率研究》，高等教育出版社，2010。

王文新：《法国教育研究》，上海社会科学院出版社，2010。

张帆：《德国高等学校的兴衰与等级形成》，北京师范大学出版社，2012。

张乐天：《高等教育政策的回顾与反思》，南京师范大学出版社，2008。

张人杰：《法国教育改革》，人民教育出版社，2003。

中华人民共和国国家教育委员会财务司：《教育经费筹措管理与效益研究》，天津大学出版社，1993。

〔英〕亚·沃尔夫：《十六、十七世纪科学、技术和哲学史》，周昌忠等译，商务印书馆，1991。

〔加〕约翰·范德格拉夫：《学术权利——七国高等教育管理体制比较》，王承绪译，浙江教育出版社，2001。

〔英〕约翰·西奥多、梅尔茨：《十九世纪欧洲思想史（第 1 卷）》，周昌忠译，商务印书馆，1999。

Alan Barcan, *A History of Australian Education*, New York: Oxford University Press, 1980.

Joseph N. Moody, *French Education since Napoleon*, Syracuse University Press, 1978

Louis Liard, *L'ensignment Supérieur en France, 1789 – 1889*, Paris, 1909.

Richard Layard, John King and Claus Moser, *The Impact of Robbins – Expansion in Higher Education*, Harmondsworth, 1969.

Tony Becher and Maurice Kogan, *Process and Structure in Higher Education*, London, 1992.

期刊论文

曹丹平、印兴耀：《加拿大 BOPPPS 教学模式及其对高等教育改革的启示》，《实验室研究与探索》2016 年第 2 期。

陈凡：《大学生可迁移技能评价：方法和影响机制——以加拿大女王大学为例》，《外国教育研究》2017 年第 3 期。

陈芳：《加拿大高等教育国际化政策及评析》，《煤炭高等教育》2005 年第
　　6 期。

陈露茜：《联邦管控、自由市场与新中产阶级：对 1958 年美国〈国防教育
　　法〉的再审视》，《教育学报》2018 年第 3 期。

陈鹏、陈志鸿、张祖新、弓建国、刘长旭：《美国高校师资管理目标及外化
　　评价指标研究》，《中国高教研究》2009 年第 1 期。

陈瑞华、郭秋生：《〈继续教育和高等教育法（1992）〉对英国高等教育发展
　　的影响研究》，《喀什大学学报》2019 年第 9 期。

陈武元：《美日两国高校经费筹措模式及其对我国的启示》，《高等教育研
　　究》2018 年第 7 期。

程序：《美国高等教育内部质量保障机制及其启示》，《江苏高教》2016 年
　　第 2 期。

程幼强、史津、王繁珍、宁月茹：《英国高等教育发展史回顾、现状分析与
　　反思》，《天津大学学报》（社会科学版）2006 年第 3 期。

崔骋骋：《英国高校教师发展的"楷模"——剑桥大学教师个人与专业发展
　　中心的经验与启示》，《比较教育研究》2016 年第 38 期。

崔瑞丽、郭和平：《中法高等教育质量评估比较》，《学理论》2012 年第
　　2 期。

戴少娟、许明：《英国大学教师专业发展标准述评》，《福建师范大学学报》
　　（哲学社会科学版）2014 年第 5 期。

冯骊：《美国联邦〈高等教育法〉立法 40 年回顾》，《河南大学学报》（社
　　会科学版）2007 年第 3 期。

冯旭芳、李海宗：《法国高等教育质量评估机制对我国的启示》，《教育探
　　索》2008 年第 11 期。

高书丽、杨艳芳：《加拿大 UBC 大学教学借鉴与启示》，《全国商情》（理论
　　研究）2011 年第 12 期。

高迎爽：《从集中到卓越：法国高等教育集群组织研究》，《清华大学教育研
　　究》2012 年第 1 期。

龚懿、王娟、张礼华：《工科院校学生实践能力培养模式探讨——以加拿大
　　麦吉尔大学工学院为借鉴》，《大学教育》2019 年第 8 期。

桂华：《浅谈英国高等教育管理体制》，《贵州大学学报》（社会科学版）

2008 年第 4 期。

国缪苗、许明：《20 世纪 90 年代以来英国高等教育质量保障机制的变迁》，《比较教育研究》2005 年第 12 期。

汉斯·G. 舒尔茨、李素敏：《正在变化的加拿大大学财政及管理模式》，《中国高教研究》2006 年第 10 期。

黄小龙：《加拿大大学的科学研究》，《外国教育动态》1991 年第 6 期。

黄晓敏：《查尔斯·范海斯：把大学送到人民中间》，《教育与职业》2014 年第 19 期。

纪俊男：《法国发布〈高等教育与科研白皮书〉》，《世界教育信息》2017 年第 8 期。

蒋家琼、郑惠文、龚慧云：《加拿大高校学生学习成果评估的内容、方法及启示》，《大学教育科学》2020 年第 3 期。

焦高园：《大学推广运动英国高等教育改革的助推器》，《河南财政税务高等专科学校学报》2018 年第 32 期。

阚阅、王蓉：《奥巴马政府高等教育改革方案解析》，《中国高教研究》2014 年第 8 期。

李桂山、郭洋：《加拿大高校产学合作教育及其借鉴意义》，《国外社会科学》2010 年第 3 期。

李函颖：《英国大学科研创新力及其原因探究》，《高等教育研究》2013 年第 5 期。

李婧：《澳大利亚新助学贷款计划起争议》，《比较教育研究》2008 年第 2 期。

李峻、尤伟：《从〈贾纳特报告〉到〈迪尔英报告〉和〈兰伯特回顾〉——1980 年代以来英国大学市场化治理的历程与启示》，《高教探索》2009 年第 3 期。

李礼：《加拿大高校学术道德与学术规范教育探析——以多伦多大学和滑铁卢大学为例》，《比较教育研究》2012 年第 9 期。

李轶凡、丁欣昀、李军：《英国〈国际教育战略：全球潜力、全球增长〉述评》，《世界教育信息》2019 年第 32 期。

李振兴：《英国研究理事会的治理模式》，《全球科技经济瞭望》2016 年第 11 期。

李志民：《法国科研机构概览》，《世界教育信息》2018 年第 7 期。

廉睿、高鹏怀：《加拿大"大学理念"的孕育历程及其全球意义》，《黑龙江高教研究》2016 年第 9 期。

刘强、刘浩：《当前英国高等教育改革的路径与发展方向——基于〈高等教育与科研法案〉的分析》，《比较教育研究》2018 年第 8 期。

刘少林：《加拿大高校教师队伍管理制度管窥》，《外国教育研究》1998 年第 3 期。

刘新民、张盈盈、王本峰：《加拿大高校的筹资机制及对我国大学的启示》，《山东科技大学学报》（社会科学版）2007 年第 5 期。

刘学、张树良、王立伟、牛艺博：《英国科研诚信体制建设的经验及启示》，《科学管理研究》2017 年第 6 期。

刘岩：《澳大利亚跨境高等教育质量保障政策的嬗变与启示》，《外国教育研究》2019 年第 2 期。

刘一彬：《本土化与国际化的融合：加拿大高等教育发展的特点及其启示》，《学术论坛》2010 年第 6 期。

马桂花：《加拿大高校 seminar 教学模式及其启示——以约克大学为例》，《高教探索》2018 年第 10 期。

马立红、王文杰：《加拿大滑铁卢大学国际化的特色与启示》，《黑龙江教育》（高教研究与评估）2014 年第 10 期。

马颖、范秋芳：《美国高等教育管理体制对中国高等教育改革的启示》，《中国石油大学学报》（社会科学版）2014 年第 4 期。

钱厚斌：《法国教育督导制度建设的经验及其启示》，《教育探索》2012 年第 8 期。

钱旭鸯：《加拿大高等教育协同治理的现代性分析——联邦政府的角色转变与治理实践》，《比较教育研究》2019 年第 11 期。

任文杰：《澳大利亚高等教育质量保障体系探讨》，《江苏高教》2018 年第 6 期。

盛夏：《率先建设国际一流科研机构——基于法国国家科研中心治理模式特点的研究及启示》，《中国科学院院刊》2018 年第 9 期。

孙平生：《加拿大高等学校的资金筹措与管理》，《中国电力教育》2008 年第 4 期。

孙巍：《法国高等教育内部管理体制及其运行模式研究》，《沈阳工程学院学报》（社会科学版）2007 年第 3 期。

唐信焱、吴小伶：《从多伦多大学国际化观照加拿大大学国际化发展》，《世界教育信息》2010 年第 4 期。

汪小会、孙伟、俞洪亮：《法国高校的国家评估及对我国的启示》，《上海教育评估研究》2016 年第 6 期。

王磊：《加拿大高等教育特色研究——以创造积极的教学环境为中心》，《西部法学评论》2012 年第 3 期。

王晓辉：《大众化背景下的精英教育》，《清华大学教育研究》2006 年第 8 期。

王晓辉：《20 世纪法国高等教育发展回眸》，《高等教育研究》2000 年第 2 期。

卫建国：《英国大学以学生为中心的优质教学探析》，《高等教育研究》2016 第 10 期。

魏艳、王盈：《经济动因驱动下澳大利亚高等教育国际化策略及启示》，《世界教育信息》2019 年第 5 期。

吴慧平：《澳大利亚高等教育成本分担计划概述》，《外国教育研究》2007 年第 7 期。

吴结：《英国高等教育拨款中介机构的演变及其对我国的启示》，《教育学术月刊》2009 年第 2 期。

吴言荪：《加拿大高等教育国际化的思考》，《学位与研究生教育》2004 年第 6 期。

吴勇、夏文娟、朱卫东、王丽娜：《英国高校科研评估改革、科研卓越框架及其应用》，《中国科技论坛》2019 年第 2 期。

伍燕林：《加拿大高等教育国际化：历史与现状》，《煤炭高等教育》2016 年第 2 期。

徐静辉：《加拿大高校人事薪酬制度研究》，《北京教育》（高教版）2008 年第 10 期。

徐晓红：《论澳大利亚八校联盟高等教育国际化战略及启示》，《高教探索》2013 年第 5 期。

许文静、张翠珍：《加拿大高等教育教学法的研究及启示——基于阿尔伯塔大学教学法研修项目》，《才智》2016 年第 34 期。

杨建生、廖明岚：《法国高等教育质量保障立法及启示》，《高教论坛》2006 年第 2 期。

杨婕：《美国高等教育绩效拨款政策研究》，《高教探索》2018 年第 2 期。

杨平波、朱雅斯：《英国高等教育经费筹措方式及启示》，《财会月刊》2016
年第 36 期。

杨庆余：《法兰西科学院：欧洲现代科学建制的典范》，《自然辩证法研究》
2008 年第 2 期。

杨少琳：《双轨制：法国精英教育和大众教育的合理并存》，《重庆工学院学
报》（社会科学）2009 年第 12 期。

杨贤金、索玉华、张金钟、李克敏、杨吉棣、李翔海、张月琪、钟英华、
路福平、张进昌、周桂桐、韦福祥、卢双盈、杨明光、程幼强、史津、
王繁珍、宁月茹：《英国高等教育发展史回顾、现状分析与反思》，《天
津大学学报》（社会科学版）2006 年第 3 期。

杨晓波、费爱心：《美国高等教育质量保障机制探析》，《黑龙江高教研究》
2008 年第 5 期。

杨秀文、范文曜：《法国的高等教育评估和大学拨款》，《世界教育信息》
2004 年第 3 期。

姚大志：《理念、制度和争论——巴黎综合理工学院的建立及早期发展工程
研究》，《跨学科视野中的工程》2017 年第 6 期。

姚荣：《制度性利益的重构：高等教育机构"漂移"、趋同与多元的动力机
制——基于英国高等教育机构变革的经验》，《教育发展研究》2015 年
第 21 期。

易红郡：《英国高等教育国际化策略：留学生视角》，《湖南师范大学教育科
学学报》2012 年第 11 期。

余强：《高教普及化背景下加拿大大学教师的工资现况研究》，《黑龙江高教
研究》2010 年第 11 期。

曾满超、王美欣、蔺乐：《美国、英国、澳大利亚的高等教育国际化》，《北
京大学教育评论》2009 年第 2 期。

查强、朱健、王传毅、杨秋波：《加拿大大学均衡性和产学合作教育的发
展》，《高等工程教育研究》2015 年第 5 期。

张红峰：《英国宏观高等教育治理模式的思考》，《中国高教研究》2013 年
第 3 期。

张梦琦、刘宝存：《法国大学与机构共同体的建构与治理模式研究》，《比较

教育研究》2017 年第 8 期。

张瑞、曾燕如：《加拿大不列颠哥伦比亚大学林学类基础实践教学的启发》，《教育教学论坛》2019 年第 25 期。

张澍：《加拿大大学考察的启示》，《北京教育》2005 年第 11 期。

张文晋、张彦通：《法国大学校教育的人才培养特色及其启示——兼论我国行业特色型大学的人才培养》，《高等财经教育研究》2012 年第 2 期。

张晓路、陈谦明、陈薇：《美、英、法三国高等教育评估中政府行为模式比较研究及其启示》，《西南民族大学学报》（人文社科版）2009 年第 220 期。

张育广、刁衍斌：《高校体验式创新创业教育模式的探索》，《中国高等教育》2017 年第 6 期。

赵丹龄、张岩峰、汪雯：《高校教师薪酬制度的国际比较研究》，《中国高教研究》2004 年第 1 期。

赵丽：《澳大利亚高等教育国际化分析》，《中国高等教育》2019 年第 11 期。

赵丽芬、郭军海、谢元态：《中法美高等教育经费来源的比较及借鉴》，《江西农业大学学报》（社会科学版）2007 年第 2 期。

赵荣钦、刘英、张战平、黄晶、曹连海、魏冲、肖连刚：《加拿大英属哥伦比亚大学（UBC）教学模式对我国高校教学改革的启示》，《高等理科教育》2018 年第 6 期。

周继良：《法国大学内部治理结构：历史嬗变与价值追求——基于中世纪至2013 年的分析》，《教育研究》2015 年第 3 期。

朱家德：《法国走上高等教育强国的历程及其经验》，《赣南师范学院学报》2009 年第 2 期。

朱建成：《加拿大高校与企业的合作及对我们的启示》，《长春工业大学学报》（高教研究版）2004 年第 2 期。

朱清、乔林：《国外促进教育发展的税收政策及启示》，《经济纵横》2005 年第 3 期。

卓奕源、许士荣：《试论美国高等教育的发展历程、基本特征与经验启示》，《黑龙江高教研究》2015 年第 11 期。

邹润民、马燕生：《法国公立高校教师聘用与管理》，《世界教育信息》2016 年第 29 期。

C. Musselin and P. N. Teixeira, *Reforming Higher Education*, New York: Springer, 2014.

D. Bruce Johnstone, "Cost Sharing in Higher Education: Tuition, Financial Assistance, and Accessibility in Comparative Perspective," *Czech Sociological Review* 3 (2003).

Franz Horváth, Karl Weber and Martin Wicki, "International, Research Orientation of Swiss Universities: Self-regulated or Politically Imposed," *Higher Education* 40 (2000).

Gaële Goastellec and Nicolas Pekari, "Reforming Faculties' Careers: The Swiss Labor Market between Universalism and Particularism," in Christine Musselin and Pedro N. Teixeira, eds. , *Reforming Higher Education: Public Policy Design and Implementation*, Dordrecht: Springer, 2014.

Hurrelmann et al. eds. , *Soft Governance International Organization Education Policy Gonvergence*, London: Springer, 2016.

J. F. Perellon, "The Creation of a Vocational Sector in Swiss Higher Education: Balancing Trends of System Differentiation and Integration," *European Journal of Education* 38 (2003).

John Danniel, "The Challenge of Mass Higher Education," *Studies in Higher Education* 2 (1993).

Juan-F. Perellon, "The Governance of Higher Education in a Federal System: The Case of Switzerland," *Tertiary Education and Management* 7 (2001).

Lucien Criblez, "Switzland," in Wolfgang Hörner et al. eds. , *The Education System of Europe*, Switzerland: Springer, 2015.

Madeleine M. Laming, "Seven Key Turning Points in Australian Higher Education Policy 1943 – 1999," Post – Script, 2 (2001)

M. M. Taylor, V. M. Soares, and U. Teichler, *In Challenges and Options: The Academic Profession in Europe*, New York: Springer, 2017.

M. Simon, "Steering from a Distance: Power Relations in Australian Higher Education," *Higher Education* 34 (1997).

Tatiana Fumasoli and Benedetto Lepori, "Pattern of Strategies in Swiss Higher Education Institutions," *Higher Education* 61 (2011).

Tonia Bieber, "Swiss Reforms in Higher Education: The Poster Child of the Bologna Process," in Achim Voldemar Tomusk et al. eds., *Creating the European Area of Higher Education: Voice from the Periphery*, Dordrecht: Springer, 2007.

学位论文

陈坤杰:《英国高等教育财政资源配置市场化改革研究》, 湘潭大学博士学位论文, 2018。

崔爱林:《二战后澳大利亚高等教育政策研究》, 河北大学博士学位论文, 2011。

崔艳丽:《20 世纪 80 年代以来英国高等教育治理研究》, 南京师范大学博士学位论文, 2014。

傅芳:《西欧大陆国家高等教育质量保障中的政府行为研究——以法国、荷兰、瑞典为例》, 华东师范大学硕士学位论文, 2006。

姜蓉:《澳大利亚高等教育经费筹措研究》, 陕西师范大学硕士学位论文, 2015。

李俐:《英国高校教师发展研究》, 西南大学博士学位论文, 2013。

曲婧:《英国高等教育科研经费绩效拨款研究》, 华中师范大学博士学位论文, 2010。

万湘:《英国大学制度演变的研究》, 湖南师范大学博士学位论文, 2006。

阳铃:《英国"以学生为中心"的高校教学质量建设研究》, 江西师范大学博士学位论文, 2013。

张微雨:《澳大利亚高等教育质量保障体系研究》, 广西师范大学硕士学位论文, 2019。

赵兴兴:《澳大利亚高等教育国际化政策嬗变过程研究》, 吉林大学硕士学位论文, 2017。

朱鹏举:《美国康奈尔计划发展研究——大学服务职能的视角》, 河北大学博士学位论文, 2014。

左小娟:《科研卓越框架（REF）: 英国高校科研评估改革及其拨款模式研究》, 天津理工大学博士学位论文, 2017。

后　记

党的十九大开启了全面建设社会主义现代化国家的新征程。国务院印发《统筹推进世界一流大学和一流学科建设总体方案》指出，到 21 世纪中叶，我国一流大学和一流学科的数量和实力进入世界前列，基本建成高等教育强国。新时代全国高等学校本科教育工作会议的召开及一系列重要举措的出台标志着我国高等教育发展已进入了从"搭建框架"向"整体施工"转变的新阶段。特别是 2018 年 9 月 10 日习近平总书记在全国教育大会上明确提出，教育是国之大计、党之大计，对加快推进教育现代化、建设教育强国、办好人民满意的教育做出全方位部署。建设高等教育强国，已成为实现中华民族伟大复兴的中国梦的重大任务。本质上讲，建设高等教育强国，就是建设有中国特色、世界水平的现代化高等教育体系。我国高等教育水平同发达国家相比还有一定差距，若想要站到世界前列，我们有必要看一看外国高等教育的发展历程和现状，吸收其中的经验教训。研究外国高等教育创新发展的情况，对于进一步完善我国高等教育发展路径，提供让人民满意的高等教育，推动我国从高等教育大国迈向高等教育强国都有重要意义。

彭江负责本课题研究的总体设计和统筹管理。在项目启动阶段，彭江完成了研究主题的选定、研究框架的构思和研究团队的组建工作。为顺利推进书稿的撰写，彭江多次组织课题组成员召开座谈会，围绕如何看待建设高等教育强国的紧迫性和重要性，选定哪些国家的高等教育作为研究对象，选择高等教育的哪些方面作为研究内容等问题进行深入讨论。在此基础上，选取了全球高等教育发展水平较高的七个国家进行研究，并确定了书稿写作体例，明确了书稿撰写的任务分工。第一章由彭江带领其团队成员罗雅馨、周春桃、谢凤撰写，第二章由陈功带领其团队成员刘耀、刘峤、李竹撰写，第三章由任伊乐带领其团队成员邵默昀撰写，第四章由杨少琳带领其团队成员李竹、杨泊微、薛颖、张莉、王世伟撰写，第五章由唐晓玲带领其团队成员高红燕、司俊峰撰写，第六章由吴妍带领其团队成员李爽、周栩丹、赵杨银涛撰写，第七章由司俊峰带领其团队成员陆春雪、罗雅馨、张育扬、荣容秀、朱悦撰写。在书稿成形阶段，彭江带领其团队成员罗雅馨、李竹承担了全书的统稿和校对工作。特此说明并感谢团队成员的辛勤工作。

　　本书的出版首先要感谢重庆国际战略研究院为本项目提供的资金支持，感谢本书撰写过程中参考和引用的文献作者，感谢四川外国语大学各语种老师和研究生为本书所做的资料采集和翻译工作，也感谢社会科学文献出版社各位领导和责任编辑，你们是本书得以面世的坚实后盾。

　　由于研究水平有限，本书还存在许多不足之处，特别是对各国高等教育治理体系的研究，针对我国各个层级和类型的高等院校提供差异化启示和建议，以及在对外国大学个案的分析和探讨等方面的研究还有待深入，敬请高等教育领域专家和学术界同人批评指正。

"外国高等教育发展创新研究"项目组

2021 年 2 月 20 日于歌乐山麓

图书在版编目（CIP）数据

外国高等教育发展创新研究／彭江等著. -- 北京：
社会科学文献出版社，2022.12（2023.9 重印）

ISBN 978 - 7 - 5228 - 0238 - 1

Ⅰ.①外⋯ Ⅱ.①彭⋯Ⅲ.①高等教育 - 研究 - 国外
Ⅳ.①G649.1

中国版本图书馆 CIP 数据核字（2022）第 100639 号

外国高等教育发展创新研究

著　　者／彭　江　陈　功　等

出 版 人／冀祥德
责任编辑／宋浩敏
责任印制／王京美

出　　版／社会科学文献出版社·国别区域分社（010）59367078
　　　　　地址：北京市北三环中路甲 29 号院华龙大厦　邮编：100029
　　　　　网址：www.ssap.com.cn
发　　行／社会科学文献出版社（010）59367028
印　　装／北京市虎彩文化传播有限公司

规　　格／开　本：787mm×1092mm　1/16
　　　　　印　张：19　字　数：309 千字
版　　次／2022 年 12 月第 1 版　2023 年 9 月第 2 次印刷
书　　号／ISBN 978 - 7 - 5228 - 0238 - 1
定　　价／158.00 元

读者服务电话：4008918866